KB178548

엄마와 아이가 반드시 알아야 할

슬기로운
고등생활

엄마와 아이가 반드시 알아야 할

슬기로운
고등생활

김지영 지음

사춘기를 극복하고 입시를 똑똑하게 준비하는
고등생활의 모든 것

포르체

차 례

Chapter
3

학생부종합전형의 핵심!
주도적인 학교생활로 생기부 채우기

궁금한 게 많은 엄마를 위한 고등생활 입문서

학부모님들이 학교에 오셔서 "우리 때랑 너무 달라서 아무것도 모르겠어요.", "이런 정보를 1학년 때 알았으면 얼마나 좋았을까요?"하는 말씀을 들을 때마다 '고등학교 생활을 A부터 Z까지' 들여다볼 수 있는 책이 있으면 좋겠다고 생각했습니다.

이제 막 고등학생이 되는 자녀를 둔 학부모님께 추천하고 싶은 책을 찾았지만, 온통 입시에만 국한된 이야기였습니다. 저는 이 책을 통해 고등학교 생활 전반에 대해 이야기 나누고 싶었습니다. 그래서 오랜 기간 고등 담임을 하면서 학부모님들이 실질적으로 궁금해하셨던 내용, 자녀교육 카페 등에 올라오는 반복되는 질문과 궁금증에 답을 드리고자 글을 쓰기 시작했습니다.

동아리를 선택하는 방법, 가정통신문에 나오는 용어 이해, 선택과목 정하는 법 등 학부모님과 학생들이 고등학교에 입학하자마자 좌충우돌하며 알아가야 하는 세심한 내용에 초점을 맞추었습니다. 입시 전문가나 교육학자의 이론이 아니라 아이들의 숨결과 땀 냄새를 함께 맡는 교실 속 교사가 전하고 싶은 알아두면 유용할 이야기를 담았습니다.

이 책은 학교생활기록부를 들여다보기도 하고, 교육계의 큰 변화를 불러올 고교학점제가 적용된 학교 모습을 예측하기도 했습니다. 아이를 위해 부모님들이 미리 알아야 할 시험 계획표 짜는 방법, 과목별 공부법 등 고등 입학 전에 꼭 알아야 실수하지 않는 정보들을 총망라하여 글을 쓰기 시작했습니다. 최근 1년 동안 블로그나 브런치 카페에서 정보를 나누면서 '실질적인 고등학교 생활에 대해 알려줘서 감사하다'는 학부모님의 피드백을 받으며 보람을 느꼈습니다. 저에게도 글을 쓰고 정리하는 과정은 성장의 시간이었고, 공들여 쓴 책이 여러 학생과 학부모님께 조금이나마 도움이 되었으면 하는 바람입니다.

초보 작가에게 출간의 기회를 주신 포르체 대표님, 든든한 글쓰기 지원자셨던 이은경 작가님, 과목별 공부 비법을 공유해준 선생님들, 엄마와 아내, 딸과 며느리의 역할에 다소 소홀할 때가 많았지만 넉넉히 이해해 준 가족들에게 감사를 전합니다.

고등학교 생활에서 입시가 전부는 아닙니다. 설령 성적이 좋지 않아 9등급을 받거나 원하는 대학에 진학하지 못하더라도 우리 아이들은 존재 자체로 빛나는 1등급, 소중한 친구들이라는 것을 다시 한번 강조하고 싶습니다.

2021년 9월 김기영

미리 보고 멀리 보자!

고입 준비가

입시의 기본

✦ 01 ✦

입학 전에 최소한
계열 탐색은 해두자

고등학교 1, 2학년 선생님들은 창의적 체험활동 시간이나 교과 수업 시간의 일부를 할애하여 '진로 관련' 활동을 합니다. 생활기록부를 학생의 적성에 맞게 작성해주는 것이 대학에서 요구하는 '진로적합성'을 보여주기에 유리하기 때문입니다. 요즘은 교과 세부능력 및 특기사항에 구체적인 희망 진로에 대해 언급하는 것을 지양하라고 안내하고 있지만, 여전히 수업 중 발표나 독서 등을 통해 학생의 흥미와 관심을 드러낼 수 있는 수업이 많습니다. 예를 들면 국어 시간에는 매체를 통해 꿈을 발표하고, 영어 시간에는 배운 구문을 활용하여 영작문을 하면서 자신의 꿈을 써봅니다. 사회 시간에는 원하는 진로의 직업윤리와 관련된 토론 활동을, 미술 시간에는 꿈과 관련된 작품 활동을 하는 식입니다.

고1의 첫걸음은
진로 탐색에서부터 시작된다

각 교과 선생님은 1년 전체 수업시간 중 한 시간 정도를 진로 탐색에 할애하는 것이지만, 학생 입장에서는 여러 번 진로와 관련하여 글을 쓰고, 발표하는 활동을 하게 됩니다. 이처럼 반복되는 진로 연계 수업으로 인해 학생들이 자칫 진로 탐색에 거부감을 갖거나 부담스러워할까 우려되기도 합니다.

한편 진로에 관한 여러 사회적 의견을 반영하여, 이미 학교생활기록부에는 학생과 학부모의 '진로 희망'을 기재하는 항목이 삭제되었습니다. 생활기록부 진로 활동 때문에 고등학교 1학년 때 굳이 진로를 정하지 않아도 되고, 중간에 꿈이 바뀌어도 괜찮습니다.

그렇지만 실제 학교 수업에서는 차이가 있습니다. 학생의 진로가 정해지지 않으면 교과 수업에 적극적으로 참여하기 힘들다는 의미입니다. 꿈이 있어야 발표 등의 진로 수업을 할 때 자신감이 생기기 때문입니다. 꿈을 발표하는 친구들의 이야기를 들으면서, 다른 학생들은 그 친구가 뚜렷한 목표대로 삶을 사는 것처럼 느끼기에 부러워하며 바라봅니다. 진로를 정하지 않은 학생들은 진로 연계 수업시간마다 한숨을 쉬면서 '나는 무엇을 해야 할지 모르겠다'고 토로하며 어깨가 축 처집니다. 선생님들이 괜찮다고 하고, 지금부터 꿈을 찾으면 된다고 격려해도 별 위로가 되지 않습니다.

따라서 구체적인 직업이나 진로는 아니더라도, 고등학교에 입학하기 전에 인문·사회 분야, 공학 분야, 과학 분야, 예체능 분야 정도는 범위를 정하는 것이 좋습니다. 계열 탐색을 어느 정도 해두면 더 좋은 이유는 고등학교 1학년 때 2학년 과목을 선택하기 때문입니다. 예를 들면 '이과' 계열 전공으로 대학을 진학할 학생들은 탐구 과목 중에서 과학을 많이 선택합니다. 사회는 굳이 일반 선택과목이 아니라 진로 선택과목에서 한 개 정도 선택합니다. 반대로, '문과' 계열 전공으로 진학할 학생들은 탐구 과목에서 과학을 일반 선택과목으로 택하지 않습니다. 보통 과학탐구 실험 같은 진로 선택과목을 하나 정도 택합니다.

물론 계열의 구분 없이 학생 자신이 듣고 싶은 과목을 마음대로 신청해도 되지만, 대학에서 고등학교 때 이수한 과목을 살펴보기 때문에 어느 정도 계열을 고려해서 수업을 듣는 것이 현실입니다. 이런 과목 선택을 1학년 때부터 하기에, 진로를 정하지 못한 학생들의 경우 우왕좌왕할 수 있습니다.

자녀의 적성을
어떻게 알 수 있을까?

그럼 자녀의 진로에 대한 적성과 흥미는 어떻게 찾을 수 있을까요? 우선, 자녀가 어릴 때부터 관심을 보였던 분야가 의외로 정확할 수 있다는 점을 기억할 필요가 있습니다. 저는 남녀 이란성 쌍둥이로 태어났습니다. 어릴 때부터 오빠는 레고 블록을 가지고 노는 것을 좋아했는데, 집중해서 조립하다가도 "7+8이 뭐지?"라고 엄마가 갑자기 물어보면 척척 대답했다고 합니다. 한편 저는 숫자에 관심이 없고 연산 문제만 내면 손가락, 발가락을 동원했습니다. 그렇지만 다섯 살 무렵부터 동화책을 끼고 앉아 그림을 보고 글자를 읽어가며 한글을 스스로 떼었다고 합니다. 결국 오빠는 이과로 진학해 수학 교사가 되었고, 저는 문과로 진학해 국어 교사가 되었습니다.

제 자녀들의 경우도 마찬가지입니다. 첫째는 책 읽기를 좋아하고, 둘째는 책을 주면 도망갑니다. 첫째는 수학 공부만 하면 머리가 아프다고 불평하지만, 둘째는 연산 문제 푸는 것을 재미있어합니다. 이처럼 아이의 타고난 적성과 흥미가 무엇인지 가장 잘 아는 사람은 바로 부모입니다. 실제로 부모의 관찰력과 대화가 아이의 진로를 결정하는 데 큰 도움이 될 때가 많습니다.

하지만 부모의 관찰로만 끝내지 않고 신뢰성 있는 전문 기관의 심리·적성검사를 받아보기를 권합니다. 엄마의 관찰은 부모 자신의 바람이나 욕망이 반영될 수 있습니다. 제 경우 아들이 어렸을 적에 구구단을 외우고 있을 때 "너는 약사가 되면 좋겠구나. 아픈 사람을 위해 약을 개발하는 것도 정말 보람 있을 거야."라는 식의 말을 한 적이 있습니다. 사실 아이는 어려서 약사가 무슨 일을 하는지도 잘 모르는데 말이지요. 자녀를 가장 잘 아는 사람은 부모이지만, 자녀의 성격을 객관적으로 들여다보기란 어려운 일입니다. 따라서 전문 기관의 검사를 받으면 보다 객관적이고 다면적인 검사 방법을 통해 아이의 성격을 파악하는 데 도움을 받을 수 있습니다.

알아두면 유용한
적성검사 기관 및 진로 프로그램

▪ 무료 심리·적성검사 기관

신뢰성 있는 전문 기관의 심리검사는 여러 검증 과정을 거쳐 개발된 검사이므로
진로 탐색 시 참고하면 실제적인 도움이 됩니다. 다음에 소개한 기관은 무료로 검
사를 받아볼 수 있는 대표적인 곳입니다.

| '진로정보망 커리어넷' 진로심리검사(교육부·한국직업능력개발원)

커리어넷 적성검사는 현재 자신이 어떤 영역에 뛰어난 능력을 가지고 있는지 분석
해줍니다. 그뿐만 아니라 적성검사 결과 점수가 낮게 나온 영역에 대한 사후 보완
방법에 대해서도 정보를 제시해줍니다.

- 진로정보망 커리어넷(http://www.career.go.kr) → 진로심리검사 → 중·고등
  학생용 심리검사
- 직업적성, 직업흥미, 직업가치관, 진로성숙도 등 검사

| '워크넷' 진로심리검사(고용노동부·한국고용정보원)

워크넷 적성검사는 고등학생의 직업 적성과 학업 분야 적성 능력을 측정하여 적합한 직업 분야를 추천해줌으로써 진로 방향을 설정하는 데 도움을 줍니다. 또한 워크넷 '대학 전공(학과) 흥미검사'는 대학에 진학하고자 하는 고등학생 및 그 밖의 지원자들에게 자신의 흥미에 기초하여 전공을 선택하는 데 도움을 제공합니다.

- 워크넷(https://www.work.go.kr) → 직업·진로 → 청소년 심리검사 실시
- 직업 적성 및 흥미, 직업 가치관, 진로 발달, 직업 인성, 고교 계열 흥미, 대학 전공 흥미 등 검사

■ 유료 심리·적성검사 기관

다음은 유료 검사를 제공하는 기관으로, 무료 검사 기관보다 다양한 유형의 검사를 실시하며, 한층 더 상세한 분석 결과를 제공합니다.

한국가이던스 (http://www.guidance.co.kr)	적성검사, 인성검사, 지능검사, 성격유형검사, 학습지도검사, 창의성검사, 강점검사, 역량검사 등
어세스타 온라인심리검사센터 (https://www.career4u.net)	KLAT 콜브 학습유형검사, LAT 학습능력검사, LST 학습전략검사, LET 학습효율성검사, SPQ 사회성·인성검사, MBTI 성격유형검사, GLAT 길포드 학업적성검사, Strong 직업흥미검사II 등
인싸이트: 학지사 심리검사연구소 (https://inpsyt.co.kr)	적성검사, 성격검사, MLST-II 학습전략검사, KCMII 대학전공선택검사 등
다중지능연구소 (https://multiiq.com)	다중지능검사 등
아이앤드디코리아 (http://www.idk.co.kr)	IDK 학습능력검사, IDK 학습역량검사, CIA 진로탐색검사 등

– 출처: 한국교육과정 평가원, '고교학점제 연구학교 운영 매뉴얼', 2018, p.49

■ 진로·진학 프로그램 및 기관

| 원격영상 진로멘토링

심리·적성검사 기관에서의 검사가 학생의 적성과 흥미를 파악하여 안내해준다면, '원격영상 진로멘토링(https://mentoring.career.go.kr)' 사이트에서는 구체적인 직업을 탐색할 수 있는 프로그램을 제공합니다. 이 프로그램에는 1,000명이 넘는 다양한 분야의 멘토가 진로 정보를 제공하며, 실시간 전문가와 소통할 수 있는 수업도 있습니다. 아쉬운 점은 이 프로그램을 개인적으로 신청하기는 어렵다는 것입니다. 즉 교사가 교사회원으로 가입하고 교실을 개설해야 합니다. 따라서 진로와 관련된 창체동아리에 가입했거나, 정규 수업시간에 진로 과목이 있다면 학교 담당 선생님께 해당 수업을 건의하여 프로그램을 이용해보기를 권합니다. 교사 대부분은 전문가와 소통하고자 하는 열의 있는 학생들을 적극적으로 지원합니다.

| 한국잡월드

'한국잡월드(https://www.koreajobworld.or.kr)'는 직업 체험을 해볼 수 있는 학습 공간으로, 이곳에 방문하면 진로에 관해 더 구체적인 정보를 얻을 수 있습니다. 보통 직업 체험관이 어린이를 위한 흥미 위주로 운영되고 있는 데 반해, 이곳은 만 11세 이상의 청소년을 위한 청소년체험관을 별도로 운영하고 있습니다. 청소년체험관은 실제 직업 현장을 재현하여 다양한 직무 세계를 경험해볼 수 있습니다. 이곳 사이트에서 정보만 찾아볼 것이 아니라, 방학이나 시험이 끝난 학기 말에 찾아 체험해보면 직업에 대한 궁금증을 해소하는 데 좋은 기회가 될 것입니다.

| 서울진로진학정보센터 ★

이와 같이 다양한 검사와 진로·직업 탐색을 거쳐 진로가 구체화되었을 때 그에 적합한 정보를 제공해주는 사이트로 강력하게 추천할 만한 곳은 '서울진로진학정보센터(https://www.jinhak.or.kr)'입니다. 이곳은 하나의 사이트에서 제공한다고 하기에는 믿기지 않을 만큼 진로·진학과 관련하여 단비 같은 정보와 자료, 프로그램을 제공하고 있습니다. 그야말로 꿀 같은 정보를 손쉽게 얻을 수 있는 고마운 곳입니다.

예를 들면 성적 검색을 통해 자녀가 진학할 수 있는 대학을 알아볼 수도 있고, 수시 최저 기준이나 정시·수시 전형 합격·불합격 사례를 검색해볼 수도 있습니다. 또 사설 학원에서 주최하는 입시설명회를 찾아다니지 않더라도 이곳 자료실에서 자녀의 학년과 수준에 맞는 맞춤형 설명회를 알아볼 수 있습니다. 요즘처럼 코로나19로 인한 비대면 시대에 온라인으로 전문가에게 자기소개서 컨설팅이나 수시 상담도 받을 수 있어 유용합니다. 또 학력평가나 수능 기출문제까지 출력해볼 수 있기 때문에 고등학생과 학부모에게는 노다지 같은 곳입니다. 진로·입시와 관련하여 발품을 팔기 어렵다면 이 사이트 하나만 꼼꼼히 살펴봐도 대학 진학 정보와 입시 정보, 컨설팅 모두를 해결할 수 있습니다.

02

수능과 내신에 모두
유리한 학교는 없다

이른바 명문 학군으로 불리는 '강남 8학군'이 정말 사라졌을까요? 표면적으로는 이런 학군이 사라졌다고 하지만 교육열이 높은 학부모들은 여전히 대치동이나 분당, 목동 등 사교육 중심지를 선호합니다. 이 지역의 아이들 상당수는 유아 때부터 영어 유치원을 다니고, 놀이 수학 수업을 받고, 예체능 학원까지 섭렵합니다. 이처럼 선행 학습에 익숙하고 다양한 교육 프로그램을 경험하여 상상을 초월하는 능력을 장착한 유아들의 학습 수준은 실로 혀를 내두를 정도입니다. 이 아이들은 초등학교와 중학교에 입학해서도 비슷한 교육 환경에서 공부하기 때문에 경쟁하는 분위기에 익숙하여 열심히 공부하는 것을 당연하게 생각하는 경우가 많습니다. 솔직히 교사들 사이에서는 이런 지역의 학교가 아이들이 큰 사고를 치지 않고 유순한 편이기에 선호하는 경향이 있습니다.

따라서 중학교까지 학군지에서 자녀를 키우는 학부모들은 그 교육 분위기만 그대로 타고 간다면 입시에서 유리한 고지를 차지할 수 있다고 생각합니다. 온갖 유명 프랜차이즈 학원들이 그 지역에 입점해 있기에 사교육을 하기에도 좋은 환경이고, 공교육에서도 내신 시험이 곧 수능 수준일 뿐 아니라 학업 분위기도 좋아서 정시 준비하기가 훨씬 수월합니다.

교육열 높은 학군지로 갈아타야 할까?

그렇다면 유명한 학군지의 학교가 반드시 좋은 학교일까요? '아이들의 자존감'이라는 또 다른 교육적 측면에서 봤을 때 좋은 학교일지 의문이 들기도 합니다. 아이들 대부분이 선행 학습을 하고 있고 발달 수준을 넘어서는 지식을 배우고 있다고 해도, 또 그 안에서 분명히 자신의 한계에 부딪히고 좌절하는 아이들도 있을 것입니다. 달리고 날아다니는 친구들 사이에서 속도를 맞춰가지 못하는 아이들은 결국 무기력함과 패배감을 느끼게 됩니다.

그래도 중학교까지는 적응할 만하지만, 고등학교에 진학하면 이야기가 더 심각해집니다. 심리적 어려움은 물론 실질적으로 입시에서 불리한 위치에 처할 수 있기 때문입니다. 한 문제만 틀려도 등급이 3~4등급으로 밀리고, 최상위권 학생이 많다 보니 교사들은 최상위 학생들을 변별하기 위해 이른바 킬러 문항을 출제합니다. 동료 교사들의 이야기를 들어보면 킬러 문항을 출제할 때마다 자괴감을 느낀다고 합니다. 본인도 전공 서적을 찾아봐야 해결할 수 있는 문제를 단순히 변별력을 위해 출제하고 있으니 씁쓸하다는 것입니다. 당연히 이런 문제에 접근조차 하지 못하는 학생들은 내신 경쟁에서 뒤처지고 자신감을 잃게 됩니다. 중학교까지는 그럭저럭 원하는 수준에 맞춰 공부를 따라오던 학생들도 고등학교에서는 전의를 상실하고, 심각한 경우 심리 상담이나 치료까지 받기도 합니다.

같은 모의고사 점수를 받는 학생이더라도 지방의 평범한 인문계 고등학교 소속이라면 내신 2등급을 받을 실력의 학생이 뛰어난 학군지에서는 내신 4등급도 받기 어렵다는 뜻입니다. 학교 선택을 잘했으면 이른바 'in 서울' 대학 정도는 진학할 수 있을 텐데, 학군지의 학교를 선택하는 바람에 4등급 이하를 받아 진학하지 못하는 사례도 많습니다. 대학 입시에서 40%까지 정시 선발을 늘린다고는 하지만, 상위권 학생들은 선택의 여지 없이 수많은 재수생, N수생, 같은 처지의 영재고, 자사고 학생들과 경쟁하게 될 수도 있습니다. 또 내신을 포기하는 순간 학교 수업 중 절반도 수능 과목이 되지 않기 때문에 학교생활 자체가 무의미하다고 느끼기도 합니다.

내신 경쟁을 피해
비학군지로 가야 할까?

　　　　　　　　그렇다면 내신 등급을 높이기 위해 학군지를 벗어나야 할까요? 저는 기초 실력이 부족한 학생들이나 수업시간에 엎드려 잠을 자는 무기력한 학생들이 대다수 모인 학교에서 근무한 적이 있습니다. 모의고사 1~2등급 학생은 찾아보기 힘들고, 학생 수의 절반 이상이 5등급 이하이다 보니, 내신 등급을 올리고 싶다는 뜻을 가지고 이 학교로 전학을 오는 학생들도 있었습니다. 그럼 이 같은 목표를 가졌던 전학생들은 이 학교에서 잘 적응하고 내신 1등급을 받아 원하는 대학에 진학했을까요?

　제가 지켜본 바로는 학생의 기질에 따리 결과가 매우 달랐습니다. 학급의 분위기나 친구 관계에 큰 영향을 받지 않고 묵묵히 자신의 길을 가며 학교생활을 충실히 하는 학생의 경우는 뜻한 대로 원하는 내신 등급을 받았습니다. 물론 공부를 잘 하지 않는 변두리 지역의 학교가 내신 경쟁에서는 유리할 수밖에 없습니다. 다만 친구들이 떠들든 말든, 공부하든 말든 성실히 수업을 들을 수 있는 엄청난 인내심과 자제력이 있어야 합니다. 이런 전학생들은 주로 내신에 올인하기 때문에 상대적으로 정시 준비는 치열하게 하지 못합니다. 모의고사 성적보다 내신 등급이 월등히 높아서 수능 최저가 없는 대학을 노리거나, 최저 등급만 충족할 정도로 수능 공부를 합니다. 대신에 각종 교내 대회에 열정적으로 참가하는데 의욕적인 학생이 적은 학교여서 수상도 많이 합니다. 수업시간에 열심히 참여하여 '교과 세부능력 및 특기사항'에 관한 역량두 최상위로 보여줍니다. 대다수 학생이 열심히 공부하는 성적이 우수한 학교라면 빛을 보지 못했겠지만, 공부를 안 하는 학교에서 열심히 하는 학생은 눈에 띌 수밖에 없습니다. 또 그런 학생이 소수다 보니 교사들은 이 같은 몇 명의 학생들의 교과 세부능력 및 특기사항을 정성스럽게 써줍니다. 한마디로 기특하고 돋보이기 때문입니다.

그 결과, 학군지라면 학생부종합전형으로 중위권 대학도 가지 못했을 학생들이 상위권 대학에 진학하는 성공적인 사례도 여럿 보았습니다. 당시 강남의 한 고등학교에 다니는 자녀가 있는 동료 교사들은 우리 아이도 이 학교에 전학 오면 최소한 2등급은 받을 수 있겠다며 하소연을 하기도 했습니다. 하지만 정작 이사를 해서 적극적으로 아이를 전학시키는 동료 교사들은 보지 못했습니다. 다른 부모들도 대부분 마찬가지입니다. 왜 그럴까요?

어린 학생들이 웬만한 자제력으로는 분위기와 환경을 거스르기가 쉽지 않기 때문입니다. 성인이 되어서도 목표 지향적인 태도로 생활하기 어려운데, 한창 친구 관계가 예민한 시기에 모두가 노는 분위기에서 독하게 공부하기는 정말 쉽지 않습니다. 내신 경쟁에서 유리하다는 기대를 하고 분위기가 좋지 않은 평준화 인문계 고등학교에 진학했다가, 떠들고 노는 학급 분위기에 휩쓸려 같이 어울리느라 내신과 정시 모두를 놓치는 학생들이 더 많습니다.

예민하고 분위기에 영향을 많이 받는 학생들은 차라리 모두가 공부하는 분위기인 학교에서 큰 감정의 동요 없이 공부하며 정시 준비를 해 나가는 것이 더 좋은 선택일 수 있습니다. 학생들이 공부하지 않으면, 교사도 수업 준비를 많이 할 필요가 없습니다. 반면에 열의 있고 우수한 학생들이 많이 모인 학교에서는 교사도 항상 긴장하고 수업 준비를 상대적으로 더 열심히 합니다. 수업의 질이 더 우수해진다는 것은 두말할 나위가 없습니다. 매시간 준비된 수업이 알차게 진행되고, 내신 수업의 수준이 곧 수능을 대비할 수 있을 정도로 맞추어져 있기에, 내신과 수능을 이원화해서 공부할 필요가 없어집니다.

덧붙이건대 학군이 좋지 않은 곳에 있다 보면 수업시간에 용인될 수 없는 행동을 하거나 학교폭력을 일삼는, 품행이 나쁜 학생들 때문에 감정 소모를 심하게 겪을 수 있습니다. 아무리 입시가 중요하더라도 고등학교 생활이 꼭 대입만을 위한 교육인 것은 아닙니다. 교우 관계와 학창 시절의 즐거움도 고려해야 합니다. 따라서 학생의 개인적인 성향에 맞고, 학생이 발전할 가능성을 헤아려 학교를 선택하는 것이 중요합니다.

가장 중요한 것은
아이의 마음가짐이다

이와 같은 점을 고려해볼 때 자제력과 인내심이 뛰어난 학생은 내신 경쟁에 유리한 학교를 선택하고, 분위기를 잘 타고 친구의 영향을 많이 받는 학생은 학군이 좋은 학교를 선택하는 것이 유리합니다. 특별한 경우가 아니라면 집에서 가까운 학교에 지원하는 것도 좋습니다. 그러면 등하교 때 에너지 소모도 줄이고, 중학교 친구들과 교우 관계를 이어나갈 수도 있습니다. 고등학교가 달라도 생활 환경이 비슷한 공통분모가 있어 큰 모험이나 변수 없이 안정적으로 학교생활을 시작해 나갈 수 있는 장점이 있습니다.

하지만 어떤 선택을 하든 가장 중요한 것은 학생의 마음가짐입니다. 수능과 내신에 모두 유리한 학교는 없습니다. 내가 선택한 학교가 학구열이 높아서 수능(정시) 대비에 유리하다면 그만큼 내신을 따기는 어렵습니다. 반대로 학교가 학력 수준이 낮아서 내신 따기가 유리하다면 그만큼 수능(정시) 대비는 어렵습니다. 즉 어떤 학교도 절대적으로 유리하거나 불리하지 않다는 뜻입니다. 앞서 강조한 대로 수시와 정시 카드를 모두 가지고 최선을 다해야 의미 있는 학교생활을 해나가며 입시에도 성공할 수 있습니다.

03

4당5락? 입시 공부 어떻게 해야 할까요?

4시간 자습이
기적을 일으킨다

요즘 교육과 관련해 새삼 주목받는 단어가 '자기 주도적 학습'일 것입니다. 코로나19로 인해 온라인 수업이 일상화되고, 그로부터 발생하는 학습 격차가 문제로 제기되고 있는 와중에도 스스로 계획을 세워 꾸준히 공부하는 학생들의 경우 성적이 향상되었다고 합니다. 옆에서 누가 하라고 시키지도 않고, 시간은 많고, 스마트폰과 컴퓨터에 자유롭게 개방되어 있는 이 시기에 자신을 제어하기 어려운 학생들은 쉽게 마음가짐이 무너질 수 있습니다. 고등학교에서 자기 주도 학습 능력이 더욱 중요한 이유는 학생들이 소화해야 할 학습량이 많아 공부할 시간이 절대적으로 부족하기 때문입니다.

공부는 결국
아이 스스로 하는 것

사실 방과 후 학원에 다니는 것 자체가 시간과 에너지를 많이 소모하는 일입니다. 학원에서 공부하는 시간이 3시간이라면 학원 수업을 준비하는 시간, 등·하원 시간, 마치고 쉬는 시간까지 4~5시간이 흘러갑니다. 즉 시간을 효율적으로 관리할 수 있는 자신만의 전략이 필요하다는 뜻입니다. 고등학교에서 상위권인 학생들을 관찰해보면, 주말을 활용해서 정말 부족한 과목 한 개 정도만 학원 수업을 듣고, 평소에는 자습을 많이 합니다.

일례로 최상위권이었던 A 학생은 매일 7시 50분까지는 학교에 등교했습니다. 8시 50분까지가 등교 시간이지만 미리 학교 자습실에서 1시간 동안 공부하기 위해서입니다. 방과 후에는 오후 5시부터 다시 자습실에서 2시간 동안 공부하고, 저녁을 먹고 와서는 9시 40분까지 자율학습을 했습니다. 그리고 밤 10시까지는 귀가해서 쉬다가 일찍 잠자리에 들었습니다. 수험생은 '4당 5락(4시간 자면 합격하고 5시간 자면 떨어진다)'이라는데, 이 학생은 다른 친구들이 학원에 있거나 공부하는 시간에 충분히 꿀잠을 자는 것입니다. 그런데도 늘 최상위 성적을 받으니 친구들의 시샘을 많이 받았습니다. 친구들은 A 학생이 원래 머리가 좋아서 공부를 잘하는 것이다, 그래서 학원도 안 다니고 잠도 많이 자는데도 성적이 좋은 것이라며 부러워했습니다.

그런데 교사로서 A 학생을 찬찬히 관찰해보니, 아래의 공부 패턴을 정확히 지키며 성실하게 공부하고 있었습니다.

1. AM 7:50~8:50	아침 자습	1시간
학교 수업		
2. PM 5:00~7:00	오후 자습	2시간
저녁 식사		
3. PM 7:40~9:40	오후 자습	2시간
귀가		

　방학이 아니라 학기 중에도 정확히 자습 시간 5시간을 확보하는 것이 A 학생의 공부 비결이었습니다. 상담해본 결과, A 학생은 체력이 좋지 않아 학원에 다니면 자습을 하기가 어려워 오히려 성적이 떨어진다고 했습니다. 그래서 A 학생은 학원을 다니지 않는 대신, 어렵거나 모르는 내용은 문제집을 참고하거나 인터넷 강의로 보충하며 자습한다고 했습니다. 친구들이 학원에서 나눠준 엄청난 양의 문제집을 푸는 것을 보고 불안한 마음이 들 때면 뒤처지지 않기 위해 더 열심히 자습했다고 합니다. 그렇다고 오랜 시간 자습하는 것이 아니라, 틈틈이 1~2시간씩 공부할 때 최대한 집중해서 공부한 것입니다.

　더 놀라운 사실은 이런 공부 패턴이 시험이 끝난 다음 날도, 교내 체육행사가 있던 날도, 수련회에 가기 전날이나 다녀온 날 등도 그대로 유지한다는 점이었습니다. 수련회를 간다고 학생 모두가 들떠서 옷을 사러 가고 이런저런 물건을 구입하러 하교하던 날, 텅 빈 자습실에 앉아 공부하는 것을 보고 깜짝 놀라지 않을 수 없었습니다. 그런데 A 학생은 그럴 만한 이유가 있다고 했습니다. 며칠을 쉬면 나중에 목표한 학습 시간을 확보해야 하는데, 자신은 체력이 많이 약해 다른 친구들처럼 나중에 한꺼번에 벌충할 수 없다는 것이었습니다. 학원도 다니지 못하고, 체력이 약하다는 결핍감은 오히려 A 학생에게 학습을 위한 강력한 동기가 되었던 것입니다.

이번에는 학원에 다니는 학생들의 평소 생활을 살펴볼까요? 이 학생들은 보통 4시 30분에 하교하면 6시 전에 학원에 가야 하니 집에 들러 옷을 갈아입고 간식을 먹거나 식사하고 집을 나서기 바쁩니다. 학원에서 보통 3시간쯤 수업을 받고 집에 돌아와, 야식을 먹고 쉬다가 자습하는 시간을 갖습니다. 즉 1시간 30분을 더 공부한다고 해도 학교나 학원에서 배운 지식을 자기 것으로 만드는 공부 시간은 A 학생처럼 자습하는 학생들에 비해 적습니다. 학원에서 3시간 수업을 듣는다고 해서 그 내용 모두를 학생 자신이 소화할 수 있는 것은 아닙니다. 또 그 내용 모두가 자신에게 필요한 내용이 아닐 수도 있습니다. 즉 학원 수업으로 인해 자습하는 시간은 줄고, 그러면서도 잠은 더 늦게 자니 학교 수업은 더 졸리고 집중력도 떨어집니다. 학생들은 학원에서 많은 공부를 했다

✦ 학원을 다니는 학생의 공부 패턴 및 자습 시간

학교 수업		
귀가 및 식사		
1. PM 6:00~9:00	학원 수업	3시간 (3시간의 강의 모두를 자기 공부라고 보기 어려움)
귀가		
2. PM 10:30~12:00	자습	1시간 30분

고 생각하기에, 하원한 후에는 쉬거나 게임만 하다가 잠드는 학생도 많습니다. 하루만 살펴봐도 자기 주도 학습을 하는 학생의 공부량이 더 많고, 일주일이면 더 큰 차이가 납니다.

기적을 부르는
하루 4시간 자습 전략

제가 고등학교 3학년 때 영어 선생님께서 항상 강조하셨던 말씀이 있습니다. 그것은 '매일 4시간만 집중해서 자습하면 성적이 올라간다'는 것이었습니다. 당시에는 그저 마음이 급한 3학년 학생들을 위로하기 위한 말이라고 생각했습니다. 하지만 지금 생각해보니, 오랜 기간 교단에 계시면서 하루 4시간 동안 집중해서 자습하는 것이 얼마나 어려운지 아셨던 것 같습니다. 이런 습관은 하루아침에 길러지지 않습니다. 4시간 자습을 일상화하려면, 적어도 중학교 3학년 때부터 몇 시간 동안 자습하는 습관을 실천해야 합니다. 이 4시간에 강의 듣는 시간은 포함되지 않습니다. 순수하게 자습하면서 지식을 자기 것으로 소화하는 시간을 말합니다.

이때 4시간이라는 '시간'을 목표로 하는 것보다 공부할 '양'을 목표로 세우는 것이 공부에 더 효율적입니다. 하지만 학생들이 처음부터 자신의 적정 공부량을 알기는 어렵습니다. 일단 목표한 시간만큼 집중해서 공부해보면 '내가 이 시간 안에 얼마만큼 공부할 수 있구나' 하고 감을 잡을 수 있습니다. 양적인 목표도 자신의 시간 대비 공부량을 어느 정도 알아야만 세울 수 있는 것입니다. 공부해보지 않은 학생들의 경우 무조건 '양'을 목표로 세우면 한두 시간 만에 목표한 공부를 빨리 끝내버리고 만족감에 놀 거리를 찾곤 합니다. 반대로 하루가 걸려도 못 끝낼 어려운 과제를 가지고 씨름하다가 자습을 포기해버리는 학생들도 있습니다. 따라서 공부하는 시간을 집중해서 채우는 연습을 하다가, 자신의 적정 공부량을 알게 되었을 때 양적인 목표를 세우는 것이 좋습니다.

이렇게 중학교 3학년 때부터 자습하는 습관을 들여서, 4시간 자습이 완전히 자신의 공부 패턴이 된 채로 고등학교에 진학해야 합니다. 이때 4시간은 학기 중의 자습 시간으로 결코 적은 공부 시간이 아닙니다. 그리고 방학이라면 평일 기준으로 적어도 6시간 이상 자습해야 합니다. 이렇게 자기 주도 학습 시간을 확보하고 스스로 공부하며 '습관'을 들이는 것이 고등학교 입학 준비의 핵심입니다.

이어지는 다음의 사례를 보면 꼼꼼한 계획을 세워서 자기 주도 학습을 하는 것이 얼마나 중요한지 알 수 있습니다.

학습 시간을 효율적으로 사용할 수 있는
플래너 전략

이정수(서울 동국대학교 사범대학 부속여자고등학교 3학년) 양이 플래너를 처음 쓴 것은 중학교 1학년 때다. 공부하려고 책상 앞에 앉았는데 뭘 해야 할지 몰라 고민하는 시간이 아까워 계획을 세웠던 게 시작이었다. 이후 플래너는 이 양의 필수품이 되었다. 이 양은 지난 3년간 내신 평균 1등급 초반의 성적을 유지할 수 있었던 과정에도 플래너의 공功이 컸다고 말한다.

"시험 한 달 전, 월별 플래너를 만들어요"

이 양은 학기 중에 두 종류의 플래너를 쓴다. A4 한 장짜리 '월별 플래너'와 수첩 형태의 '일별 플래너'가 그것이다. 먼저, 월별 플래너는 중간·기말고사 한 달 전에 시험 대비용으로 만든다. 책상 앞에 붙여 일정을 한눈에 볼 수 있도록 A4 용지를 이용한다. 자와 펜을 활용해

종이를 30칸(30일)으로 나누고, 각 공란에 할 일을 적는다. 시험 2주 전에는 전 과목의 시험 범위를 한 번 이상 공부하고, 남은 기간에 복습을 반복하도록 일정을 구성한다. 주요 과목은 시험 당일까지 총 다섯 번가량 다시 보는 스케줄이다. 이 양은 '복습할수록 시간이 줄어든다. 처음 공부할 때는 일주일이 걸리고, 두 번째는 3일, 세 번째는 하루 걸리는 식'이라고 설명했다. 일별 플래너에는 월별 플래너의 내용을 구체적으로 푼다. 월별 플래너에 '국어 복습'이라고 표기했다면, 일별 플래너에는 '국어 문제집 ○쪽까지'라고 쓴다. 주로 학급 조례 직후 5분간 쓰면서 그날 해야 할 일을 가늠한다. 이 양은 '일별 플래너에 자투리 시간에 할 일까지 명시한다'고 했다. "쉬는 시간이나 등·하굣길 이동 시간에 외울 영어 단어나 풀 문제집 범위를 적어뒀어요. 자칫하면 아무렇게나 흘려보내기 쉬운 10분이지만, 그게 모이면 꽤 긴 시간이 되거든요. 틈틈이 할 일을 명확하게 정하고 지켰던 덕분에 하루를 알차게 쓸 수 있었어요."

방학 플래너는 30분 단위로 작성해야 효율적

방학 플래너의 경우 30분 단위로 할 일을 구분해 쓴다. 학습 과목과 분량만 써뒀던 학기 중 플래너와의 차이점이다. 이 양은 '방학 중에는 자습 시간이 길기 때문에 학습 상태를 자주 체크해야 시간을 빈틈없이 쓸 수 있다'고 했다. 또 '온종일 자습하면 지치기 쉽다. 장기적으로 보면 30분씩 가볍게 끊어 확인하며 공부하는 것이 더 효율적이다'라고 덧붙였다. 특이한 점은 계획을 세울 때 예상 소요 시간을 다소 짧게 잡는다는 것이다. 예컨대 2시간 걸리는 일에 1시간 50분을 배정한다. "마음에 여유가 생기면 집중력이 떨어져요. 긴장이 풀려서 괜히 다른 일이 눈에 들어오는 것이죠. 몇 번 시행착오를 거친 뒤, 이제는 예상 시간을 여유 없이 설정해 공부 효율을 올리고 집중력을 유지합니다."

이 양은 '주변을 보면 2시간 걸리는 일을 2시간 30분으로 써둬야 마음이 안정되어 학습 효율이 오르는 친구들도 있다'며 '다양한 방법을 시도해보면서 자신의 공부 스타일을 파악하고, 가장 적합한 것을 적용하면 좋을 것 같다'라고 조언했다.

이 양은 '플래너에 기록된 흔적은 내가 계속 공부할 수 있도록 해주는 원동력'이라고 하며 다음과 같이 말했다. "지난 학습 내역을 보면 '내가 이만큼 꾸준히 공부했구나' 하는 생각이 들면서 뿌듯해요. 앞으로 무슨 과목을 더 공부해야 할지, 어느 단원의 훈련이 부족한지 스스로 파악할 수 있는 자료가 되기도 하죠. 그런 점에서 플래너는 제 학습의 길잡이라고 볼 수 있겠네요."

　　－출처: 김세영, "쉬는 시간 10분도 흘려보내지 않은 건 플래너 덕분", 조선에듀, 2016.12.13.

04

사춘기 자녀와 어떻게 대화해야 할까요?

긍정적인 상호작용과
반응이 중요하다

자녀가 부모와 관계가 좋아야 학교생활에 열중할 수 있고 성적이 좋다는 이야기를 들어본 적이 있을 것입니다. 어릴 때부터 정서가 안정되어 있으니 두뇌 발달이 좋을 것이고, 당연히 부모와의 갈등으로 신경이 분산되지 않으니 공부에 집중할 수 있겠지요. 게다가 적절하게 칭찬하고 격려하는 부모 아래에서는 동기부여도 잘될 것입니다.

이러한 내용을 EBS 〈다큐 프라임〉 '학교란 무엇인가'(2010년)에서 한 사례를 통해 보여준 적이 있습니다. 10부작으로 구성된 이 다큐멘터리 가운데 한 편에서 상위 0.1%의 학생들과 부모들, 그리고 일반 학생들과 부모들의 대화하는 모습을 관찰하여 어떤 차이가 있는지 조사했습니다. 물론 성적이라는 기준이 한계가 있어 보이지만, 양측의 가정에서 부모와 아이들이 어떻게 대화를 나누는지 그 모습을 통해 시사하는 바가 있다고 봅니다.

상위 0.1% 학생들의 비밀

　　　　　　다큐멘터리 속 상위 0.1% 자녀의 한 엄마는 전날 밤새도록 게임을 한 아들에게 일방적인 비난을 하지 않습니다. 일단 '너는 나름대로 컴퓨터 사용을 줄였다고 하는데'라며 자녀의 노력을 인정합니다. 그러면서 '컴퓨터를 하고 싶은 충동을 조절할 수 있게 스스로 계획표를 세워보면 어떨까?' 등의 의견을 제시합니다. 너의 행동 때문에 기분이 나쁘거나 화가 난다고 감정적으로 대하지 않고, 오히려 '그렇게 스트레스를 풀 수 있는 네가 부럽기도 하다'라며 아이의 자존감이 다치지 않도록 주의합니다.

　이 가정의 대화에서 가장 인상적인 것은 이야기하는 내내 엄마와 아들의 표정이 밝다는 점입니다. 컴퓨터 사용을 줄이는 문제는 그 시기 아이들에게 예민한 문제이고 갈등 유발의 1순위가 되는 문제인데, 어떻게 그토록 무리 없이 대화가 이루어지는지 신기할 정도입니다. 물론 촬영하는 상황을 의식했을 수 있고, 평소에 알아서 잘하는 아이니까 하루 정도 밤새 게임을 한들 자녀를 믿을 수 있었겠지요. 그래도 주목할 점은 부모와 자녀 사이에 대화하면서 '긍정적'인 분위기가 유지된다는 점입니다. 하루아침에 대화법이 좋아지거나 바뀔 수는 없기에 참고할 만합니다.

한편 일반 가정의 한 엄마와 아들이 나누는 대화의 모습은 위의 가정과는 사뭇 대조적입니다. 엄마는 게임만 하는 아들에게 '네가 게임하는 모습을 보면 짜증 나'라고 부정적인 감정을 바로 표출합니다. 어찌 보면 가장 일상적인 부모와 자녀 사이의 대화일 법합니다. 제 경우도 게임만 하려는 아들들에게 분노 수준의 화를 낸 적이 여러 번 있습니다. 엄마도 감정을 가진 사람인데 무조건 참으라는 말이 아닙니다. 또 자녀가 공부를 못하는 것이 엄마의 책임이라고 말하기 위함은 더더욱 아닙니다. 이 대화에서 반면교사 삼아 배울 점은, 부모와 자녀 사이의 대화하는 태도도 '습관'이라는 것입니다. 이 사례에서 엄마는 아들을 계속해서 비난합니다. 대화에 아들을 존중하는 느낌이 없습니다. 심지어 '게임도 머리에 든 게 있어야 하지'라든가 '머리가 비어 있으니'처럼 어른이면 대놓고 하지 못할 자존심 상하는 말을 아이라고 아무렇지 않게 말합니다. 결국에는 아들이 대화를 이어가지 못하고 '짜증 난다'며 화가 난 감정을 드러냅니다. 누구나 일방적인 비난과 자존심을 뭉개는 말을 들으면 당연히 더 이상 대화하고 싶지 않을 것입니다.

대화와 양육의 태도가
자녀의 성적도 바꾼다

이 다큐멘터리에서 주목한 것은 대화법뿐만 아니라, 부모와 자녀가 대화한 후에 어떤 '느낌'을 갖게 되는가였습니다. '부모-자녀 간 대화 분석'에 관한 설문조사 결과, 상위 0.1% 학생들은 74%가 부모와 대화한 후 '편안함을 느낀다', '즐겁고 유쾌하다', '유익하다'와 같이 긍정적으로 대답한 것으로 나타났습니다. 조사 대상 학생들은 어린 초등학생이 아닙니다. 사춘기의 끝을 달리는 고등학생입니다. 학업과 친구 관계만으로도 스트레스를 호소하는 고등학생이 부모와의 대화를 즐겁고 유쾌하다고 느끼는 것은 놀랍습니다. 상위 0.1%의 학생들은 대개 부모와의 관계도 친밀하다는 것을 알 수 있습니다.

자녀와의 대화가 원활하지 않을 때, 아이들은 부모가 하는 말이라면 무조건 흘려듣게 됩니다. 부모가 아무리 자녀 교육서를 읽고 미리 공부해도 학생에게 전달되지 않습니다. 상상만으로도 안타까운 일입니다. 부모와의 관계가 회복되지 않으면, 단지 공부 문제가 아니라 앞으로 살아갈 인생의 수많은 선택의 상황에서도 자녀는 부모에게 전혀 기대하지 않습니다. 그럴 때면 부모는 그저 서운하고 괘씸한 감정을 느끼겠지만, 결국 자녀는 부모에게조차 기댈 수 없는 외로운 처지가 되는 것입니다.

자녀의 행복보다 공부가 먼저라고 생각하는 부모는 없습니다. 공부하라는 소리를 하기에 앞서 자녀와 대화하며 긍정적인 피드백을 주고 격려하는 관계가 되는 것이 우선이라는 뜻입니다. 이렇게 관계가 회복되고 아이가 정서적인 안정감을 찾을 때 성적은 덤으로 따라올 수 있습니다. 자녀가 고등학생이 되었다고 성적만 앞세우며 다그치다가 더 큰 것을 잃는 우를 범하지 않아야 하겠습니다.

05

독해력을 어떻게 키워야 할까요?

독서력이 독해력의 기본이자
공부력이다

초등학교와 중학교 시기에는 '독해력'을 키우는 것이 그 어떤 학습보다 중요합니다. 고등학교는 배워야 할 교과과정과 시험 범위가 중학교와 비교되지 않을 정도로 많습니다. 학습량이 늘어난 것만도 버거운데, 각 교과에서 사용하는 용어도 추상적이고 전문적입니다. 독해력은 국어 교과에만 필요한 것이 아닙니다. 독해가 되지 않는 학생은 모든 교과의 내용을 이해하지 못합니다. 수학 과목조차 독해가 안 되면 문제 자체를 이해하지 못하고 식도 세우지 못합니다. 영어도 마찬가지입니다. 국어 독해가 되어야 영어 문제도 풀 수 있습니다. 누가 입시에 대해 설명하더라도 독해력이 학습의 기본이라는 것에는 이견이 없을 것입니다.

자녀의 관심을
책으로 연결하라

　　　　　　　　그럼 어떻게 독해력을 쌓아야 할까요? 많이 읽고 생각하는 것 외에 왕도가 없습니다. 초등학생이라면 학습만화나 무협지여도 좋습니다. 저는 어떤 책이라도 괜찮으니 자신이 좋아하는 책을 읽으라고 조언합니다. 하지만 예비 고등학생이라면 독서도 전략적으로 해야 합니다. 그렇다고 억지로 유명한 세계 문학 전집, 한국 문학 전집을 읽는 것은 오히려 독서와 멀어질 수 있습니다. 저 역시 문학작품보다 수필을 좋아하는 학생이었기에 책 전문을 읽은 소설이 많지 않습니다. 그래도 괜찮습니다. 독서에 습관을 들이려면, 가능한 학생이 흥미를 보이는 주제나 진로와 관련된 책을 먼저 읽도록 하는 것이 좋습니다. 그리고 무턱대고 책을 읽으라고 여러 번 잔소리하는 것보다는, 주말에 자녀와 함께 대형 서점에 가서 핫초코 한 잔 사주며 책을 직접 고르게 하는 것이 낫습니다. 대부분 자신이 고른 책은 읽고 싶어 하기 마련입니다.

　　입시를 위해서는 글을 읽는 속도 또한 점검해봐야 합니다. 한 번 읽은 내용을 완전히 파악하기는 어렵습니다. 어려운 글일수록 빠른 속도로 훑어보고(속독), 다시 한 번 중요한 정보를 찾아 읽는 연습(정독)을 해야 합니다. 정해진 시간 안에 속독과 정독을 병행하기 위해서는 우선 글을 읽는 속도가 빨라야 합니다. 속독하던 학생에게 정독하게 하는 것은 훈련으로 가능하지만, 반대로 정독만 하던 학생에게 속독을 가르치기는 어렵습니다. 속독하는 기술을 길러주는 학원도 있지만, 특별한 훈련을 받지 않아도 다독하면 속독할 수 있게 됩니다.

제 친구는 중학교 때 무협지에 빠져 어머니께 늘 혼이 났습니다. 친구는 좋은 책을 읽으라는 잔소리를 시도 때도 없이 들었지만 무협지를 끊을 수가 없었습니다. 하루 만에 무협지 시리즈를 세 권씩 읽는 날도 있었습니다. 그런데 고등학교에 진학해서 국어 영역(당시 언어 영역) 시험을 보고 나서 깜짝 놀랐답니다. 특별히 국어 공부를 하지 않았는데도 문제가 쉽게 풀리고 시간도 남았기 때문입니다. 다른 친구들 대부분은 끝까지 문제를 풀지 못해 마지막 시험지 한 장은 전체 문제를 찍어야 했을 만큼 어려운 시험이었습니다.

이런 사례들을 볼 때 빨리 읽고 이해하는 능력은 정독만큼이나 중요합니다. 고등학교에서 교과서만으로 수업하는 선생님은 드물고, 각종 유인물이나 부교재를 병행하여 진도를 나갑니다. 많은 양을 빨리 읽고 이해해야 시험 대비를 잘할 수 있다는 뜻입니다. 중요한 어휘에 밑줄도 치고, 키워드를 메모하고, 여러 가지 기호를 사용하여 독해하는 읽기 전략도 많이 읽고 많이 풀다 보면 자연스레 생깁니다.

따라서 부모는 누가 봐도 좋은 책이라고 할 만한 권장도서를 강요하기보다, 자녀가 관심 있는 분야에 스스로 접근하여 수준에 맞는 책을 고를 수 있는 분위기나 여건을 만들어주는 것이 좋습니다. 그것이 아이가 독서하는 습관을 기르고 다독할 수 있게끔 하는 지름길입니다.

독해력은 모든 과목에
영향을 끼친다

중·고등학생들이 독해에 어려움을 겪는 또 다른 이유는 어휘의 '개념'을 이해하지 못하기 때문입니다. 영상을 보는 데 몰입하고 시간을 많이 소요하는 반면에, 독서를 통해 제대로 읽고 생각하는 훈련이 부족한 요즘 아이들에게서 흔히 볼 수 있는 현상입니다. 따라서 이런 문제를 해결하기 위해서는 어휘를 따로 공부할 필요가 있습니다.

학년이 올라갈수록 교과서에는 한자어와 추상어 같은 개념어가 많아집니다. 고등학교 1학년 수업을 하다 보면, '어떻게 이런 단어의 뜻도 모를 수 있지?'라고 생각될 만큼 기초적인 어휘력이 부족한 학생이 수두룩합니다. '지향하다'와 '지양하다'라는 단어를 구분하지 못하고, '정적이다'와 '동적이다'라는 단어의 의미를 몰라서 문제를 틀립니다. '고지식하다'를 '지식이 많다'라고 해석하기도 합니다. 이런 웃지 못할 사례는 차고 넘칩니다. 영어 단어는 열심히 외우면서, 오히려 한국어 단어를 몰라 질문하는 학생이 점점 늘고 있습니다. 단어를 이해하지 못하니 긴 글을 읽지 못하는 것은 당연합니다. 학생 자신이 어휘를 이해하는 데 어려움이 있다면, 다른 과목을 공부할 때도 영어 단어장을 만들듯이 어휘 정리장을 만드는 것이 좋습니다. 즉 과목별로 이해하기 어려운 개념어나 모르는 단어들 위주로 정리해두어야 합니다. 그 어휘가 어떻게 쓰이는지 예문도 함께 정리하면 더욱 효과적으로 공부할 수 있습니다. 초등학교 고학년이나 중학생이라면 한자를 공부하는 것도 독해력을 키우는 데 큰 도움이 됩니다. 한자를 잘 알면 중학교 한문 수업에 도움이 되고, 고등학교에 진학해서도 교과서에 흔히 나오는 한자어 때문에 고생하지 않게 됩니다.

따라서 자신이 모르는 개념이 나올 때마다 어휘를 정리하는 것도 좋고, 아예 고등학교에서 다루는 어려운 어휘를 따로 정리한 책을 구입해서 참고해도 좋습니다. 어떤 방식으로든 모르는 단어를 그냥 지나치지 말고 확인하고 정리하는 습관을 들인다면 점차 독해력이 향상될 것입니다.

06

고등학생 부모로서 아이에게 무엇을 챙겨줘야 할까요?

자녀에게 선택과
책임의 기회를 준다

고등학생이 되어서도 엄마의 그늘을 벗어나지 못하는 학생이 많습니다. 심지어 요즘은 자녀가 대학에 진학해서도 학부모가 교수에게 성적 항의 전화를 하고, 직접 취업 준비 및 시험에 관련한 문의를 하는 사례도 적지 않다고 합니다. 엄마의 치맛바람이 어디까지 이어질지, 자녀들이 자율성과 책임감을 어떻게 배울 수 있을지 걱정이 될 정도입니다.

결론적으로 말하면, 자녀의 학교생활과 생활기록부 활동은 학생 스스로가 챙겨야 합니다. 미성년자인 자녀에게 학부모가 관심을 보이고 도와주는 것은 좋지만, 최종 결정권은 자녀에게 있다는 것을 기억해야 합니다.

"신경 쓰지 마.
엄마가 다 해줄게"

간혹 고등학교 2학년이 되어 갑자기 선택과목을 바꾸겠다고 하는 학생들이 있습니다. 그 이유는 1학년 때 엄마가 ○○ 과목을 들으라고 해서 따랐는데, 막상 수업을 들어보니 본인에게 너무 맞지 않았다는 것입니다. 그래서 수업에 집중이 안 되고, 성적도 안 좋아서 꼭 선택과목을 바꿔야겠다고 토로합니다. 이처럼 부모의 말에 무조건 따랐다가 좋은 결과를 내지 못한 경우, 나중에 자신이 과목 선택에 신경 쓰지 않은 책임이나, 공부를 안 한 책임 등 원망의 화살은 모두 부모를 향합니다. 심지어 지각해도 엄마가 안 깨웠다는 핑계를 대고, 종례 시간에 몇 번이나 내일이 등교일이라고 알려줬는데도 엄마가 온라인 수업이라고 해서 학교에 안 왔다고 말합니다. 어떨 때는 학생의 어머니가 담임교사에게 전화해서 "아이는 잘못이 없어요. 제가 못 깨웠어요."라고 본인의 실수임을 강조하는 경우도 있습니다.

저도 교사이자 학부모이기에 이런 일을 겪으면 당황스럽고 서글프면서도 엄마의 심정이 이해가 됩니다. 하지만 이런 태도로 자녀를 과보호하면 아이가 고마워하는 것이 아니라 부모 핑계를 대는 습관만 생깁니다. 자신이 선택한 것에 대해 책임을 지지 않고 모든 결정의 책임을 부모에게 돌리는 것입니다. 이런 태도가 습관이 되어 아예 결정 자체를 하지 못하는 학생도 있습니다. 교사로서 정말 심각한 문제라고 생각합니다.

물론 시험 기간에는 챙겨줘도 좋습니다. 독서를 해야 한다는 조언도 괜찮습니다. 하지만 아침에 자녀가 알람을 맞추고 제시간에 스스로 일어나는 생활 습관만큼은 개입하지 않아야 합니다. 잘 일어나는지 지켜보다가 그래도 안 되면 도움을 줄 수 있지만, 처음부터 '너는 신경 쓰지 마. 엄마가 다 해줄게'라는 식의 태도는 아이에게 약이 아니라 독이 됩니다. 아이가 안쓰럽다고 걸어갈 수 있는데 굳이 차로 태워주고, 어떤 동아리를 들 것인지 대신 고민해서 결정해주고, 아이가 읽어야 할 책을 나서서 골라주는 '열성 엄마'가 너무 많습니다.

엄마의 교육열이 자녀의 열정을 빼앗고, 엄마의 선택이 자녀의 책임감을 빼앗습니다. 학생 스스로 하나하나 고민해서 결정해야 신나게 학교생활을 할 수 있습니다. 어렵지만 스스로 선택해서 참여한 수업에 더 재미를 느끼는 것은 당연합니다. 본인이 선택했으니 결과에도 책임을 져야 한다고 생각해서 더 열심히 공부하고, 실제로 더 좋은 결과를 보입니다.

아이는 믿는 만큼 성장한다

고등학교에서는 거의 매년 자퇴하고 싶어 하는 학생과 고등학교만큼은 졸업해야 한다고 주장하는 학부모 간의 갈등 사례가 끊이지 않고 일어납니다. 학생은 학교를 떠날 의지가 확고하고, 학부모는 어떻게든 학교 울타리 안에서 학교생활을 마치게끔 하고 싶어 회유합니다. 학업 중단을 막아보려는 학부모의 의지는 정말 눈물겹습니다. 요즘은 '가정학습'을 신청해서 결과물을 제출하면 출석 인정을 받을 수 있으므로, 피치 못할 사정이 있을 때 그 결과물로 근근이 출석 일수를 채우는 경우가 있습니다. 하지만 이때 학생이 했다고 하지만, 누가 봐도 학부모가 대신 한 결과물을 종종 발견하게 됩니다. 학부모 글씨로 수학 문제도 풀고, 온라인 학습도 대신 클릭해서 듣습니다. 물론 저의 심증입니다만, 무기력한 학생이 수행했을 리 없는 그럴듯한 결과물을 들고 어색한 태도로 학교를 방문하는 학부모를 보면 교사로서 안타깝고 속이 상합니다.

이런 경우는 자녀에게 선택권을 주고, 자신의 선택에 책임을 지도록 하는 것이 더 낫습니다. 극단적인 사례이기는 하지만, 원하는 대로 다른 경험을 해보고, 또 아르바이트도 해보고, 친구들이 학교 가는 시간에 놀기도 해본 아이들이 결국 본인의 의지로 검정고시를 준비하거나 재입학을 합니다. 막상 사회에 나가 보면 중학교 학력으로 할 수 있는 괜찮은 일이 없다는 것을 스스로 깨닫고 자신을 되돌아봅니다. 고등학교를 1년 늦게 진학하고, 졸업한다고 해서 큰일이 일어나지 않습니다. 억지로 학교에 끌고 가서 출석 일수만 겨우 맞춰 졸업시키는 것은 오히려 자녀의 장래에 도움이 되지 않습니다.

학부모의 입장에서 자퇴나 전학 같은 큰 문제를 아직 판단력이 부족한 자녀의 의견대로 존중하여 따르기는 어렵습니다. 따라서 과목 선택하기, 동아리 선택하기, 독서 활동할 책 고르기, 자습 시간 관리하기, 친구를 사귀는 문제 등 하나하나 자녀에게 선택권을 주고 결정하는 습관을 들이는 것이 좋습니다. 물론 선택에 따르는 과정과 책임도 자신이 가져가게 돼야 합니다. 작은 선택에서 책임을 지는 것을 배워나가다 보면, 어느 날 갑자기 자퇴와 같이 크게 책임질 일을 거의 저지르지 않습니다.

부모가 자녀의 선택을 존중한다는 것은 그만큼 자녀를 신뢰한다는 의미이기도 합니다. 끊임없이 무엇인가 대신해주고, 모든 선택에 개입하고, 부모가 앞서가며 아이의 장래에 대한 계획을 세우고 있다면 스스로 반문해봐야 합니다. 부모의 열정이 자녀를 사랑하기 때문인지, 자녀를 믿지 못하기 때문인지 돌아볼 필요가 있습니다. 믿는 만큼 성장하는 것이 우리 아이들입니다.

07

입학 전 무엇을 알아두면 좋을까요?

예비 고1 학부모 필독!
교육과정, 이것만은 알고 가자

학부모 대부분은 본인의 학창 시절을 떠올리며 자녀의 고등학교 생활이 중학교와 별반 다르지 않을 것이라고 생각합니다. 부모 세대에는 학력고사나 수학능력시험이 입시의 가장 큰 관문이었습니다. 학교 수업은 입시에서 좋은 성적을 내는 것에만 초점이 맞추어져 있었습니다. 당시는 동아리 활동이나 독서 활동, 수업시간의 활동 내용이 크게 중요하지 않았습니다. 그렇기에 첫 아이가 고등학교에 입학하면 학부모는 당황할 수밖에 없습니다.

교육과정 용어
얼마큼 알고 계세요?

　　다음에 열거한 용어는 고등학교 생활을 이해하기 위해 알아야 할 가장 기본적인 교육과정 용어 및 입시 용어입니다(통상 약칭으로 더 많이 쓰이는 용어는 그대로 표기했습니다). 학부모로서 아래 용어 중 몇 개나 알고 있는지 한번 확인해보기 바랍니다. 아래 용어에 관해 알아두지 않으면 자녀의 학교생활을 이해하거나 진로를 설정하는 데 어려움을 겪을 수 있습니다. 그러므로 '들어서 알고는 있다'가 아니라, 적어도 이 용어가 무엇이라고 간략하게 설명할 수 있을 정도로는 알아두는 것이 좋습니다. 그래야 고등학생 자녀에게 조언도 해줄 수 있습니다.

　　자녀가 고등학교에 진학하면 학부모들이 가장 처음 겪는 난관은 교육

- 정시·수시
- 학종
- 교과전형
- 자동봉진
- 고정비율·변동비율
- 보통교과·전문교과
- 공통과목
- 일반 선택과목·진로 선택과목
- 교과세특
- 창체 동아리·자율 동아리
- 수업시수

※ 이해도: 10개 이상은 '상', 7~9개는 '중', 6개 이하는 '하'

---

*용어 설명은 56~57쪽 '입시정보 tip' 참조

용어를 몰라서 각종 통신문에서 공지하는 사항을 제대로 이해할 수 없다는 점입니다. 또한 학부모들은 수많은 선택과목으로 인해 복잡한 '교육과정 편제표'의 경우 알아볼 수조차 없다고 말씀하십니다. 한두 학기를 마치고 나서야 '아, 편제표가 이런 것이었구나' 하고 뒤늦게 알게 됩니다. 어찌 보면 달라진 교육과정에 따른 현행 교육 용어를 부모 세대가 모르는 것은 당연할 수 있습니다. 하지만 자녀들은 대개 부모가 자신보다 입시와 학교생활에 대해 모른다고 판단되면 부모와 상의하지 않습니다. 그냥 알아서 하겠다고 합니다. 그러나 진로·진학 교사, 상담 교사가 학교마다 배치되어 있어도, 자신의 진로 설계를 위해 해당 선생님을 직접 찾아가 상담을 요청하는 학생은 매우 드뭅니다. 결국 학생도 학부모와 마찬가지로 고등학교 1학년 생활을 어찌해야 할지 몰라 헤매다가, 2학년에 올라가서야 어렴풋이 학교과정을 알게 됩니다.

하지만 고등학교와 중학교의 가장 큰 차이점은, 학교의 모든 활동이 생활기록부에 차곡차곡 기록됩니다. 학생이 겪는 시행착오의 과정조차 모두 생활기록부에 기록된다는 뜻입니다. 한마디로 1학년 생활기록부를 망쳤다면, 2학년 때 새롭게 생활기록부를 만드는 것은 힘듭니다.

학생도 학부모도 미리 알았다면 좋았을 것들

'생기부 세탁'이라는 말을 들어보셨습니까? 실제 제가 근무했던 학교에서 다음과 같은 일이 벌어진 적이 있습니다.

고등학교 1학년 생활에 갈피를 못 잡고 마냥 해이하게 보낸 B 학생은 2학년이 되어서야 정시(수능)가 자신에게 매우 어렵다는 것을 깨달았습니다. 그래서 학생부종합전형을 고민하다가 1학년 생활기록부를 들여다보니, 그제야 교과 세부능력 및 특기사항과 독서 현황이 모두 빈칸인 것을 알아차리게 되었습니다. 본인이 입학사정관이라도 자신에게 점수를 주지 않을 것 같다고 느꼈답니다. B 학생은 어떤 선택을 했을까요? 다시 1학년부터 학교생활을 잘해보겠다며 자퇴하고, 다음 해 1학년으로 재입학했습니다.

극단적인 사례이기는 하지만 2학년 학부모님과 상담해보면, 1학년 때 챙겨야 할 것을 미리 알았다면 조언해줄 수 있었을 텐데 그렇지 못한 것에 속상해하십니다. 아이가 학교에서 알아서 하는 줄 알았다고 말합니다. 하지만 실제로는 많은 아이가 1년 내내 독서록 한 편을 제출하지 않아도 집에서는 이야기하지 않습니다. 선택과목을 제멋대로 아무렇게나 선택하고도 알아서 했다고 말합니다. 또 열심히 준비한 첫 지필고사에 전자시계를 차고 갔다가 압수당해서 시간 조절에 실패해 시험을 망치기도 합니다. 미인정 지각을 한 달에 한두 번씩 총 10회 이상 하기도 합니다.

그러다 2학년이 되고 나서야 생활기록부 관리가 전혀 안 되었다는 사실을 부모님이 알게 되어 안타까움을 토로합니다. "이런 정보를 1학년 때 알았다면 얼마나 좋았을까요?" 하고 속상해하는 학부모가 속출합니다. 그렇다 보니 입시 성공의 50% 이상인 수시 카드는 일찌감치 포기합니다. 자신의 전략대로 정시를 택하는 것이 아니라 '생활기록부' 관리를 못해서 수시를 포기해야 하는 경우가 훨씬 많습니다.

이제 고등학생 학부모라면 최소한 '교육과정, 선택과목, 생활기록부, 평가' 등 고등학교에서 이루어지는 기본 편제에 대해 알아두어야 합니다. 이러한 편제를 알아야 자녀의 학교생활을 이해하고 자녀의 진로를 설계할 수 있습니다. '라떼는 말이야'라고 아무리 이야기해봤자, 아이들은 잔소리로만 여깁니다. 만약 부모로서 조언하기 어렵다면, 담임선생님이나 진로 선생님께 찾아가 전문적인 상담을 받도록 이끄는 정도의 관심은 보여야 합니다. 종종 고등학교 1학년 때부터 전문적인 생활기록부 개별 컨설팅을 받겠다는 학부모도 있는데, 아직 상담할 구체적인 학생 자료가 없는 시기에 이런 상담은 별 의미가 없습니다. 무엇보다 가장 먼저 확인해야 할 내용은 우리 아이 학교의 교육과정이라는 것을 기억해야 합니다.

고등학교를 선택할 때 학교의 교육과정을 미리 살펴보는 것은 중요합니다. 수시 전형으로 대학에 진학할 경우 각 대학교에서 요구하는 과목과 특정 과목을 들으면 가산점을 주기도 합니다. 그런데 해당 고등학교의 교육과정이 그 두 과목을 애초에 이수할 수 없도록 편제되었거나, 자녀의 진로 선택(수능)에 불리하게 편성되어 있을 수 있습니다.

예를 들어 현재 고등학생들은 국어 영역 중 '언어와 매체', '화법과 작문' 중에서 한 과목을 골라 수능시험을 치르게 됩니다. 그런데 학교에서 '언어와 매체' 과목을 2학년에 편제해놓았다면, 수능에서 '화법과 작문'을 선택할 학생들은 2학년 때 내신만을 위한 공부를 해야만 합니다. 물론 그 과목을 공부하는 것 자체가 의미 있는 배움의 과정일 수 있지만, 입시에서의 유불리를 따지자면 개인적으로 좋은 편제라고 생각하지 않습니다. '언어와 매체' 과목을 최종 선택할 학생들도 3학년 1학기에 수능과 같이 선택 과정으로 편제되어 있다면 내신 공부를 하면서 수능 대비를 할 수 있습니다. 문법 과목의 특성상 외울 내용이 많고 기억이 오래가지 않기 때문에 3학년에 내신과 수능을 같이 대비하는 것이 좀 더 효율적일 수 있습니다.

한편 제가 근무하는 학교의 경우 미술 중점학급, 체육 중점학급 등 예체능 진로를 희망하는 학생들의 학급과 교육과정이 따로 편제되어 있습니다. 이런 경우 교육과정이 일반 과정 학생들과 다르게 편제됩니다. 일반 과정의 학생들이 일주일에 영어와 수학을 4시간 배운다면, 예체능 과정 학생들은 영어와 수학을 3시간 배우고 남은 1시간은 진로에 맞는 과목을 공부합니다. 이때 일반 학급과 일주일에 배우는 수업의 시간이 달라져서 시험문제도 다르게 출제하고, 내신 등급도 따로 산출합니다. 만약 자녀가 '체육'으로 진로를 선택했다면 문·이과로 진로 선택한 학생들과 같이 내신 경쟁을 하는 것이 아니어서 유리할 수 있습니다. 반대로 생각하면 일반 과정의 학생들은 예체능 학생들이 등급 산출에서 빠지니 내신 등급이 불리할 수도 있습니다(예체능 전공자가 일반 학급 학생들보다 성적이 우수한 사례도 있지만, 일반고에서 예체능을 준비하는 친구들은 전공 실기와 병행하기 때문에 주요 과목 평균이 낮은 편입니다).

교육과정 편제 자체의 문제 때문에라도 교육과정을 미리 살펴볼 필요가 있습니다. 최상위권 학생들은 대학에서 요구하는 조건을 대부분 다 맞춰서 학생부종합전형에 지원합니다. 서울대학교의 경우 '교육과정 구성Ⅱ'를 두 개 이상 충족할 경우 2점의 가산점을 줍니다. 그런데 일부 학교는 학생이 그렇게 과목을 선택하고 싶어도 편성 자체가 안 되어 있는 사례가 있습니다. 예컨대 '물리학Ⅱ'를 이수하는 것이 유리하지만, 아예 교육과정에 '물리학Ⅱ'가 개설이 안 되어 있는 학교도 있다는 뜻입니다.

저희 학급 학생 중에 미국에서 무역업을 하는 친척을 둔 아이가 있었습니다. 이 학생은 외국어대학교에 진학하거나, 경영학과 또는 무역학과로 진학하여 해외 취업을 하는 것이 목표였습니다. 그런데 인근 학교 중에 스페인어가 제2외국어로 지정된 학교가 드물어 교육과정을 보고 스페인어가 있는 학교로 전학을 왔다고 했습니다. 또 인문계에서 미술을 전공하기로 결정한 학생이 미술 중점 교육과정이 있는 학교로 전학을 오기도 합니다. 이처럼 교육과정을 미리 살펴보는 것은 학생의 진로설계에서 매우 중요합니다.

그러면 이런 교육과정 편제를 어디서 확인할 수 있을까요? '학교알리미' 사이트(www.schoolinfo.go.kr)에 들어가면, '전국학교정보-학교별 공시정보' 메뉴에서 각 학교를 검색해볼 수 있습니다. 여기서 학교를 검색하면, 학교 소개와 함께 '주요 정보(급식 정보, 학사 일정, 학생 현황, 방과후학교 운영 계획 및 운영 지원현황 등)', '공시 정보(학생 현황, 교원 현황, 교육 여건, 예결산 현황, 학업 성취사항 등)'가 나옵니다. 이 정보는 해당 학교의 홈페이지에도 게시되어 있습니다. 대부분의 학교 홈페이지는 가장 상위 메뉴에 학교장 인사말과 교육 비전, 교육 목표 등을 살펴볼 수 있도록 구성되어 있습니다. 그리고 통상 그 하위 메뉴에 '교육과정'이 포함되어 있습니다. 그만큼 교육과정이 학교생활에 핵심적인 내용이기 때문입니다.

뒤에 이어지는 '입시정보 tip'에는 '교육과정 편제표 읽는 방법'을 간략하게 설명해놓았습니다. 지면으로 부족하다고 느끼는 내용은 각 학교의 교육과정 설명회나 중학교 부모님을 대상으로 한 입시설명회 등을 검색해보면 다양한 정보를 얻을 수 있습니다. 조금이라도 일찍 알아보고 발품을 팔아서 자녀의 3년 동안의 교육과정을 머릿속에 그려본다면, 자녀에게 좀 더 적합한 고등학교를 찾을 수 있고, 이후 입시 설계에도 도움이 될 것입니다.

미리 알고 입학하자!
고등학교 관련 용어 팁

■ 꼭! 알아야 할 고등학교 관련 용어

· **정시:** 수학능력시험 이후 '수능 점수'를 기준으로 학생을 선발하는 전형('가군,
  나군, 다군'별로 3회 지원 가능)
· **수시:** 정시 모집 이전에 학생의 '내신' 위주로 선발하는 전형(크게 '학생부교과
  전형, 학생부종합전형, 논술전형, 특기자전형'으로 나뉘며 4년제 대학 기준
  총 6회 지원 가능)
· **학종:** 수시 전형 중 '학생부종합전형'의 줄임말. 교과 성적뿐 아니라 비교과 영
  역까지 종합적인 학교생활기록부 기록으로 학생을 선발하는 전형
· **교과전형:** 수시 전형 중 고등학교 3년 동안의 학교 내신과 출결에 초점을 맞춰
  학생을 선발하는 전형
· **자동봉진:** '자율활동, 동아리활동, 봉사활동, 진로활동'의 줄임말. 창의적 체험
  활동의 4가지 하위 영역
· **고정비율:** 점수의 급간별로 성취도(A~E)가 정해져 있음. 90점 이상은 A, 80

점 이상은 B 등급임

- **변동비율:** 교과 특성에 맞게 협의를 통해 점수의 급간을 정하여 성취도를 부여함

- **보통교과 · 전문교과:** 보통교과는 일반고에 주로 편성되어 있는 교과로 '공통교과'와 '선택교과(일반선택, 진로선택)'로 구분되며, 전문교과는 특목고나 특성화고에 주로 편성되어 있는 교과로 '전문교과 I, II'로 구분됨

- **공통과목:** 고등학교 1학년 때 기본 능력을 함양하기 위해 공통적으로 듣는 과목(국어, 수학, 영어, 한국사, 통합사회, 통합과학, 과학탐구실험)

- **일반 선택과목:** 9등급 상대평가(성취도 5단계)로 내신 성적을 산출하며, 수능 과목에도 포함되기 때문에 공부 부담이 크고, 학생 모두에게 필요한 중요한 과목

- **진로 선택과목:** 진로별로 일부 학생에게 필요한 과목. A, B, C의 3단계 절대평가여서 일반 선택과목에 비해 부담 없이 공부할 수 있는 과목(학교 내신은 절대평가지만 상위권 대학 입시에서는 성취도 혹은 성취도별 분포 비율을 고려해 점수 반영을 하기도 함)

- **교과세특:** 교과 세부능력 및 특기사항의 줄임말

- **창체 동아리:** 정규 수업시간(창의적 체험활동의 동아리 시간)에 활동하는 동아리. 활동 내용이 생활기록부에 자세하게 기록됨

- **자율 동아리:** 정규 수업시간 외에 자율적으로 활동하는 동아리. 동아리명 정도만 생활기록부에 기재되고(30자), 2024년부터는 입시에 반영되지 않음

- **수업시수:** 수업시간의 수를 의미함. 주당 수업시수는 일주일에 해당 과목 수업이 몇 번 있는지를 나타냄

교육과정 편제표 읽는 방법

인문계고 교육과정 편제표(예시)

교과영역	교과(군)	과목	기준단위	운영단위 공통	일반	진로	전문	1학년 1학기	1학년 2학기	2학년 1학기	2학년 2학기	3학년 1학기	3학년 2학기	영역합계	필수이수단위
기초	국어	국어	8	8				4	4					12	10
		문학	5		4					4					
	수학	수학	8	8				4	4					16	10
		수학 I	5		4					4					
		확률과 통계	5		4						2	2			
	영어	영어	8	8				4	4					12	10
		영어 I	5		4					4					
	한국사	한국사	6	6				3	3					6	6
	교과선택	언어와 매체/실용국어 [택3]	5		4							4			36	-
		수학 II/실용수학	5		4							4			
		영어 II/실용영어	5		4							4			
		화법과 작문/독서 [택4]	5		6								3	3	
		미적분/경제수학	5		6								3	3	
		영어독해와 작문/심화영어독해 I	5		6								3	3	
			5		6								3	3	
탐구	사회	통합사회	8	6				3	3					6	10
	과학	통합과학	8	6				3	3					8	12
		과학탐구실험	2	2				1	1						
	교과선택	사회문제탐구/생활과 과학	5			6				3	3			6	-
체육·예술	체육	체육	5		4			2	2					12	10
		운동과 건강	5		4					2	2				
		스포츠 생활	5			4						2	2		
	예술	음악--미술	5	3				3	3					10	10
		음악 연주/미술 창작[택1]	5		4							2	2		
생활·교양	기술·가정/제2외국어/한문/교양	기술·가정	5		4			2	2					16	16
		중국어 I/스페인어 I	5		4					2	2				
		한문 I	5		6							3	3		
		논술	5		2			1	1						
	교과선택	세계지리/경제/정치와 법/동아시아사/ [택3]	5			6				3	3			40	-
		생활과 윤리/물리학 I/화학 I/생명과학 I/	5			6				3	3			
		과학과제연구 – 생명과학실험/과학과제연구 – 물리학실험/과학과제연구 – 화학실험/음악사/공학 일반 – 지식재산 일반	5			6				3	3			
		한국지리/윤리와 사상/사회·문화/세계사/ [택3]	5			6						3	3	
		지구과학 I/물리학 II/화학 II/생명과학 II/	5			6						3	3	
		지구과학 II/융합과학/음악전공실기/프로그래밍/중국어 II/스페인어 II	5			6						3	3	
		심화국어/진로영어/기하										2	2	
이수 단위 소계			-	-	-	-	-	30	30	30	30	30	30	180	
창의적 체험활동			24	24				4	4	4	4	4	4	24	24
학기별 총 이수 단위								34	34	34	34	34	34		
학기당 과목 수								11	11	10	10	11	11		
진로교과, 체육, 예술, 교양 성격의 선택과목, 실습 위주의 과목수								4		2(3)		3		204	

- 출처: 한국교육과정 평가원, '고교학점제 연구학교 운영 매뉴얼', 2018, p.49

교육과정 편제표는 수많은 교과목과 함께 숫자들이 빼곡히 들어차 있어서 학부모님이 한눈에 알아보기 어렵습니다. 그렇기에 항목 영역을 구분해서 하나하나 단계적으로 살펴보는 것이 좋습니다.

아래 표를 보면, 왼쪽 세로축에는 '교과' 영역이 있고, 가로축에는 '운영 단위'와 '학년' 구분이 있습니다. 칸 안에는 숫자들이 기입되어 있는데, 이 숫자는 일주일 동안 몇 시간 수업하는지를 보여줍니다. 이를 '주당 수업시수'라고 합니다.

아래 표에서 '국어' 과목을 보면 1학년 1학기와 2학기에 모두 숫자 '4'가 적혀 있습니다. 이것은 1학년은 1학기와 2학기에 모두 일주일에 4시간씩 국어 수업을 한다는 뜻입니다(여기서 운영 단위와 필수 이수 단위는 학교 차원에서 고려해야 하는 부분이므로 신경 쓰지 않아도 됩니다). 그런데 2학년 국어 교과의 경우 과목명이 '문학'으로 바뀌었고, 1학기에만 숫자 '4'가 적혀 있습니다. 이 경우 '문학' 과목은 1학기로 수업이 끝난다는 뜻입니다. 그럼 2학기에는 어떤 과목을 듣게 될까요? 학생들이 선택해서 '언어와 매체'나 '실용국어' 과목 수업을 듣게 됩니다.

교과 (군)	과목	기준 단위	운영 단위			1학년		2학년		3학년		영역 합계	필수 이수 단위
			공통	일반	진로	전문	1학기	2학기	1학기	2학기	1학기	2학기		
국어	국어	8	8				4	4					12	10
	문학	5		4					4					

이렇게 1학년 때는 기초과목을 공통으로 이수하고, 교과 선택은 2학년과 3학년 때 한다고 생각하면 됩니다. 탐구과목은 1학년 때는 '통합사회'와 '통합과학'을 공통으로 배우고(부모 세대의 공통사회, 공통과학), 그리고 2학년 때 세 과목, 3학년 때 세 과목을 선택하면 됩니다.

즉 다음 장의 표처럼 교과 선택을 할 수 있는 영역이 묶여 있습니다. 2학년 교과 선택을 살펴보면, 문과 계열 진학을 희망하는 학생의 경우 첫째 카테고리의 '세계지리/경제/정치와 법/동아시아사/생활과 윤리' 5개 사회 과목 중에서 3개를 선택합니다. 여기서 굳이 이과 학생들이 이수하는 물리학 I , 화학 I 을 선택하는 학생은 드뭅니다(이과를 희망하는 대다수 학생이 듣는 수업을 선택해서 9등급으로 성적을 매기는 내신 경쟁에 뛰어들 이유가 없는 셋입니다). 만변 이과 셰널 진학을 희망하는 학생의 경우는 '물리학 I , 화학 I , 생명과학 I , 과학과제연구 – 생명과학실험, 과학과제연구 – 물리학실험, 과학과제연구 – 화학실험, 공학 일반' 중에서 3개를 선택합니다.

교과 영역	교과 (군)	과목	기준 단위	운영 단위				1학년		2학년		3학년	
				공통	일반	진로	전문	1 학 기	2 학 기	1 학 기	2 학 기	1 학 기	2 학 기
교과 선택		세계지리/경제/정치와 법/ 동아시아사/생활과 윤리/	5		6					3	3		
		물리학 I /화학 I /생명과학 I /	5		6					3	3		
		과학과제연구-생명과학실험/ 과학과제연구-물리학실험/ 과학과제연구-화학실험/음악사/ 공학 일반-지식재산 일반	[택3] 5		6					3	3		
		한국지리/윤리와 사상/사회·문화/ 세계사/	5		6							3	3
		지구과학 I /물리학 II /화학 II /생명과학 II /	5		6							3	3
		지구과학 II /융합과학/ 음악전공실기/프로그래밍/ 중국어 II /스페인어 II	[택3] 5		6							3	3
		심화국어/진로영어/기하										2	2

위 인문계 고등학교의 교육과정 편제표에 의하면, 문과 진학 학생들보다 이과 진학 학생들의 교과 선택의 폭이 넓은 것을 알 수 있습니다. 또한 '과학과제연구'의 실험 과목은 일반 선택과목이 아니라 진로 선택과목입니다. 보통 이과 희망 학생들은 '물리학, 화학, 생물, 지구과학' 중에서 2개 과목을 듣고, 1개 과목은 실험 과목을 듣습니다. 즉 1개 과목은 진로 선택과목이므로 내신 등급 산출을 3등급으로 받으니 부담이 적습니다. 게다가 보통 실험 과목은 100% 수행평가여서 지필평가도 치르지 않습니다.

그럼 어떤 상황이 벌어질까요? 2학년 1차 지필평가에서 문과 학생들이 6과목 시험을 치른다면, 이과 학생들은 5과목만 시험을 치릅니다. 하지만 문·이과 공통과목인 국어, 영어, 수학은 문·이과 구분 없이 내신 등급 산출을 같이합니다. 공식적으로는 문·이과 구분이 없어졌고, 이수 단위도 같기 때문이지요. 결과적으로 위 교육과정에서는 이과 학생들이 유리할 수도 있습니다.

이런 교육과정은 어떻게 바꾸면 좋을까요? 이과 학생들의 실험 과목에 상응하는 문과의 진로 선택과목 하나 정도가 더 개설되면 형평성이 맞습니다. 이렇게 해야 문과 계열로 진학하려는 학생들도 진로 선택 1개 과목을 포함해서 3과목 선택이 가능한 것입니다. 예를 들어 자녀가 문과 계열 진로를 생각하고 있다면, 학교에 '사회문제탐구'나 '여행지리'처럼 9등급으로 내신이 산출되지 않는 과목 하나가 더 개설될 수 있는지 문의할 수 있겠지요.

고등학교에서 교육과정은 1~2년 전에 미리 계획합니다. 즉 내 아이가 이미 고등학교에 입학한 후에 당해 연도 교육과정을 수정하기는 어렵습니다. 따라서 자녀가 진학할 고등학교가 이미 정해져 있다면, 중학생일 때 미리 교육과정을 살펴봐야 합니다. 자세히 들여다보지 않으면 누구에게 유리하고 불리한 교육과정인지 교사들조차 한눈에 파악하기 어렵습니다. 당연히 특정 계열에 유리하거나 불리한 교육과정이 편성되어서는 안 되지만, 학교의 여건상 정확히 공평하게 맞추기도 어렵습니다. 예를 들면 위의 교육과정 사례의 경우, 사회 교사의 수가 적다든가 사회 교사들이 진로 선택과목 수업을 꺼린다든가 등등 다양한 이유가 있을 것입니다. 하지만 교육과정을 편성하는 과정에서 학부모의 요구를 미리 파악한다면 이런 의견을 무시하기는 어렵습니다.

따라서 자녀가 배울 교육과정을 미리 들여다보고, 혹시라도 교육과정이 특정 계열에 불리하다면 학교에 의견을 전달하거나 자녀에게 더 적합한 교육과정을 운영하는 고등학교를 선택하는 것이 좋습니다.

■ 개정된 교육과정 편제를 알아두자

2015 개정 고등학교 교육과정 편제는 크게 '교과'와 '창의적 체험활동'으로 나뉘어 있습니다. 창의적 체험활동은 '자율활동, 동아리활동, 봉사활동, 진로활동'으로 구분됩니다(창의적 체험활동에 대해서는 이후 생활기록부 관리 항목에서 자세히 다루겠습니다). 교과는 '보통교과'와 '전문교과'로 구분되는데, 일반 인문계

고등학교에서는 보통교과 위주로 편성합니다. 1학년 때 '공통과목(국어, 수학, 영어, 한국사, 통합사회, 통합과학, 과학탐구실험)'과 일부 '선택과목(음악, 미술, 체육 등)'을 이수하고, 2학년과 3학년에 걸쳐 '일반 선택과목'과 '진로 선택과목' 수업을 듣습니다.

일반 선택과목은 고등학교 과정에서 필요한 각 교과별 학문의 기본적인 이해를 바탕으로 한 과목으로 구성되어 있습니다. 그리고 진로 선택과목은 교과 융합학습, 진로 안내학습, 교과별 심화학습, 실생활 체험학습 등이 가능한 과목으로 구성되어 있습니다.

| 2015 개정 고등학교 교육과정 편제

■ **과목 선택 시 유의할 점**★

첫째, 2학년이나 3학년 선택과목에서 사회 교과(군) 1개 과목과 과학 교과(군) 1개 과목을 필수로 선택해야 합니다. 이렇게 선택하는 이유는 문과적 소양과 이과적 소양을 골고루 갖춘 통합형 인재를 기르기 위해 너무 특정 계열에 치우친 수업만 듣지 않도록 하기 위함입니다. 입시 전형에서 자연 계열에 지원할 때는 인문 계열 한 과목 이수, 인문 계열에 지원할 때는 자연 계열 한 과목을 이수해야 한다는 조항이 있습니다.

둘째, 과목 선택 시 위계가 있는 과목의 경우는 과목별 위계를 준수하여 선택해야 합니다. 예를 들어 '화학Ⅰ'을 듣다가 갑자기 '생명과학Ⅱ'를 들으면 어렵습니다. 따라서 1학년 때 2학년 과목을 선택하는 것이 중요합니다. 중간에 과목을 변경하고 싶어도 이 같은 과목의 위계 때문에 한 번 선택한 과목을 변경하기는 쉽지 않습니다. 반 편성 자체가 선택과목에 따라 달라지는 학교도 있습니다. 이런 경우 2학년 때 선택과목을 바꾸고 싶다면 학급 교체까지도 생각해야 합니다. 굳이 학생 본인이 Ⅰ 과목을 듣지 않고 Ⅱ 과목을 이수하겠다고 한다면 학교에서도 막을 방법은 없습니다. 하지만 그 책임은 오롯이 학생 자신이 져야 합니다. 기본적으로 Ⅱ 과목은 Ⅰ 과목에서 더 심화된 내용을 다루기 때문에 단계를 밟아 올라가지 않으면 이해하기 어렵습니다.

즉 2학년 과목 선택부터 중요한데, 2학년 과목 선택은 1학년 1학기에 이루어지므로 교육과정을 미리 살펴보고 고민해봐야 한다는 뜻입니다. 학생들은 대개 자신이 어떤 과목을 선택해야 하는지 잘 모르고, '한 과목 바꾸는 것쯤이야' 하고 쉽게 생각합니다. 그래서 1학년 때 대충 과목 신청을 해 놓고, 2학년에 진학해서는 바꾸겠다고 하는 학생들이 속출합니다. 학교에서는 한 명을 바꿔주면 너도 나도 바꾸고 싶다는 학생들이 속출하는데 사실 막을 방법이 없습니다. 그렇지만 학생 한 명을 바꿔주는 순간 형평성 때문에 희망자 모두를 바꿔주어야 하고, 그렇게 되면 반 편성을 다시 해야 하는 상황이 발생할 수 있고, 교사의 수요까지 달라집니다. 학생 선택에 따라 개설되었던 과목이 15명이 안 되면 폐지될 수도 있습니다. 이처럼 선택과목을 바꾸는 과정이 쉽지 않다는 것을 알고 신중하게 과목을 탐색할 필요가 있습니다. 고등학교 입학 전에 문·이과 정도의 계열은 생각해두는 것이 좋다고 말한 이유가 바로 이 때문입니다. 공식적으로는 문·이과가 사라졌지만, 대학에서 이수를 요구하는 과목이 있기에 계열이 실제적으로는 어느 정도 유지되고 있습니다.

다음은 인문계 고등학교의 '보통 교과목'입니다. 앞에서 설명한 유의할 점을 고려하여 지녀기 과목을 선택할 때 참고하기를 권합니다.

| 고등학교 보통 교과목 구성

교과 영역	교과(군)	공통과목	선택과목			
			일반 선택		진로 선택	
국어	국어	국어	화법과 작문, 독서, 언어와 매체, 문학		실용 국어, 심화 국어, 고전 읽기	
	수학	수학	수학 I , 수학 II , 미적분, 확률과 통계		실용 수학, 기하, 경제 수학, 수학과제 탐구	
	영어	영어	영어회화, 영어 I , 영어 독해와 작문, 영어 II		실용 영어, 영어권 문화, 진로 영어, 영미 문학 읽기	
	한국사	한국사				
탐구	사회 (역사/도덕 포함)	통합사회	한국지리, 세계지리, 세계사, 동아시아사, 경제, 정치와 법, 사회·문화, 생활과 윤리, 윤리와 사상		여행지리, 사회문제 탐구, 고전과 윤리	
	과학	통합과학 과학탐구 실험	물리학 I , 화학 I , 생명과학 I , 지구과학 I		물리학 II , 화학 II , 생명과학 II , 지구과학 II , 과학사, 생활과 과학, 융합과학	
체육 · 예술	체육		체육, 운동과 건강		스포츠 생활, 체육 탐구	
	예술		음악, 미술, 연극		음악 연주, 음악 감상과 비평, 미술 창작, 미술 감상과 비평	
생활 교양	기술·가정		기술·가정, 정보		농업 생명 과학, 공학 일반, 창의 경영, 해양 문화와 기술, 가정과학, 지식 재산 일반	
	제2외국어		독일어 I 프랑스어 I 스페인어 I 중국어 I	일본어 I 러시아어 I 아랍어 I 베트남어 I	독일어 II 프랑스어 II 스페인어 II 중국어 II	일본어 II 러시아어 II 아랍어 II 베트남어 II
	한문					
	교양		철학, 논리학, 심리학, 교육학, 종교학, 진로와 직업, 보건, 환경, 실용 경제, 논술			

Chapter

2

알아두면 쓸모 있는

고등학교

생활

✦ 08 ✦

교칙상 하면 안 되는 것에는 어떤 게 있나유?

학교생활,
지킬 것은 지키자

고등학교에 입학하면 신입생에게 가장 먼저 교육하는 것이 있습니다. 바로 학교생활 인권규정입니다. 쉽게 말해서 '교칙'이라고 이해하면 됩니다. 부모 세대가 학창 시절이었을 때도 교칙이 엄한 학교와 비교적 허용적인 학교가 있었듯이, 지금도 학교생활 인권규정은 학교마다 조금씩 내용이 다릅니다. 어떤 학교는 화장과 귀걸이가 허용되는 반면, 어떤 학교는 머리 색깔이 조금만 달라도 염색한 머리로 판단되어 처벌받습니다. 어떤 학교는 학생이 이성 교제, 즉 연애를 하면 퇴학 조치합니다. 학교 외적으로나 어른 입장에서는 큰 문제가 아닌 것처럼 보이지만 학생들에게 수업이나 성적만큼이나 예민한 문제가 학교생활 인권규정입니다.

중학교와 달라도 너무 다른
고등학교 교칙

물론 중학교에도 이런 학교생활 규정이 있고, 교칙을 어기면 그 기준에 따라 선도 처벌을 받습니다. 하지만 중학교와 고등학교의 가장 큰 차이는 퇴학 처분까지 이어질 수 있다는 것입니다. 중학교까지는 의무교육이기 때문에 학생의 변화를 기대하며 교사가 끝까지 지도하고 인내하여 가르칩니다. 고등학교 교사도 최대한 학생을 변화시키고 교육적으로 이끌기 위해 애쓰지만, 그렇게 했음에도 지도에 불응할 경우 퇴학 조치를 합니다. 더욱 강력한 제재 수단인 것입니다.

갓 입학한 신입생들은 이런 변화를 크게 인지하지 못합니다. 지각하던 학생은 늘 지각하고, 화장하던 학생은 늘 화장합니다. 그렇게 교사와 대립하고 규칙을 지키는 것을 중요하게 인식하지 못해 저지른 어긋난 행동은 하나하나 누적되어 교내봉사, 사회봉사, 특별교육 이수 처분을 받고, 심지어 출석정지, 퇴학까지 처벌을 받습니다. 고등학교는 의무교육 기관이 아닙니다. 중학교 때 말썽을 피우던 학생들은 아무리 말썽을 피워도 진급이 되고 졸업할 수 있었기 때문에 이 같은 처벌 문제를 심각하게 생각하지 않습니다. 교내봉사 처벌이 내려져도 제대로 이수하지 않아 사회봉사 처분까지 받곤 합니다. 그런 와중에 흡연이나 기타 문제를 몇 건만 일으키면 퇴학 직전까지 심각한 처벌 수준에 이르게 됩니다. 학군이 좋지 않은 지역에서는 한 반에 서너 명의 학생들이 제적되는 일도 있습니다. 규정을 지키지 않은 학생들이 퇴학당하거나 퇴학 지전에 자퇴하기 때문입니다.

부모 세대에는 고등학교 때 퇴학 규정이 있어도 엄청난 물의를 일으킨 학생이 아니면 거의 퇴학을 당하지 않았습니다. 당시는 말썽을 부리는 학생들을 교사가 나름대로 강력하게 제지할 수 있었기 때문입니다. 하지만 시대가 많이 바뀌었습니다. 지금 교사들은 학생에게 조금만 비위에 상하는 말을 해도 학생 인권을 침해했다는 민원과 소송에 시달립니다. 그렇다고 물의를 일으키는 학생들을 허용하면, 다른 모범적이고 평범한 학생들에게 좋지 않은 선례가 되고 교육이 제대로 이루어지지 않습니다. 선도 규정에 따라 원칙대로 처리해야 그나마 학교가 교육기관으로서의 역할을 하게 됩니다.

규칙을 가볍게 여겼다가는 큰코다친다

고등학교에서는 엄청난 물의를 일으킨 학생들만 퇴학당하는 것이 아니라, 소소한 규정을 지키지 못해 선도가 '누적'된 학생들도 퇴학당할 수 있다는 것을 명심해야 합니다. 만약 불미스러운 일이 생겼을 경우, 부모님이 선도위원회에 참석해서 학생과 함께 진정성 있게 반성하는 모습을 보이면 처분이 약하게 내려지기도 합니다. 하지만 선도위원회가 여러 차례 열려도 한 번도 나오지 않는 부모님이 있습니다. 오히려 학교에서 귀찮게 자꾸 부른다며 화를 내기도 합니다. 어떤 부모님은 학교 규정에 대해 욕하거나 '왜 우리 아이만 차별해서 벌을 주냐'고 하면서 내내 학생 편을 들기도 합니다. 하지만 이런 모습은 학생에게도 좋지 않은 영향을 끼칩니다. 자녀가 규칙을 가볍게 생각하고 학교를 함부로 여기는 데에는 부모님에게도 일정 부분 책임이 있다는 것을 염두에 두어야 합니다. 정말 교칙에 문제가 있다고 생각한다면 학교생활 인권규정을 개정하는 방안에 대해 학교에 의견을 제출하고 심의할 수 있도록 논의하는 것이 좋습니다. 혹시라도 자녀가 선도위원회까지 회부되었을 경우에는 자녀가 반성하고 노력하게끔 하는 것이 자녀를 학교에 잘 적응시킬 수 있는 교육적인 방법입니다. 그럼에도 불구하고 징계 결과가 너무 과하다고 생각되면 시·도 학생 징계조정위원회에 재심을 청구할 수 있습니다.

다음 장의 표는 학생 선도를 위한 세부 기준 내용입니다. 학교마다 차이가 있지만 일반 고등학교에서 사용되는 지침이므로 자녀가 학교생활을 할 때 유의할 점은 무엇인지 확인해보기를 권합니다.

✦ 학생 선도를 위한 학교의 세부 기준(예시)

항	내용	선도기준				
		교내 봉사	사회 봉사	특별 교육	출석 정지	퇴학 처분
1	기타 학교의 명예를 훼손한 학생					
2	불법 집회에 참여한 사실이 확인된 학생					
3	기타 위의 사항에 준하는 행동을 한 학생					
4	스킨십을 한 학생					
5	부당한 내용이나 방법으로 남에게 피해를 준 학생					
6	교사의 정당한 지도에 불응한 학생					
7	교내·외에서 남의 물건을 훔치는 행위를 한 학생					
8	경찰에 연행된 후 훈방 이상으로 조치된 학생					
9	외부로부터 학교에 진정 또는 통보된 학생					
10	무허가 또는 불량 아동아리에 가담·가입하여 물의를 일으킨 학생					
11	흉기를 휴대한 학생					
12	합당한 이유 없이 수업이나 시험을 거부한 학생					
13	학교에서 음란물을 소지, 탐독, 배포한 학생					
14	고사 중 부정행위를 하거나 방조한 사실이 명백한 학생					
15	고사의 백지 동맹을 주도하거나 선동한 학생					
16	불온 문서를 은닉, 탐독, 제작, 게시 또는 유포한 학생					
17	학교의 공공기물, 교내 차량을 고의로 훼손, 파손한 학생					
18	무단가출 후 물의를 야기한 학생					
19	청소년 유해 약물을 복용, 흡입한 학생					
20	자동차를 운행하는 학생					
21	신체를 훼손하는 장신구나 행위(문신 등)를 한 학생					
22	징계 지도에 불응한 학생					
23	시험문제를 절취한 학생 또는 대리 시험에 관여한 학생					
24	사이버 공간에서 정보통신윤리법에 저촉되는 행동을 한 학생					
25	청소년 유해 업소, 청소년 출입금지 구역을 출입한 학생					
26	도박을 한 학생 및 사행성 행위를 한 학생					
27	오토바이(원동기)를 운행 및 탑승하는 학생					
28	상습적으로 미인정 지각, 조퇴, 결과 또는 결석을 하는 학생(미인정 지각, 조퇴, 결과 3회는 미인정 결석 1일로 간주), 미인정 결석 20일 이후 5일 초과마다 33항 적용					
29	교칙을 위반한 학생(실내화, 화장품, 거울, 화장, 월담, 무단외출, 교복 변형, 사복 등) 교칙 위반 20회 이후 5회 초과마다 33항 적용					
30	공문서(진단서, 성적표 등)를 위조한 학생					
31	교내·외에서 음주한 학생					
32	교내·외에서 상습적인 흡연을 하거나 담배 및 라이터를 소지한 학생					
33	품행이 불량하여 개전(改悛)의 가망이 없는 학생					
34	교권을 침해하고 교사(학부모, 교직원 포함)에게 불손한 언행을 한 학생					
35	징계 중 위 각 항을 재차 위반한 학생					
36	위 각 항을 동시에 두 가지 이상 위반한 학생					
37	기타 위의 선도 기준에 준하는 행동을 한 학생					

✦ 09 ✦

요즘 고등학생 일과는 어떤가요?

자율성이 확대돼도
학업 스케줄은 빡빡하다

현재 고등학교의 주당 수업시수는 교과 수업 30시간, 창의적 체험활동 4시간으로 총 34시간입니다. 일주일 시간표에서 30시간은 교과 수업을 하고, 4시간은 창의적 체험활동 수업을 한다는 뜻입니다. 여기서 창의적 체험활동은 교과 학습이 아니라 흡연 예방 교육, 성폭력 예방 교육, 안전 교육, 학급 자치 등의 자율활동과 교내 봉사활동, 동아리활동, 진로활동을 모두 포함하는 수업입니다.

고등학생 시간표가 궁금해

　　　　　　　　일주일 34시간 수업을 월요일부터 금요일까지 5일로 나누면, '7교시가 4일', '6교시가 1일'로 편성됩니다[(7시간×4일)+(6시간×1일)=28시간+6시간=34시간]. 7교시 수업만 매일 있으면 학생들이 많이 지치기 때문에 보통은 수요일이나 금요일 하루를 6교시로 정합니다. 즉 4일은 7교시 수업이지만, 일주일 중 하루는 일찍 학교가 끝나는 날이기에 학생들은 6교시 수업만 있는 이 하루를 무척 기다리고 좋아합니다.

✦ 인문계 고등학교의 1학년 수업시간표(예시)

	월	화	수	목	금
1교시	한국사	영어A	창의적 체험활동	국어B	영어B
2교시	음악	수학B	통합과학	과학탐구실험	체육
3교시	통합과학	기술·가정	수학B	통합사회	기술·가정
4교시	체육	창의적 체험활동	영어A	음악	통합과학
5교시	통합사회	한국사	통합사회	한국사	논술
6교시	국어A	국어B	국어A	수학A	창의적 체험활동
7교시	수학A	음악		영어B	창의적 체험활동

　　그러나 안타깝게도 학교에서는 학생들이 기다리는 6교시를 하는 그 하루를 온전히 내버려 두지 않을 때가 있습니다. 공휴일이 특정 달에 몰

려 일부 교과의 수업시수가 모자라는 경우, 이날 7교시를 활용해 부족한 시수의 수업을 보충하기 때문입니다. 혹은 학교의 각종 대회나 행사를 6교시 수업하는 날의 7교시로 잡아 운영하기도 합니다.

중학교는 고등학교보다 주당 수업시수가 적습니다. 보통 3일은 6교시 수업을 하고, 이틀만 7교시 수업을 합니다. 그런데 고등학교에 올라가면 수업시간도 45분에서 50분으로 늘어나 신입생들은 빡빡한 학교 수업에 적응하는 것만으로도 힘겨워합니다.

특히 중학교와 다른 점은 특정 과목을 A·B로 구분한다는 것입니다. '국어, 영어, 수학'처럼 일주일에 수업시수가 많은 과목에서 주로 이렇게 운영합니다. A·B 구분은 교과목이 달라지는 게 아닙니다. 성적도 같이 산출되고, 교과 세부능력 및 특기사항(이하 '교과세특'으로 칭함)도 하나만 받는 같은 교과 수업입니다. 단지 일주일에 4시간의 수업을 두 명의 교사가 2시간씩 나눠서 한다는 뜻입니다.

예를 들어 국어를 일주일에 4시간 배워야 한다면, 2시간은 국어A 교사가 문법 수업으로 진도를 나가고, 2시간은 국어B 교사가 문학 수업을 합니다. 이렇게 한 과목을 두 명의 교사가 나누어 수업할 경우 장단점이 있습니다. 학생들은 한 명의 교사가 4시간 쭉 수업하는 것보다 나눠서 수업할 경우 덜 지루해합니다. 하지만 두 영역을 동시에 진행하기 때문에 수업 내용의 연속성이 떨어질 수 있습니다. 선생님 입장에서는 일주일에 4차시의 수업 준비를 해야 하는데, 두 명이 나누어 수업하면 2차시의 준비만 하면 되므로 수업 연구를 좀 더 충실히 할 수 있다는 장점이 있습니다. 반면, 일주일에 2시간만 수업하니 진도를 나갈 때 여유가 없다는 단점이 있습니다.

이렇게 나누어 수업하는 것은 과목을 맡은 교사의 취향이 반영되기도 하지만, 학교 사정에 따라 구분할 수밖에 없는 상황도 생깁니다. 교사들의 일주일 수업시간을 평균적으로 맞추기 위해 어쩔 수 없이 A·B로 나누어 수업하는 경우가 더 많습니다.

고등학교의 일과를 살펴보면 학교에 따라 등교가 더 빠른 학교도 있고, 야간 자율학습 시간이 더 긴 학교도 있습니다. 경기도 외 지역은 등교가 빠른 편입니다. 경기도의 경우 학생들이 아침을 먹고 여유 있게 등교하도록 한다는 취지에서 9시 등교가 많습니다.

✦ 고등학교 일과표(예시)

시간	일과	비고
08:50~09:00	조회	10분
09:10~10:00	1교시	50분
10:10~11:00	2교시	50분
11:10~12:00	3교시	50분
12:10~13:00	4교시	50분
13:00~13:50	중식	50분
13:50~14:40	5교시	50분
14:50~15:40	6교시	50분
15:50~16:40	7교시	50분
16:40~17:00	청소 및 종례	20분

부모 세대의 학창 시절과 비교하면 0교시 수업도 사라졌고, 강제적인 보충수업이나 학생 전체가 남아서 공부하는 야간 자율학습도 사라졌습

니다. 학생들은 7교시 수업이 끝나면 청소와 종례를 마치고 대부분 귀가합니다. 보통 오후 4~5시면 공식적인 학교 일과가 모두 끝난다고 보면됩니다.

종례 후에는 '방과 후 수업'을 듣는 학생이나 '동아리활동'을 하는 학생, '자기 주도 학습'을 하는 학생만 학교에 남는데, 전체 학생의 약 10%정도 됩니다. 약 90%의 학생들은 하교하여 집에 가거나, 학원에 가는 등각자의 일정대로 시간을 활용합니다. 이전 세대의 고등학생들은 0교시부터 야간 자율학습까지 집보다 더 많은 시간을 학교에서 보냈는데, 이제는 학생의 선택과 자율성을 더 중시한다고 생각하면 됩니다.

출결 관리는 입시의 기본, 미인정 지각, 결과도 주의하자

고등학교 일과 중에서 제가 가장 중요하게 생각하는 시간은 아침 '조회'입니다. 생활기록부에 학생들이 가장 많은 실수를 남기는 시간이기 때문입니다. 중학교에서는 1, 2분 지각한 것은 선생님의 잔소리를 듣는 정도로 끝날 수 있지만, 고등학교는 출결이 매우 예민한 사항입니다. 출결은 생활기록부의 가장 앞면에 기록되고, 학생의 성실함을 보여주는 중요한 지표가 되기 때문입니다. 물론 출결에 몇 번의 미인정 지각이 있다고 해서 대학에 합격할 학생이 떨어지지는 않겠지만, 미인정 지각이나 조퇴, 결과가 자주 있는 학생은 입학 사정관에게 좋은 인상을 주기가 어렵습니다. 또한 학생들은 미인정 지각이 잦으면 입시에 불리하다고 생각하기 때문에, 특히 출결에 예민합니다. 누구는 1, 2분 늦었는데 봐주고, 누구는 미인정 지각으로 처리하면 담임교사가 생활기록부 조작이라는 오명까지 뒤집어쓸 수 있습니다. 따라서 원칙대로 소외의 시삭송이 끝나는 순산, 출결을 체크하는 것이 일반적인 고등학교의 지각 처리 방식입니다.

만약에 자녀가 아파서 지각할 상황이고, 학생부종합전형으로 대학에 진학할 예정이라면 차라리 병원에서 진료를 받고 '확인서'를 챙겨 등교하도록 하는 것이 낫습니다. 이런 경우는 조회 시작 전에 담임교사에게 미리 연락해서 사유를 전달해야 합니다. 담임교사에게 연락이 안 된다면 문자메시지라도 남겨야 합니다. 담임교사 입장에서는 어쩌다 지각한 학생에게 미인정 결과를 체크하고 싶지 않지만, 지각한 학생을 교실의 학생 모두가 알고 있는 상황에서 해당 학생만 봐주는 순간 원칙과 신뢰가 깨집니다.

학부모와 교사의 갈등이 가장 큰 이유가 바로 '미인정 지각' 때문입니다. 이런 상황을 잘 알지 못하는 학부모는 담임교사가 해당 학생을 차별한다고 생각하거나 야박하게 느껴 학교에 민원 전화를 많이 합니다. 따라서 등교 시간보다 10분 일찍 학교에 도착하도록 1학년 때부터 습관을 잡는 것이 좋습니다. 특히 버스를 타고 등·하교하는 학생은 교통 상황에 따라 지각할 확률이 높기 때문에 아예 지각하지 않도록 타야 할 버스의 앞차를 타는 습관을 들여야 합니다. 자녀가 다닐 학교의 등교 시간을 미리 확인하고, 하루의 첫 시작을 늦지 않고 여유 있게 시작할 수 있도록 올바른 등교 습관을 위해 학부모가 지켜봐주기를 바랍니다.

미인정 결과 역시 유의해야 합니다. 학교 규정에 따라 미인정 결과의 기준은 다르지만, 보통 10분에서 20분 이상 수업시간에 없는 경우 미인정 결과로 처리합니다. 보건실에서 대기하다가 수업에 늦는 경우 보건실 확인증을 받아오고, 화장실이나 특별실 등을 들렀다가 늦을 것 같으면 미리 사유를 말씀드려서 미인정 결과가 나오지 않아야 합니다.

학교의 출결은 크게 '지각, 조퇴, 결과, 결석'으로 처리하며 1회만 사유가 발생하더라도 모든 사항이 기록됩니다(선도 규정에 따라 처벌하는 경우는 지각, 조퇴, 결과 3회를 결석 1회로 간주하기도 하지만, 생활기록부 출결에는 지각, 조퇴, 결과 1회도 각각 기록됩니다).

지각, 조퇴, 결과, 결석은 각각 사유에 따라 '미인정, 질병, 기타'로 구분하며, 미인정의 경우 불이익이 있을 수 있으므로 특히 유의해야 합니다. 코로나19 등과 같이 질병 상황으로 인한 온라인 수업에서도 출결에 문제가 있는 경우, 미리 양해를 구하고 증빙서류를 제출해야 합니다. 온라인 수업에서도 접속 문제가 생기거나 사유가 있으면, 기록을 꼭 남기거나 대체 과제를 받는 등 학교 규정에 따라 불이익을 받지 않도록 발빠른 조치가 필요합니다.

10

고등학교 수업은 어떤 형태인가요?

강의식·활동식 수업으로 균형을 맞춘다

요즘은 초등학교와 중학교 과정에서 모둠활동 수업을 어느 정도 경험하여 많은 학부모가 고등학교 수업은 어떻게 진행하는지 궁금해합니다. 결론부터 말씀드리면 강의식 수업도 있고, 학생 참여가 많은 토론 수업도 있으며, 활동 위주의 수업도 있습니다. 수업 형태는 교과의 특성과 수업하는 교사의 영향을 가장 많이 받습니다.

입시의 변화는
교실의 모습도 바꾼다

수학 과목은 아무래도 활동 수업보다는 강의 수업으로 많이 이루어집니다. 하지만 교사에 따라 수학도 '거꾸로 수업 Flipped Learning(역진행 수업)'을 진행하기도 합니다. 수업 시간에 배울 내용의 영상을 미리 듣고 와서, 실제 수업시간에는 친구들이 서로 멘토 - 멘티가 되어서 문제를 함께 해결하는 활동 수업을 하는 것입니다. 국어 수업의 경우 문법 단원에서는 강의의 비중을 늘리고, 문학 단원에서는 모둠 활동의 비중을 늘리는 등 단원에 맞게 조절합니다.

저는 수업할 때 아무리 강의가 필요한 단원이라고 할지라도 30분 이상 일방적인 강의를 하지 않습니다. 고등학생이라도 듣기만 하는 수업에서는 30분이 지나는 순간 집중력이 흐트러지기 시작합니다. 동영상 시대인 요즘, 어른도 일방적인 동영상 강의에 10분 이상 집중하지 못한다고 합니다. 유튜브 영상이 대개 10분에서 15분 분량인 것도 그런 이유 때문입니다. 따라서 교사가 어느 정도 강의한 후 학생들이 내용을 스스로 정리하면서 질문한다든지, 수업 전 관련 영상을 시청한다든지, 수업 중 모둠활동 시간을 갖든지 적절한 방식으로 시간을 배분하여 수업을 운영합니다. 수업 형태는 교과마다, 교사마다, 단원마다 다르다고 생각하면 됩니다.

그러나 이런 수업 과정은 생각보다 빡빡합니다. 부모 세대의 학창 시절과 비교해볼 때 학생의 활동 시간은 확실히 늘었습니다. 입시에서 수시의 비중이 높아졌고, 수시는 학생부종합전형에서 '교과 세부능력 및 특기사항'이 매우 중요하기 때문입니다. 교과 성적 다음으로 중요한 것이 세부능력 및 특기사항입니다. 수업 중에 학생이 어떤 활동을 하고, 어떤 깨달음을 얻었는지가 중요하기 때문에 강의식 수업만으로는 학생 개개인을 관찰하여 세부능력 및 특기사항을 써주기가 어렵습니다. 학생 개인의 특기를 찾으려면 한 명씩 관찰해야 하기에 발표를 시키거나, 토론을 하거나, 포트폴리오를 만드는 등 다양한 활동을 해야 합니다. 예전에는 특기가 있는 학생만 세부능력 및 특기사항을 기록했습니다. 즉 전체 학생의 3분의 2 정도만 기록하고, 참여가 많이 부족한 나머지 학생은 빈칸으로 두었습니다.

그러나 생활기록부 지침이 바뀌면서 2021년부터는 전체 학생을 관찰하고 모두의 세부능력을 써주어야 합니다. 한 명의 교사가 8학급의 수업을 들어간다면, 한 학기에 200명(25명×8학급)의 세부능력을 기록해야 하는 것입니다.

또한 활동 수업에서는 대부분 '수행평가'를 실시합니다. 지필평가 점수만으로 최종 성적을 내는 것이 아니라 지필평가와 수행평가 결과를 합산하여 학기말 최종 성적을 산출합니다.

학부모들은 입시를 우선적으로 생각하다 보니, 수능 개념도 알려주고 문제 풀이도 하는 강의식 수업을 주로 선호합니다. 강의식 수업에 비해 각종 활동 수업의 중요성은 낮게 평가하곤 합니다. 하지만 활동 수업의 대부분은 수행평가로 반영되기에, 수행평가도 지필평가 못지않게 비중이 커지고 있습니다.

어떤 과목이든 강의만 하는 수업은 이제 찾아보기 어렵습니다. 가끔 공개수업을 참관하기 위해 오는 학부모들이 고등학교 수업인데 여전히 모둠활동이 많은 것을 보고 놀라기도 합니다. 입시의 변화가 교실에 반영된 결과입니다. 제가 근무하는 학교는 혁신학교여서 강의식 수업보다는 모둠 수업이나 학생 주도 수업 등 좀 더 다양한 형식으로 수업이 진행되고 있습니다.

정시·수시 두 마리 토끼를 모두 잡으려면

학생들은 부모님과 달리 고등학교의 강의식 수업을 힘들게 느낍니다. 학생들은 비교 대상인 교실이 옛날의 고등학교가 아니라 자신의 초등학교와 중학교이기 때문입니다. 요즘 중학교는 자유학년제가 있고, 이 시기는 평가로부터 자유로워 1년 내내 주로 활동식 수업을 합니다. 학생들도 그 같은 수업에 적응되어 있어서 중학교 2~3학년 교사들도 학생의 변화에 맞게 활동 위주의 수업을 자주 합니다. 조금이라도 수업이 재미없거나 내용이 어려우면 학생들이 집중하지 못하기 때문에 기자재 활용도 많이 하고, 흥미로운 활동도 다양하게 생각해냅니다. 이렇게 중학교에서 활동적인 수업을 듣다가 고등학교에서 추상적인 개념과 심화된 내용의 교과 수업을 들으니 학생들은 어려움을 호소할 수밖에 없습니다. 그렇다고 교과 내용이 많은 고등학교에서 마냥 활동 수업 위주로만 수업을 꾸리기도 힘든 형편입니다. 진도를 나가야 하기 때문이지요.

따라서 학생들이 고등학교 입학 후 부모님에게 '중학교에 비해 고등학교 수업이 재미없다'고 불평한다면 이런 차이를 설명해주어 조금이라도 학생과 학교 간에 소통을 도와주시면 좋을 듯합니다. 고등학교 과정은 학습할 분량이 많고, 또 공부라는 것 자체가 깊이 들어갈수록 재미가 떨어집니다. 이러한 변화에 대한 이해 없이 "너의 학교 선생님들은 왜 그렇게 재미없게 수업을 하시니? 왜 활동 수업은 안 하고 강의만 하셔?" 하면서 맞장구만 치면 학생들은 수업에 대해 더 불만을 가지고 열심히 공부하지 않을 것입니다.

한편 어떤 학부모님은 "고등학교에서 왜 이렇게 모둠활동을 많이 하나요? 그냥 진도 좀 빨리 빼주시면 안 되나요?" 하고 항의하십니다. 앞에서 설명했듯이 강의만으로는 학생 개개인을 관찰할 수 없고 구체적인 세부능력을 파악하여 기록할 수 없습니다. 대부분의 학생에게 똑같은 활동 내용을 적어준다면 의미 있는 세부능력 및 특기사항이 되기 어렵고, 학생부종합전형에서 플러스 요인이 될 수 없습니다. 또 모둠활동에서 배울 수 있는 협동 능력이나, 함께 토론하면서 길러지는 토론 능력, 생각하는 능력도 키우기 힘듭니다. 따라서 강의 수업에 집중력이 좋고 모둠활동을 어려워하는 자녀라면 인문계 고등학교 중에서도 혁신학교가 아닌 일반고를 보내는 것이 나을 수 있습니다. 활동적이고 모둠활동을 즐거워하는 자녀라면 혁신학교를 보내는 것도 한 방법입니다.

하지만 같은 혁신학교라도 공립학교는 교사가 전출·입을 통해 바뀌고 그에 따라 매해 분위기가 달라지므로 '○○학교는 토론을 많이 해'라거나 '○○학교는 강의식 수업을 많이 해' 같은 정보는 정확하지 않을 가능성이 높습니다. 말하자면 손우정 교수의 저서《배움의 공동체》에 나오는 'ㄷ자' 형태의 자리 배치로 수업하는 혁신학교도 있고, 강의와 모둠활동을 수시로 변화하는 혁신학교도 있는 반면에, 그렇게 뚜렷한 특성이 없는 혁신학교도 있습니다. 여기서 '배움의 공동체'란 10여 년 전 경기도 내에서 수업 변화의 물결을 일으킨 손우정 교수의 공동체 수업 방식을 말합니다. 이 수업을 시행하는 학교의 경우, 대체로 전체 교사의 동의를 얻어 모든 학급이 교실 자리 배치를 배움의 공동체에서 강조하는 'ㄷ자' 형태로 바꿉니다. 소통과 협력, 존중을 추구하는 배움의 공동체를 형성하여 단 한 명의 아이도 포기하지 않겠다는 가치에 따라 수업하는 방식이 가장 큰 특징입니다.

그렇지만 몇몇 과목을 중심으로 배움의 공동체 수업이 이루어지다 보니, 학생들이 그 시간에는 지나치게 산만하고 떠들어서 수업하기가 어렵다거나, 다른 과목 수업을 위해 자리 배치를 다시 해야 하는 번거로움이 있다는 단점도 제기되고 있습니다. 이런 수업 방식으로 교육 효과를 보려면 학교의 전체적인 변화가 필요하다는 뜻입니다. 대체로 교사들은 배움의 공동체 수업의 취지와 필요성은 공감하지만, 입시 현실을 반영하기는 어렵다는 점에서 찬반 의견이 갈리는 실정입니다. 만약 학교 전체가 이런 공동체 수업을 지향한다면 전체 교사의 동의를 얻어야 하고, 교사 모두가 수업 방식을 바꾸어야 하고, 학생과 학부모가 변화를 원해야만 합니다. 따라서 혁신학교라고 해도 고등학교에서는 강의식 수업의 비중이 여전히 큰 편입니다. 수능에 대비하기 위해서는 아무래도 문제 풀이 수업이 필요하고, EBS 연계율도 높기에 강의식 수업이 적합하다는 생각 때문입니다. 최근에는 서울 16개 주요 대학이 정시 비중을 확대하겠다고 발표하면서, 과거의 강의 위주 수업으로 회귀하는 것 아니냐는 비판도 제기되고 있습니다. 이런 문제의식에서 학생부종합전형이라는 입시제도가 생긴 것인데, 다시 과거로 돌아가는 웃지 못할 일이 벌어진 것입니다(정시 확대에 대한 자구책으로, 서울대학교에서는 정시 전형에 생활기록부 교과평가를 일부 반영하려는 제도를 추진하고 있습니다).

　이처럼 입시의 변화는 교실의 수업 형태에 영향을 끼칩니다. 수시와 정시 두 마리 토끼를 모두 잡아야 하는 상황에서는 강의의 형태도 두 가지 방식이 균형을 맞추어 운영될 것이라는 뜻입니다. 강의와 활동 수업의 비중은 균형을 맞추면서 교과와 단원의 특색에 맞게 진행되겠지요. 강의든 활동 수업이든 해당 수업만의 장단점이 있습니다. 그리고 당연한 말이겠지만 어떤 방식의 수업이든 성실하게 참여하고 열심히 하는 학생은 좋은 결과를 받기 마련입니다. 강의식 수업의 경우는 선생님 말씀을 잘 경청하고 서로 반응하며 소통해야 합니다. 질문하거나 발표하는 등 자신의 성실함을 드러내야 교과 선생님이 수많은 학생 중에 본인을 기억할 수 있을 것입니다. 활동 수업은 활동지를 성실하게 작성하고, 모둠 토론이 있다면 적극적으로 참여해야 합니다. 교사들은 몇백 명의 세부능력 및 특기사항을 기록해야 하기에 성실함과 적극성이 눈에 띄는 학생부터 생활기록부를 정성껏 기록하기 마련입니다. 입시가 어떻게 변하든 수업의 형태가 어떻게 바뀌든, 결국 가장 중요한 것은 학습자의 의지와 성실함이라는 점을 기억하고 이에 대해 자녀와 대화를 나누어보기를 권합니다.

11

고입부터 수시파·정시파를 정해야 할까요?

수시·정시를 가리지 말고 균형 있게 준비한다

몇 년 전 〈SKY 캐슬〉이라는 드라마가 화제가 된 적이 있습니다. 명문 대학교에 자녀를 보내기 위해 극 중 대한민국 상위 0.1%가 모여 사는 SKY 캐슬의 학부모들이 벌이는 행태는 우리 사회에 큰 파장을 불러일으켰습니다. 저도 학부모이기 때문에 자녀가 원하는 대학에 입학할 수 있다면 김주영 입시 코디 같은 인물을 만나보고 싶다고도 생각했습니다. 이 드라마를 시청한 학부모라면 복잡한 입시제도를 이해하기 어렵기에 컨설팅을 한번 받아보고 싶다는 생각을 해보았을 것입니다. 한편 드라마와 같은 고액 컨설팅을 해줄 수 없는 현실에 상대적 박탈감이나 자괴감도 들었을 법합니다. 그런데 드라마 〈SKY 캐슬〉의 열풍과 이후 특권층의 입시 부정 사건들이 맞물리면서 최근 입시 공정성에 대한 논란과 수시 제도에 대한 분노가 극에 달했습니다. 이러한 입시 불공정에 성난 민심을 반영하여 교육부는 '정시 40% 확대'라는 개편안을 발표했습니다.

정시 확대에도 학생부종합전형은 여전히 힘이 세다

저뿐만 아니라 학교 현장에 있는 대다수 교사들은 〈SKY 캐슬〉의 이야기가 매우 과장되고 변화된 학교의 실상을 반영하지 못한다고 생각합니다. 오히려 정시 확대로 가장 큰 이득을 보는 집단은 강남의 학원가와 그 학원가를 쉽게 이용할 수 있는 이른바 금수저 계층이라는 것을 실제 여러 통계에서도 확인할 수 있습니다. 정시가 확대된다는 것은 수능에 모든 것을 거는 재수생에게 더 유리할 수 있다는 분석도 제기되고 있습니다. 또 재수를 선택하면 막대한 비용이 드는데, 이는 경제적 여유가 있는 집안이나 사교육을 충분히 받을 수 있는 학생에게 유리할 수밖에 없습니다. 정시로는 최상위권 대학에 한 명도 진학시키지 못한 지방 고등학교의 경우 학생부종합전형으로는 꾸준히 합격생을 배출하는 사례가 많습니다. 강남의 학군지 학교에서는 내신과 수능(즉 정시) 준비를 같이 시켜주지만, 학력이 떨어지는 학교에서는 내신 관리를 잘하는 학생이 적기 때문에 내신 시험이 쉽고 정시를 따로 대비해주기 어렵습니다.

내신 시험은 학생의 수준에 맞게 수업하고 그 수준에 맞게 출제할 수 있습니다. 평소 수업시간에 학력이 낮은 학생을 대상으로 굳이 어려운 내용을 다루지 않습니다. 어려운 내용은 배제하고 수업을 진행해도 내신 시험에서 1등급을 변별하는 데 문제가 없습니다. 하지만 정시는 전국적인 수준의 시험이므로 문제의 수준이 비학군지 학교의 내신 문제보다 훨씬 어렵습니다. 수능에서 1등급 학생을 변별하기 위한 문제는 소위 '킬러' 문항으로 평소 심화 내용까지 공부하지 않은 학생들은 손도 대기 어려운 수준입니다. 평소 내신 수업과 시험에서도 심화 내용을 다루는 학군지 학생들과 평소에 쉬운 수업과 평가에 익숙한 비학군지 학생들이 같은 수능 문제를 풀 때 체감 난이도가 다를 수밖에 없습니다.

또한 학군이 안 좋은 곳에서는 아예 수능 성적이 필요하지 않은 학생들도 많아 정시 대비를 철저히 해주는 선생님이 드뭅니다. 차라리 그 학생들의 수준에 맞는 활동식 수업이나, 아예 중학교 수준의 기초 수업을 진행해야 그나마 수업이 진행되기 때문입니다. 즉 정시 확대는 학군이 열악한 지역의 학생들과 재학생들에게 불리한 결과를 가져올 것입니다.

물론 수시 제도가 처음 생겨나고 확대될 시기에 〈SKY 캐슬〉에서 다룬 입시 비리 문제가 있었던 것은 사실입니다. 학교마다 그럴듯한 생활기록부를 만들기 위해 각종 소논문 대회, 탐구발표 대회를 경쟁하듯 열었습니다. 교내 수상 실적을 늘리기 위해 여러 대회를 개최하고, 별도로 권장 도서 목록을 정해 관리하기도 했습니다. 학교에서 수많은 학생을 관리하기 어려운 실정에 〈SKY 캐슬〉처럼 사교육이 보란 듯이 공교육의 빈틈을 공략해 성과를 올리기도 했습니다. 일부 태만한 교사들은 학원가에서 작성해준 학생의 교과세특을 그대로 옮겨 적어주어 지탄 받은 것도 사실입니다.

이를테면 '학생부 몰아주기'(내신 등급이 높은 일부 학생에게 경시대회나 봉사활동 등의 기회를 몰아주어 학교생활기록부를 특별하게 관리해주는 것)', 학생부의 교과세특 기준 모호 등 공정성의 문제가 끊임없이 제기되었습니다. 하지만 학생부종합전형이 시행된 지 10년이 넘었고, 이런 문제를 대학에서도 모르지 않습니다. 또한 '학교생활 기록 작성 및 관리 지침'을 개정하여 위에서 지적한 여러 문제점이 발생되지 않도록 학생부종합전형 제도를 보완해나가고 있습니다.

결론적으로 지금은 사교육에서 생활기록부에 개입할 수 있는 여지가 없을 만큼 주관적 의견을 작성하는 영역이 대폭 줄었습니다. 이제 학생부종합전형에서도 의미 있게 남은 영역은 교과세특과 독서 이력 정도입니다(2021년 기준 고등학교 1학년부터는 독서활동마저 교과세특의 일부로 기록됩니다).

이렇게 수많은 공정성 논란과 정시 확대 속에서도 서울의 주요 대학교들은 여전히 학생부종합전형으로 많은 학생을 뽑고 있습니다. 이 입시제도가 시대가 요구하는 인재상에 좀 더 부합하는 전형이며 실제 이 전형을 통해 대학에 들어온 학생들의 학업 성과가 좋기 때문입니다.

입시의 시작과 끝은 학교생활!
수시와 정시를 동시에 대비한다

고등학교 담임을 맡다 보면 '수시파', '정시파'라는 이야기를 많이 듣습니다. 고등학교 2학년 첫 지필고사가 끝나면, 벌써 수시를 포기하고 정시로 대학을 가겠다는 학생들이 속출하기 시작합니다. 수시를 포기한 학생들의 전형적인 특징은 학교에 와서 잠을 자고, 방과 후 시간과 주말의 대부분을 대치동 학원가에서 보낸다는 것입니다. 학교에서의 모든 활동은 생활기록부를 포기하는 순간 의미가 없다고 느끼기에 학교생활에 불성실한 태도로 임합니다.

일례로 A 학생은 정시파를 택한 후 학교에 지각해도 전혀 거리낌 없이 당당하게 교실에 들어왔습니다. 수능 과목이 아닌 교과 시간에는 대부분 엎드려 잠을 잤습니다. 정시로 마음을 굳힌 순간부터는 담임선생님을 복도에서 만나도 인사조차 하지 않았습니다. 수시를 포기한 학생들도 보통 1학년 때까지는 생활기록부를 잘 관리해보려고 노력합니다. A 학생도 마찬가지였습니다. A 학생은 자원해서 교과부장도 하고, 동아리활동에도 의욕적인 학생이었습니다. 그런데 수시를 포기하면서 태도가 돌변했습니다. 불성실한 것을 넘어 학교 선생님들을 조롱하는 듯한 태도를 보이기까지 했습니다. 결국 A 학생은 시간이 지날수록 교과세특에 넣을 내용이 없어지고, 불손한 태도가 생활기록부에 반영되어 부정적으로 평가되었습니다.

그러면 정시에 '올인' 하는 학생들의 성적은 어떨까요? 모의고사를 보고 난 후에도 학교 수업에 열심히 임하는 학생들은 보통 성적이 오르는데, 수업에 불성실한 정시파 학생들은 성적이 더 떨어집니다. 정시파 학생들은 자신의 내신 성적이 떨어질 수 있다는 것은 예상합니다. 하지만 모의고사 성적까지 떨어지는 경우가 많아 크게 당황스러워합니다. 자신들은 학원 공부에 집중해서 열심히 하는데 왜 모의고사 성적이 떨어지는지 의아해합니다.

교사로서 오랜 시간 학생들을 관찰한 끝에 내린 결론은, 수능이 문제 풀이 기술을 습득하면 유리한 시험이긴 하지만 그런 '기술'만으로는 단기간에 성적을 올릴 수 있는 만만한 시험이 아니라는 것입니다. 수능 고득점 학생들의 합격 사례를 읽다 보면 놀라운 공통점을 발견할 수 있는데 문제 풀이식 공부 기술보다 '개념'이 중요하다는 것입니다. 이러한 개념을 가르치는 교육은 학원보다 학교 수업에서 더 충실하게 이루어집니다. 학원의 진도가 학교보다 빠른 이유는 이 개념 설명을 생략하거나 간단하게 다루기 때문입니다. 학교 수업은 고등학교 3학년을 제외하고는 문제 풀이식 수업보다 개념 하나하나를 설명하고 적용하는 것에 초점이 맞추어져 있습니다. 교과서의 구성 자체가 개념 학습에 많은 지면을 할애하기 때문입니다.

저는 교원 임용고시를 준비하던 시절 학원 강사로 국어를 가르친 적이 있습니다. 당시 제가 담당해야 할 학년이 세 개나 되었습니다. 학교에서는 보통 한두 학년 정도의 수업을 준비하면 되는데, 학원은 학교별, 출판사별로 내신 준비도 따로 해주어야 합니다. 학생들에게 개념을 설명하려면 준비할 수업의 내용이 많아집니다. 학원에서 한 시간에 나가야 할 진도의 양은 학교와 비교할 수 없을 정도입니다. 따라서 개념은 생략하고 문제 풀이 위주로 수업을 하게 됩니다. 이렇게 해야 학원 수업을 준비할 수 있고, 학생과 학부모의 만족도도 높았습니다. 문제집 몇 권을 떼어야 시험을 제대로 대비하고 있다고 느끼기 때문입니다.

이때 학교에서 개념을 제대로 이해하고 학원에 오는 학생들은 수업을 잘 따라오지만, 그렇지 않은 학생들은 문제 풀이를 하면서 거꾸로 개념을 공부합니다. 그러니 개념에 대한 이해가 부족할 수밖에 없습니다. 가장 큰 문제는 이렇게 공부하면서 학생들 자신이 개념을 완벽히 이해하고 있다고 착각하는 것입니다. 문제를 풀면 개념을 이해하지 못해 틀리고 또 틀리는데도, 오답 노트를 만들어서 다시 꼼꼼하게 개념을 확인하는 학생들은 매우 드뭅니다. 즉 성적이 오르는 학생들은 개념을 완전히 이해하고 공부한 학생들이라는 뜻입니다.

저는 공교육 교사로서 사교육의 필요성을 완전히 부정하는 입장은 아닙니다. 저 역시 세 아이의 학부모로서 필요한 부분은 사교육의 도움을 받기도 합니다. 우리나라의 교육 현실에서 수능 성적을 올리려면 내신 공부뿐 아니라 수능식 문제 풀이 공부, 수능 교과의 깊이 있는 공부가 요구됩니다(가정 형편에 따라 사교육을 받기 어렵다면 EBS의 인터넷 강의, 강남구청의 인터넷 강의, 메가스터디 등 온라인 강의를 병행하면 큰 도움이 됩니다). 하지만 앞에서 설명했듯이 정시파 학생들처럼 학교생활은 제쳐두고 사교육만으로 승부를 보겠다는 태도는 매우 위험합니다. 정시파를 택했다고 해도 학교생활에 충실하고, 수능 선택과목이 아니더라도 '경제' 과목을 선택하여 공부한다면 비문학 경제 지문을 이해하는 데 도움이 됩니다. 또 독서 시간에 다양한 글을 읽고 토론에 참여해보기를 권합니다. 그 과정에서 학생들의 사고력이 향상되는 것은 당연한 이치이기 때문입니다.

또한 고등학교 생활에서 '입시'만 중요한 것은 아닙니다. 동아리활동이나 봉사활동, 진로 수업 등 창의적 체험활동 시간에 배우는 내용도 유의미합니다. 대인관계 기술을 습득하거나 진로 탐색의 기회가 된다면 인생 전반에 걸쳐 더 큰 성장의 기회가 되는 시간입니다. 정시 과목 이외의 모든 활동을 의미 없게 치부해 버린다면 학교생활에서 얻어갈 수 있는 이로움이나 효용이 없습니다. 고등학교 시절이 학생 개인의 성장과 입시의 성공까지 모두 이루어내는 시기가 되도록 충실하게 학교생활을 하는 것은 기본 중의 기본입니다.

기본에 충실한 것이
합격의 비결

서울대학교 정치외교학과 20학번 ○○○

저는 기본적인 것을 충실히 하는 것이 곧 공부 비결이라고 생각합니다. 예습과 복습을 꼼꼼히 하는 것, 기본 개념을 확실하게 익히는 것이죠. 당연한 이야기처럼 들릴 수 있겠지만, 이렇게 기본적인 습관을 들였던 것이 '학생부종합전형'을 준비하는 데에 가장 큰 도움이 되었습니다.

예습은 실제 수업 시간에 수업의 몰입도와 이해도를 높이는 데 도움이 되었습니다. 수업 내용을 전혀 모르는 상태에서 듣는 것과 조금이라도 아는 상태에서 듣는 것은 확실히 큰 차이가 있습니다. 또 예습하면서 궁금한 사항이 생겼을 때는 그냥 넘어가지 않고 수업시간에 선생님께 질문했습니다. 선생님과 수업시간에 상호작용하며 공부하는 것은 공부의 효율성을 높이는 좋은 방법입니다. 저는 방학 기간에는 다음 학기에 배울 교과 내용을 미리 받은 교과서나 시중에 판매하는 기습서 등을 활용해 전체적으로 한 번 훑어봤습니다. 그리고 수업하기 전날에 그 교과 수업에서 다룰 부분을 미리 한 번씩 읽어보면서 예습했습니다.

수업시간에 선생님께서 하셨던 말씀이 머릿속을 맴돌 때 복습하는 것 역시 예습만큼 중요하다고 봅니다. 저는 복습할 때는 자율학습 시간을 활용해 교과서나 수업 자료를 읽으면서, 선생님께서 수업시간에 하셨던 말씀을 떠올리며 공부했습니다. 복습을 통해서는 예습이나 수업 중에 미처 발견하지 못한 궁금한 점이나 부족한 점을 발견할 수 있고, 무엇보다도 시험 기간에 효율적으로 공부하는 데 도움이 됩니다. 실제로 평소에 복습을 철저하게 한 부분과 그렇지 못한 부분을 시험 기간에 공부할 때, 확실히 효율성 측면에서 차이가 났던 것이 기억납니다.

무엇보다 공부하면서 기본 개념을 확실하게 익히는 것은 매우 중요합니다. 저는 수업 중에 다루어지는 용어들의 정의와 개념을 친구들에게 설명할 수 있을 정도로 공부했습니다. 아무리 복잡한 이론도 기본적인 개념과 원리에서부터 출발하기 마련입니다. 어려운 문제를 풀거나 복잡한 개념을 접할 때 기계적으로 대하기보다는 그것에 담긴 개념을 생각하는 습관을 들였던 것이 공부하면서 겪을 수 있는 혼란을 줄이는 데 도움이 되었습니다. 실제로 용어의 정의나 개념을 알아두면 복잡한 문제를 해결하는 중요한 열쇠가 됩니다.

– 출처: 서울대학교 입학본부, '2021학년도 서울대학교 학생부종합전형 안내', 2021, p.35

12

스스로 골라 듣는 고교학점제 도입을 위해 학교가 변화하고 있다

부모 세대의 학창 시절과 현재 고등학교 과정이 가장 많이 변화된 부분을 꼽으라면 단연 '고교학점제'의 시행일 것입니다. 고교학점제는 진로에 따라 다양한 과목을 선택·이수하고, 누적 학점이 기준에 도달할 경우 졸업을 인정받는 교육과정 이수 제도입니다. 고등학생들은 자신이 배울 과목을 선택해서 수업을 들을 수 있고, 그 선택과목에 따라 이동하여 수업을 받습니다. 쉽게 말해서 대학생처럼 고등학생도 과목을 선택하고 강의실을 옮겨 다니며 수업을 듣고, 졸업에 필요한 학점을 이수하는 것입니다.

고교학점제는 2025년부터 전면 시행되며, 현재는 일부 연구·시범학교 방식으로 운영하면서 학점제에 맞는 공간 준비 등의 인프라 구축을 하고 있습니다. 유은혜 교육부 장관은 고교학점제 도입으로 수시·정시의 대입 체제의 변화 가능성을 공개적으로 밝힌 바 있습니다. 즉 고교학점제가 전면 시행될 경우 고등학교의 교육 및 평가, 입시에 대대적인 변화가 있을 것으로 예상됩니다. 또한 고교학점제가 시행되면 다양한 과목이 개설되므로 한 명의 교사가 맡게 되는 수업의 수가 늘어납니다. 현재 시범학교에서도 교사 한 명이 담당하는 교과가 기본 2~3개 이상이 되면서 교사 수급 문제로 어려움을 겪고 있습니다. 한 명이 여러 교과를 담당할 때 과연 전문성 있는 수업 연구가 될 수 있을지, 학생 선택의 폭을 넓혀주는 것이 오히려 수업의 질을 떨어뜨리는 것은 아닌지에 대한 우려도 제기되고 있습니다.

✦ 고교학점제 도입 일정 및 운영 체계

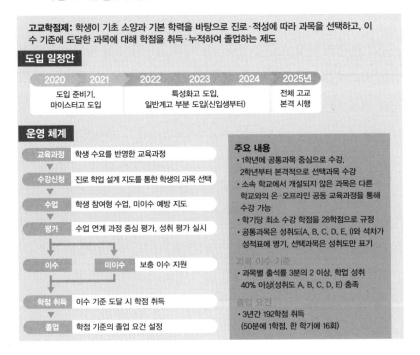

고교학점제: 학생이 기초 소양과 기본 학력을 바탕으로 진로·적성에 따라 과목을 선택하고, 이수 기준에 도달한 과목에 대해 학점을 취득·누적하여 졸업하는 제도

도입 일정안

2020	2021	2022	2023	2024	2025년
도입 준비기, 마이스터고 도입		특성화고 도입, 일반계고 부분 도입(신입생부터)			전체 고교 본격 시행

운영 체계

교육과정 → 학생 수요를 반영한 교육과정
수강신청 → 진로 학업 설계 지도를 통한 학생의 과목 선택
수업 → 학생 참여형 수업, 미이수 예방 지도
평가 → 수업 연계 과정 중심 평가, 성취 평가 실시
이수 / 미이수 → 보충 이수 지원
학점 취득 → 이수 기준 도달 시 학점 취득
졸업 → 학점 기준의 졸업 요건 설정

주요 내용
• 1학년에 공통과목 중심으로 수강, 2학년부터 본격적으로 선택과목 수강
• 소속 학교에서 개설되지 않은 과목은 다른 학교와의 온·오프라인 공동 교육과정을 통해 수강 가능
• 학기당 최소 수강 학점을 28학점으로 규정
• 공통과목은 성취도(A, B, C, D, E, I)와 석차가 성적표에 병기, 선택과목은 성취도만 표기

과목 이수 기준
• 과목별 출석률 3분의 2 이상, 학업 성취 40% 이상(성취도 A, B, C, D, E) 충족

졸업 요건
• 3년간 192학점 취득 (50분에 1학점, 한 학기에 16회)

말도 많고 탈도 많은
고교학점제이지만…

제가 고등학교를 다니던 시절에는 우열반이 있었습니다. 정식 명칭으로는 심화반, 기초반을 말합니다. 당시에는 수업 이동이 아주 단순했습니다. 예를 들어 수학 시간이 되면 1반과 2반으로 합반이 되는 것입니다. 심화반 학생들은 1반에 모이고, 기초반 학생들은 2반에 모이는 식입니다. 즉 기껏해야 한 반에 두 그룹의 학생이 존재했습니다. 굳이 한 가지를 더 꼽자면 일본어와 중국어 정도만 이동 수업을 했다고 말할 수 있을 것 같습니다. 그때는 이런 수업마저도 없고 학교가 제2외국어까지 정해주는 학교도 많았습니다.

이번에는 최근 제가 담임했던 반을 예로 들어 설명해보겠습니다. 저희 반은 '2학년 인문계열' 전공을 희망하는 학생들로 구성된 학급입니다. 저희 반은 사회 선택과목만 해도 수능 선택과목 5개가 모두 있었습니다. 학급의 학생 수는 24명인데 '세계지리, 경제, 정치와 법, 동아시아사, 생활과 윤리' 다섯 과목 중에서 3개의 선택을 각각 했기 때문에, A 학생은 '세계지리·정치와 법·경제', B 학생은 '경제·동아시아사·생활과 윤리'를 공부하는 식입니다. 따라서 해당 수업을 들을 때마다 교실을 옮겨가거나, 일부 학생만 남습니다. 여기에 '일본어·중국어'로 선택이 또 나뉘고, '사회문제탐구·생활과학'을 듣는 학생들로 또 나뉩니다. 즉 국·영·수 기초과목과 학교에서 지정한 예체능 수업만 학급 친구들 모두가 같은 수업을 듣는 것입니다. 그래서 웃지 못할 에피소드도 많이 생깁니다.

C 학생의 경우 어느 날 1교시 수학 시간에 수업을 듣다가 너무 졸려

서 잠이 들고 말았습니다. 2교시는 자신의 선택과목인 동아시아사 반으로 이동해야 하는데 일어나지 못하고 계속 자버리고 만 것이지요. 학생모두가 교실 밖으로 나가는 체육 수업의 경우 한 친구가 엎드려 잔다면, 빈 교실에 혼자 남으니 눈에 잘 띕니다. 문단속하는 학생이 마지막 남은 친구를 깨워서 같이 나가기도 합니다. 하지만 당시 2교시 수업은 같은 교실에서 세계지리 사회 수업이 진행됩니다. C 학생은 동아시아사를 선택했기 때문에 이동해야 했지만, 교실에서 수업을 듣는 세계지리 학생들이 그대로 남아 있어 눈에 띄지 않았습니다. 2교시 수업이 시작되고 C 학생이 정신을 차려보니 교실에서 세계지리 수업이 한창인 것입니다.

수업을 시작하면 본래 학생들을 모두 깨우고 출결을 부르는 것이 원칙이지만, 수업 진도가 급하거나 빈자리가 없어 모두가 있다고 판단되면 그대로 수업을 시작하기도 합니다. 그럼, C 학생의 2교시 수업은 어떻게 되었을까요? 당연히 동아시아사 수업을 듣지 않았기 때문에 아무리 세계지리 수업에 있었다고 해도 '미인정 결과' 처리가 됩니다.

시험 기간은 더 복잡합니다. 가령 1교시는 국어, 2교시는 미술, 3교시는 동아시아사·세계지리·경제 시험이라고 해봅시다. 1, 2교시는 공통으로 시험을 보니까 괜찮습니다. 그런데 3교시는 같은 교실에서 시험 보는 과목에 따라 시험지가 다릅니다. 따라서 교사와 학생이 모두 정신을 바짝 차리지 않으면 종종 실수가 발생하기도 합니다. 보통은 감독 교사가 학생의 이름을 확인하고 시험지가 제대로 배부되었는지 다시 확인하기 때문에 이 과정에서 대개 실수한 학생이 발견됩니다. 또 학생도 전혀 배우지 않은 시험지를 받으면 바로 알아차리고 교체를 요구합니다. 하지만 더 큰 실수가 벌어지는 경우는 3교시 시험을 치르지 않는 과목의 친구들, 즉 정치와 법이나 생활과 윤리를 선택한 학생들이 귀가할 때 같이 하교해버리는 학생들이 나온다는 것입니다. 보통 성적에 관심이 없는 친구들이 이런 실수를 하는데, 간혹 열심히 공부하는 학생들도 2교시 시험까지 치르고, 아무 생각 없이 친구를 따라나서기도 합니다.

담임교사는 수거한 휴대전화를 나눠주면서 해당 학생의 다음 시험 과목을 확인하고 보내지만, 3교시 감독 교사로 가야 하는 경우 바빠서 학생의 말만 듣고 보내기도 합니다. 한 학급에 5과목의 선택이 다양한 조합으로 섞여 있으면, 담임교사도 파일을 열어보지 않고는 누가 무슨 과목을 어떻게 선택했는지 순간 파악하기가 어렵습니다.

이렇게 시험 볼 학생이 3교시에 들어오지 않으면 연락이라도 되어야 하는데, 휴대전화 전원을 바로 켜지 않았거나, 아예 제출하고 돌려받는 것이 번거로워서 집에 휴대전화를 두고 온 학생들은 그대로 결시 처리가 될 수 있습니다. 선택과목이 너무 많다 보니 소수의 인원이 선택하는 사회 교과나 과학 교과 선생님의 경우, 아예 수업을 들어가는 학급에 담임 반 학생들이 없는 경우도 생깁니다. 우리 아이의 담임교사가 아이의 수업을 1년 내내 한 시간도 하지 않을 수 있다는 뜻입니다.

미래를 여는 교육, 고교학점제

이와 같은 문제를 예상하면서도 고교학점제를 도입하는 이유는, 학생의 진로에 따른 선택을 존중하기 때문입니다.

4차 산업혁명 시대 또는 인공지능(AI) 시대에 모두에게 획일적인 수업은 학생의 잠재력과 역량을 키우는 데 장애가 될 것입니다. 정부출연연구기관인 한국교육과정평가원은 미래 사회 전망에 따라 앞으로 고등학교 교육은 패러다임 전환이 필요하다고 밝히며, 고교학점제 도입 배경에 대해 다음과 같이 밝히고 있습니다.

- 고등학교 교육은 입시·경쟁 중심 교육에서 벗어나, 모든 학생의 진로 개척 역량 함량을 지원하는 교육으로 전환될 필요가 있다. 학생으로 하여금 자신의 적성과 진로에 맞는 과목을 스스로 선택하게 하고 그에 따른 책임을 지도록 하며, 학습 동기를 부여하고 자기 주도적 학습자로 성장하도록 해야 한다.
- 입시·수능 준비에 초점을 둔 교육과정 운영이 아닌 모든 학생의 진로 설계와 성장을 돕는 학생 맞춤형 교육과정 운영으로 변환될 필요가 있다. 학생 선택형 교육과정 운영을 통해 학생 개개인에게 필요한 교육을 제공하고, 학교 안팎의 자원을 활용하여 학교 간 장벽을 낮춤으로써 교육과정의 다양성과 전문성을 확보할 필요가 있다.
- 개별 학교 내 교육과정 운영의 다양화를 통해 다양한 능력과 적성을 가진 학생들이 함께 교육을 받으면서도 각자의 역량을 최대한 발휘할 수 있도록 지원하는 교육체제를 마련할 필요가 있다.

전 세계적으로 많은 나라의 고등학생이 대학생처럼 교실을 옮겨 다니면서 본인의 선택에 따라 수업을 듣습니다. 우리나라도 이런 시대적인 변화에 발맞춰 가려는 취지라고 생각합니다. 따라서 선택과목 운영 체계가 너무 복잡한 것이 아니냐는 불편함을 강조하기보다는, 고교학점제의 긍정적이고 미래 지향적인 취지대로 학생들 모두 각자의 역량을 최대한 발휘할 수 있도록 학부모님이 응원과 도움을 주시면 좋겠습니다.

고교학점제 현장의 소리

2025년부터 고교학점제의 전면 시행이 예고되면서 학교 현장에서는 다양한 전망과 우려가 제기되고 있습니다. 저는 현재 고교학점제 연구학교에 3년째 근무하고 있습니다. 따라서 선택형 교육과정의 득과 실이 무엇인지 좀 더 가깝게 체감하고 있습니다. 학생의 흥미와 적성을 고려한 개별화된 맞춤식 교육이 미래 인재를 키워낼 이상적인 교육이라는 고교학점제 도입의 취지도 공감합니다. 그러나 교육 현장에서는 아직 해결해야 할 문제와 고민해야 할 지점이 여러 가지 남아 있습니다.

앞에서 고교학점제의 취지와 장점에 대한 이론적인 내용을 살펴보았으니, 실제 현장에서 고민해야 할 지점에 대해서도 이야기를 나누고 싶습니다. 고교학점제의 가장 근본적인 문제는 첫째, '고교학점제 도입 시 기초교육을 충실히 실행할 수 있는가?'입니다. 고등학교는 고등 교육기관이 아니라 중등 교육기관입니다. 예전에는 '국어' 과목만 보더라도 말하기, 듣기, 읽기, 쓰기, 문학, 문법 영역을 모두 골고루 배웠습니다. '과학' 과목은 물리, 화학, 생물, 지구과학을 고루 배웠으니 교과의 기초 학문은 충실히 배운 것입니다. 그러나 고교학점제가 도입되면 공통 교육과정이 고등학교 1학년에서 끝나고, 2학년부터는 선택형 수업을 합니다. 이렇게 2학년부터 수업을 선택적으로 듣게 되면, 자칫 기초교육이 부실해질 수 있다는 지적이 있습니다. 이는 OECD(경제협력개발기구) 국가들의 교육 기조인 '기초교육'을 충실히 실행해야 한다는 세계적인 교육 흐름과도 동떨어져 있다는 비판을 받고 있습니다. 예를 들면 코딩을 배우거나 로봇을 연구하고 개발하기 위해서는 기초적인 수학, 과학 지식이 탄탄해야 하는데 이런 소양이 부족해질 수 있다는 우려입니다.

둘째, 입시와 동떨어진 제도로 인해 파행적 수업이 예상된다는 우려가 있습니다. 고교학점제는 학생 본인의 희망에 따라 선택적으로 수업을 듣고, 일제식 평가가 아니라 서술형 평가 등 다양한 방식으로 평가의 방향도 바뀌게 될 것을 예고하고 있습니다. '9등급' 줄 세우기 평가가 아니라 절대평가가 늘어날 것입니다. 그러나 현재 입시 제도는 오히려 정시의 비중을 확대하고 있어서 '학교 수업이 산으로 갈 것이다', '진로 선택과목은 3학년 과정에 편성되어 있는데, 정작 그 시간은 정시 준비를 위한 자습 시간으로 파행적 운영이 될 것이다'라는 지적이 많습니다. 아무리 좋은 교육과정을 마련한다 하더라도 고등학교는 입시의 영향력을 벗어날 수 없어 고교학점제는 결국 무용지물이 될 것이라는 비관적인 목소리가 높습니다. 또한 정권이 바뀌면 어떻게 될지 모른다는 예측을 하는 사람들도 많습니다.

셋째, 학생과 학부모가 선택형 교육과정 방식을 부담스러워한다는 점입니다. 우선, 1학년 과정에서 2학년 때 배울 과목을 미리 선택해야 한다는 부담감이 커졌습니다. 그렇기에 차라리 예전처럼 모든 과목을 배우면 좋겠다는 학생과 학부모의 의견도 많습니다. 일찌감치 1학년 때부터 본인의 진로가 확고해서 희망에 따라 선택하고 싶은 수업이 뚜렷한 학생은 많지 않기 때문입니다. 또한 학생 대다수가 선택형 교육과정을 반기지 않는 이유는 '내신 등급' 산출 때문입니다. 진로 선택과목은 A·B·C 3단계 평가를 한다고 하지만, 이 역시 일부 대학에서 각 등급을 받은 학생의 비율을 계산하고 있어(57쪽 참조) 순수하게 희망에 따라 과목 선택을 하기가 쉽지 않습니다. 고교학점제가 도입된 학교에서 근무해보니 본인의 관심과 적성에 따라 과목 선택을 하지 않고, 단순히 내신 등급을 잘 받기 위해 수강자 수가 많은 과목을 선택하는 학생들이 많았습니다. 또한 1학년 공통과목의 중요성이 커지면서 중학교 3학년 아래로 어린 학생들의 사교육과 선행 학습이 더욱 심해질 것이라는 우려도 제기되고 있습니다.

넷째, 과목이 다양하게 분화되니 교사 입장에서 수업 준비의 부담이 크고 전문성이 떨어집니다. 고교학점제 연구학교에서는 학기 동안 교사 한 명이 기본적으로 두 과목에서 많으면 다섯 과목 정도 수업을 하게 됩니다. 똑같이 일주일에 16시간 수업을 한다고 해도, 한 과목이냐 두 과목이냐에 따라 수업 준비에 할애해야 하는 시간은 배 이상 차이가 납니다. 사회나 과학 교과의 경우 교사 한 명이 세 과목을 지도하는 사례가 흔하고, 많은 경우 창의적 체험활동을 포함하면 다섯 개 교과를 수업하기도 합니다. 하지만 이처럼 다(多)교과 지도를 하면 수업 준비가 제대로 되기 어렵습니다. 저도 한 과목만 가르칠 때는 깊이 있게 수업 연구를 할 수 있었는데 여러 과목을 동시에 수업하니, 3학년 일반 선택과목은 열심히 수업하고 상대적으로 2학년 진로 선택과목은 느슨하게 가르치는 등의 '살길'을 찾게 되었습니다. 교사에게 주어진 업무의 양은 그대로인데 교과 수가 늘어나게 되니, 도저히 감당이 안 된다며 중학교로 가겠다는 교사가 속출하고 있는 실정입니다. 즉 교사가 각종 행정 업무에서 해방되고, 전문성을 향상하기 위한 교육이 있어야 다 교과 지도도 가능하다고 생각합니다.

다섯째, 교사 자격증이 없는 교사에게 학교 수업을 개방할 경우의 문제가 우려됩니다. 선택형 교육으로 학생의 필요와 시대 흐름에 따라 교과목이 개설되다 보니 이른바 '뜨는' 과목, 인기 있는 교과가 생기게 마련입니다. 이를테면 인공지능(AI), 로봇, 드론, 코딩 등의 분야가 그렇습니다. 현직 교사 중에는 이런 전문적인 영역의 특화된 과목을 담당할 수 있는 교사는 없으니 교사 자격증이 없더라도 수업을 맡기겠다는 것입니다. 이는 교사 자격증이 없는 교사도 학교에서 가르칠 전문 지식이 있으면 괜찮다는 발상으로, 교사의 전문성을 무시한 정책이라는 비난을 받고 있습니다. 의사나 변호사는 자격증이 없으면 절대 업무를 할 수 없지만, 교사는 자격증이 없어도 괜찮다는 의미입니다. 고등학생은 성인을 가르치는 직업 교육과 다릅니다. 청소년의 발달 단계 및 심리 등을 공부하는 사범대학교의 존립 이유와 맞닿아 있기도 합니다. 실제 고등학교까지의 중등 교육에서는 학문의 기초를 충실히 배우고, 기존처럼 이후 고등 교육기관에서 전문 지식을 배워도 된다는 의견이 다수입니다. 만약 학생이 고등학교 때부터 AI, 로봇, 드론 등을 배우고 싶다면 특성화 고등학교에 진학하거나, 지역사회의 인프라를 활용하고 학점을 인정해 주는 방식이 적절하다는 주장도 제기되고 있습니다.

전국교직원노동조합에서 발표한 성명에 담긴 여러 교사들의 목소리를 일부 옮겨보면 다음과 같습니다.

"저는 소규모 학교에 근무하기 때문에 과목 수가 진로를 포함하면 다섯 과목이에요. 학생들에게 선택과 책임, 다양한 경험을 시켜주고 싶지만 제가 번아웃될 것 같아요."

"우리나라 고등학교에서 어떤 혁명적인 교육과정이 들어와도 대학 입시 체제에 매몰되어버립니다. '고교학점제'도 결국에는 무늬만 남겠죠. 대입제도가 정시 확대로 다시 뒷걸음질하는데 고교학점제가 그 안에서 어떻게 구겨질지 눈에 선합니다."

"고교학점제 전면 도입을 2025년으로 정한 것은 그 기간 동안 준비를 해나가겠다는 것으로 보입니다. 그런데 2022년에 경기도 내 모든 일반계 고등학교가 고교학점제를 시행한다면, 경기도 모든 학교가 시행착오를 겪게 되겠지요. 경기도의 학생과 교사를 실험실에 집어넣는 것과 비슷하다는 생각이 드네요."

제 의견은 무조건 고교학점제가 안 된다는 것이 결코 아닙니다. 이 제도가 전면 도입되기 전에 충분히 예상되는 문제점을 생각해봐야 한다는 것입니다. 학교 현장에서의 목소리를 간과하지 않고 개선할 부분이 있으면 고쳐나갔으면 하는 바람입니다. 위 교사의 말처럼 한 명의 학생도 실험의 대상이 되어서는 안 됩니다. 교사들이 희생을 감수한다고 하더라도 고교학점제가 지금처럼 운영된다면 이 정책도 오래가기 어려울 것입니다. 아무리 이상적인 제도여도 학교 현장의 목소리와 무엇보다 학생의 목소리에 귀 기울여 보완해나가야 본래의 취지와 목적을 달성할 수 있습니다.

13

무과·이과가 통합되었다는데 어떻게 대비해야 할까요?

문과·이과 통합형 수능에서도
선택과목별 유불리를 따져야 한다

기존 문과·이과 계열 구분이 없어진 이유는, 최소한의 인문학적 소양과 기본적인 과학 상식이 현대사회를 살아가는 데 누구나 갖춰야 할 필수 요소로 인식되고 있기 때문입니다. 과학자에게 인문학적 상상력이 필요하듯, 과학기술의 혜택을 제대로 누리고 사용하려면 일반인도 과학에 관심을 가질 필요가 있습니다. 앞으로는 여러 분야의 지식과 능력을 융합하여 미래의 위기를 해결해나갈 수 있는 인재 양성이 더욱 중요시되기에 이런 통합 교육의 실행은 점차 현실화될 것입니다.

미래 사회는
통합 교육의 시대

　　　　　　　　　이덕환 서강대학교 명예교수는 한 칼럼에
서 과거 문과·이과를 구분하는 교육정책을 비판하며 다음과 같이 밝힌
바 있습니다. "고등학생이 아닌 중학생 때부터 문과·이과 중 어디를 가
야 할지 따지고 있는 실정입니다. 과학에 관심 없는 학생들의 경우 (과학
상식에 관한) 수준이 중학생 수준까지 떨어졌습니다. 우리가 생각하는 것
보다 문제가 더 심각한 상황입니다. (…) 과학적 기반에 살고 있는 현대
인에게는 기본적인 과학 상식이 필요합니다. 하지만 과학 상식만으로는
세상을 움직일 수 없습니다. 인문학적 상상력과 더불어 인문학적 소양
을 배우는 것도 중요하다는 뜻입니다."

　일자리를 생각하면 문과·이과 통합 교육의 필요성에 대해 더욱더 공
감할 수 있습니다. 사회에 나오면 대다수 사람들은 문과·이과 구분 없
이 직장생활을 하게 됩니다. 특정 분야에 대한 전문 지식도 필요하지만
다른 분야에 대한 이해도 당연히 필요하다는 의미입니다.

　정진수 충북대학교 물리학과 교수는 교육과정에 대한 올바른 방향에
대해 토론하는 제78회 한림원탁토론회에서 이렇게 강조했습니다. "7차
교육과정 개정 이후 문과 학생은 과학을 거의 듣지 않고, 이과 학생은
사회를 거의 듣지 않고도 대학에 진학하게 되었습니다. (…) 과학기술 기
반 산업뿐만 아니라 사회적 중요 이슈가 나타날 때 그로 인한 심각성은
더 커집니다. 예를 들어 광우병 사태, 원자로 문제 등과 같은 이슈에서
일반인은 과학적 데이터에 근거해 따지기보다는 소수가 제공하는 편향

된 정보에 쉽게 흔들립니다. 이는 중요한 정책을 결정해야 하는 사람들도 마찬가지입니다. 기본적인 과학 소양이 없는 문과 출신이 할 수 있는 일과 최소한의 인문학적 소양이 없는 이과 출신이 할 수 있는 일은 빠르게 사라지고 있습니다."

이러한 배경에서 문과·이과가 통합되었고, 이제 문과반·이과반 같은 명칭은 공식적으로 사용하지 않습니다. 고등학교 2학년 국어, 수학, 영어 등 기초 교과는 일주일 동안 같은 시간의 수업을 듣고, 내신 성적 산출도 문과·이과 구분 없이 합니다. 수학을 예로 들면 이전에는 이과끼리, 문과끼리 나누어 성적을 산출했는데 이런 구분이 없어진 것입니다.

문과·이과 통합했지만
교육 현실의 벽은 높다

하지만 앞에서도 설명했듯이 여전히 대학에서는 학생들의 고등학교 이수 과목을 중요하게 봅니다. 사실상 이과 학생은 '물리, 화학, 생물, 지구과학'을 듣는 것이 입시에 유리하고, 문과 학생은 '사회 계열'의 선택과목을 듣는 것이 입시에 유리합니다. 대학들이 모집단위 계열에 따라 선택과목을 지정한 경우가 많기 때문입니다. 교육부가 발표한 '2022학년 대입 수능 선택과목 지정 현황'을 살펴보면, 특히 이과에서 이러한 구분이 극명하게 나타났습니다. 한 신문기사에 의하면, 서울대학교를 포함한 총 21개 대학 가운데 9개 대학(서울대·경희대·고려대·연세대·서강대·성균관대·이화여대·중앙대·서울과기대)이 수학에서 '기하', '미적분' 중 1개를 선택하도록 했습니다. 이는 확률과 통계를 선택할 때는 자연계열에 지원할 수 없다는 뜻입니다. 즉 자연계 학생들은 확률과 통계보다 기하나 미적분을 공부해야 한다는 것을 요구하는 것이나 다름없습니다.

따라서 학교 현장에서는 문과·이과 통합의 의미가 크게 다가오지 않습니다. 오히려 취업에 불리한 경향이 있는 문과 학생들이 성적 산출에서도 불리해졌다는 인식이 일반적입니다. 저도 문과였던 한 사람으로서 인정하기 싫지만, 일반적으로 이과 학생들의 성적이 높기 때문입니다. 수학 성적만 높은 것이 아니라 국어, 영어 평균 점수도 이과를 선택한 학생들의 평균이 높은 편이어서 내신 등급 산출을 같이할 때 문과 학생들은 불리해진다고 이해하면 됩니다. 한편 이과 학생들은 이과에 상위권 학생들이 몰려 있어서 그동안 불리했는데, 이제야 제자리로 돌아왔다고 의견을 표하기도 합니다.

이와 같은 상황이기에 여전히 선택과목에 따라 이과반, 문과반은 '비공식적'으로 존재합니다. 물론 계열의 구분 없이 수업을 듣는 학급도 운영하지만, 전체의 한두 학급 정도입니다(고교학점제가 잘 정착된 학교에서는 계열의 구분 없이 반을 편성하는 학교도 있습니다).

이처럼 입시 현실을 염두에 두기 때문에 고등학교 교사들은 학생들에게 문과·이과 구분 없이 마음껏 선택과목을 들으라고 권하지 못합니다. 학생의 선택을 최대한 존중하되, 이과로 진학할 학생은 가능하면 과학기초 학문을 고교 과정에서 모두 듣도록 안내합니다. 문과로 진학할 학생의 경우는 가능하면 사회 계열의 수업을 듣도록 합니다. 통합형 인재임을 강조하기 위해 일부러 문과 과목, 이과 과목을 섞어서 이수할 필요는 없다는 의미입니다. 만약 의사가 되고자 하는 학생이 생명을 다루는 직업이니 윤리 과목을 공부해야겠다고 하면 그렇게 해도 됩니다. 하지만 윤리 과목을 선택해서 이과 쪽 일반 선택과목 하나를 수강하지 못한다면, 어떤 과목을 이수하는 것이 본인에게 더 이득일지 잘 생각해봐야 합니다.

한마디로 선택과목에 대해서는 아직 이렇다 할 정답을 내리기 어렵습니다. 대학마다 진로 선택과목을 반영하는 학교도 있고, 반영하지 않는 학교도 있습니다. 이수해야 할 과목을 애초에 요구하고 가산점을 주는 학교도 있고, 그렇지 않은 학교도 있습니다. 정시냐 수시냐에 따라서도 전략이 달라지고, 상위권 대학인지 중·하위권 대학인지에 따라서도 유불리가 달라집니다.

따라서 학생 본인의 적성과 희망에 맞게 선택하는 것은 좋지만, 여전히 입시가 중요한 현실에서 마냥 이상적이고 무책임한 결론을 내릴 수 없기에 다음과 같이 조언하고자 합니다. 아시다시피 입시에 변수가 많기 때문에 절대적 기준으로 보지는 말고, 현직 교사의 견해 정도로 참고하기를 바랍니다.

먼저, 이과로 진학할 학생은 힘들더라도 자연계열의 선택과목을 수강해야 합니다. 왜냐하면 대학에 진학했을 때 과학의 기초적인 상식이 없으면 대학 수업을 따라갈 수 없기 때문입니다. 상위권 대학의 경우는 가산점 항목이 되기도 합니다. 성적이 조금 낮게 나오더라도 학생부종합전형에서는 단순히 등급을 정량적으로 평가하는 것이 아니므로 도전정신이 있는 학생으로 여겨져 좋은 평가를 받을 가능성도 있습니다.

문과로 진학할 학생은 굳이 힘든 선택과목을 대학 전공까지 생각해서 찾아 듣지 않아도 됩니다. 문과 전공자는 고등학교 때 배운 내용이 대학까지 이어지는 경우가 드뭅니다. 고등학교 때 어떤 선택과목을 이수하지 않았다고 해서 크게 입시에 영향을 주지는 않습니다. 일단 점수를 잘 받는 과목을 수강하는 것이 유리하다는 결론입니다. 문과로 진학할 학생이 굳이 본인이 화학에 흥미가 있다고 해서 사회 과목을 듣지 않고 이과 학생들과 경쟁하며 화학 I 수업을 들을 이유가 없습니다. 성적이 잘 나올 가능성도 적습니다.

한편 학생부종합전형을 지원하는 학생은 자신이 지원하려는 학과의 전공 적합성에 맞게 선택하면 됩니다. 상경계열 지원자라면 '경제' 과목을 선택하고, 법학과 지원자라면 '정치와 법' 과목을 선택하는 것이 배우는 과목을 전공과 연계할 수 있습니다. 전공 적합성에 맞는 과목을 선택하면 성적도 좋게 나오고 흥미 있게 공부할 수 있을 뿐만 아니라, 전공 관련 학업 역량이 자연스럽게 학교생활기록부에 드러나기 마련입니다.

14

학교 간 공동교육과정이 뭐에요?

우리 학교에 없는 수업을
다른 학교에서 듣자

학생의 진로와 적성을 고려하고, 미래 사회를 준비하기 위해 과거보다 선택과목이 다양해졌습니다. 하지만 학생이 희망하는 과목이 자신의 학교에 개설되어 있지 않을 수 있습니다. 예를 들어 로봇이나 빅데이터에 관심이 많은 학생이 이를 다루는 수업을 듣고 싶은데, 자신이 다녀야 할 학교에 전공 교사가 없거나, 희망 학생이 적어 수업이 개설되지 않을 수 있다는 뜻입니다. 현재 과학고등학교나 자율형사립고등학교의 경우 희망 과목이 좀 더 다양하게 개설되고 있는 데 비해 일반 고등학교에서는 그 수준에 미치지 못하는 실정입니다.

진로 맞춤형 수업에 적합한
공동교육과정

그렇다면 학생의 과목 선택 기회를 확대할 수 있는 제도는 없을까요? 이런 경우 '학교 간 공동교육과정'을 통해 학생이 원하는 수업을 들을 수 있습니다. 참고로, 공동교육과정을 일컫는 명칭은 교육청마다 다르게 사용되고 있습니다. 서울은 '협력교육과정', '연합형 선택 교육과정'이라고 하고, 세종시는 '캠퍼스형 공동교육과정'이라고 합니다. 인천은 '학교 간 꿈두레 교육과정', 경기도는 '교육과정 클러스터', 충청남도는 '참학력 공동교육과정', 강원도는 '꿈 더하기 공동교육과정', 경상북도는 '학교 간 어울림 공동교육과정', 전라북도는 '오순도순 공동교육과정'이라고 칭합니다. 그 외에도 지역 교육청마다 이 같은 공동교육과정이 존재합니다.

단위 학교에서 운영하기 어려운 교육과정을 개설하여 본교 및 인근 학교 학생들에게 수업을 선택할 기회를 제공하는 것입니다. 공동교육과정에서 운영하는 각 수업의 학생 수는 대략 15명 내외로 주입식 수업이 아닌 토론이나 프로젝트 수업, 발표 위주의 수업으로 진행합니다. 공동교육과정 수업은 학생들이 관심이 있어서 자발적으로 신청하고 듣는 수업이기에 참여도가 매우 높습니다. 또한 수업의 질도 좋아서 만족도가 높은 편입니다. 일례로 인천은 공동교육과정에 대한 수업 만족도가 96% 이상인 것으로 나타났고, 다른 교육청에서 운영하는 공동교육과정 만족도도 일반 수업에 비해 높은 편으로 조사되었습니다.

공동교육과정 수업은 학교 여건과 상황에 따른 격차를 줄이고, 학생들이 다양한 수업을 듣도록 하는 데 기여합니다. 실제로 단위 학교에서 배우기 어려운 직업 관련 과목이나 영상 제작, 컴퓨터그래픽, 성악, 로봇 기초, 문학개론, 보건 같은 전공에 부합하는 과목이 긍정적인 반응을 얻고 있습니다. 또한 소수 인원으로 운영되다 보니 학생들이 서로 자유롭게 토론하고 발표하며 수업에 적극적으로 참여하는 장점이 있습니다. 다른 수업에서 경험하기 힘든 깊이 있는 사고력과 협업 능력을 배울 수 있습니다. 특히 학교 내에서 만나기 힘든 비슷한 진로의 친구들과 관계를 맺고 서로 동기부여를 해줄 수 있으므로 긍정적인 교육 효과도 얻을 수 있습니다. 서울대학교에 합격한 한 학생이 공동교육과정으로 개설된 수업을 듣고 작성한 합격 사례를 소개하면 다음과 같습니다.

지방 인문계 고등학교를 진학한 저는 기하 과목을 수강할 수 없었습니다. 제가 과목 선택을 하더라도 과목이 개설되기 위해서는 일정 수 이상의 학생들이 필요한데, 이를 충족하지 못한 것입니다. 대신에 저는 기하, 고급수학Ⅰ, 고급물리학을 공동교육과정을 통해 수강했습니다. 공동교육과정이란 한 학교에서 개설된 소수 과목을 타 학교의 학생도 수강할 수 있게 한 제도입니다. 공동교육과정 수업을 통해 심화된 내용을 학습하면서 탐구의 폭이 넓어졌다는 점은 큰 소득이었습니다. 고급수학Ⅰ을 수강하면서 배운 행렬이나 극방정식 등의 개념을 활용해 극좌표계 운동방정식을 유도하고, 케플러법칙을 극좌표에서 증명해보는 활동을 진행할 수 있었습니다. 공동교육과정을 수강하는 것은 단순히 과목을 하나 더 듣는 것으로만 생각한다면 시간이 아깝다고 느껴질 수도 있지만 탐구의 폭을 넓히고 흥미를 높여줌으로써

보다 풍부한 활동이 가능하다고 생각해보면 좋겠습니다. 듣고 싶은 수업이 개설되지 않았을 때 공동교육과정을 적극 활용하면 좋은 경험이 될 것 같습니다.

서울대학교 사범대학 수학교육과 ○○○

- 출처: 서울대학교 입학본부, '2022학년도 서울대학교 학생부종합전형 안내', 2021, p.49

공동교육과정 무턱대고 신청하면 낭패

교육적인 목적에서 취지가 좋은 공동교육과정이라고 하지만, 이 수업을 신청할 때는 주의해야 할 점이 있습니다. 공동교육과정 수업은 보통 정규 수업시간에 운영하기에 어려움이 있어서 방과 후 학생이 별도로 시간을 내야 합니다.* 즉 학생이 다니는 단위학교의 인근 지역 학교에서 수업이 진행된다면 괜찮겠지만, 그렇지 않을 경우 하교 후에 해당 학교까지 멀리 이동해야 하는 불편함이 따릅니다. 학생 본인이 그 과목을 정말 수강하고 싶어서 신청하는 경우는 이런 불편함을 감수할 수 있겠지만, 그렇지 않으면 시간을 많이 뺏기기 때문에 중도 탈락하는 학생들이 생길 수 있다는 뜻입니다. 학생들은 수업을 신청할 때 공동교육과정의 장점에 대해 듣고는 순간적으로 마음이 혹해서 큰 고민 없이 신청하는 경우가 많습니다. 또 이 수업을 듣다가 중도

---

* 고교학점제가 완전히 정착하면 공동교육과정도 정규 수업시간 내로 들어온다는 발표가 있지만, 현재는 대부분 정규 수업시간 외에 공동교육과정이 개설되어 있습니다.

포기하는 것을 학원에 다니다가 끊는 정도로 생각하거나, 방과 후 수업을 듣다가 미이수하는 정도로 가볍게 생각하기도 합니다.

그러나 공동교육과정 수업은 정규 수업과 동일하게 처리된다는 점을 기억해야 합니다. 정규 수업처럼 중간에 포기할 수 없고, 만약 수업에 빠진다면 결석으로 처리되어 생활기록부 출결에 반영됩니다. 또 평가 방식은 시·도마다 다르지만, 일반 고등학교 수업과 똑같이 시험을 치르고 성적도 산출합니다.

이런 내용을 잘 알아보지 않고 충동적으로 공동교육과정 수업을 신청했다가 도중에 흥미가 떨어져 매주 울며 겨자 먹기로 수업을 들으러 가는 학생들도 많습니다. 수업을 그만두려 해도 결석 시 미인정 결과로 생활기록부에 반영되니 담임으로서 그만하라고 하기 어렵습니다. 공동교육과정 수업이 주중에 2회나 잡혀 있어서 다니고 싶은 학원을 못 다녀 불평하는 학생들도 있습니다. 이처럼 공동교육과정은 단위 학교에서 받을 수 없는 양질의 수업을 들을 기회가 되기도 하지만, 이 수업이 꼭 필요하지 않은데도 신청한 경우 한 학기 내내 고생할 수도 있습니다. 주 2회씩 방과 후 시간을 별도로 빼면 개인 공부 시간이 줄어드는 것까지 생각해야 합니다. 화려한 생활기록부를 기대하고 신청했다가, 오히려 공부 시간을 빼앗겨 후회하는 사례도 종종 있습니다.

따라서 공동교육과정 수업은 어떻게 출결 처리를 하는지, 성적 산출은 어떻게 하는지 등을 미리 확인하고 수업을 신청해야 합니다. 또 해마다 조금씩 지침이 달라지므로 정확한 내용은 학교에서 제공하는 안내문을 꼼꼼히 확인하고, 담임교사와 충분히 상담한 후에 신청 여부를 결정해야 합니다.

✦ 15 ✦

아이가 힘들 때 학교는 어떻게 돕나요?

학생들의 고민 상담소인
Wee 클래스를 이용하자

교육부 주도로 2008년부터 시행되고 있는 'Wee 프로젝트'는 따돌림이나 교우 관계, 미디어 중독, 학습 부진 등의 어려움을 겪는 학생부터 학교폭력, 자해와 같이 심각한 위기 상황에 놓여 장기적으로 치유가 필요한 학생까지 1차, 2차, 3차의 지원을 통해 학생들의 건강한 학교생활을 돕는 시스템입니다. 여기서 'Wee'는 우리를 뜻하는 'We'와 교육을 뜻하는 'education', 감정을 뜻하는 'emotion'의 합성어입니다. 앞에서 예로 든 어려운 상황에 처한 학생들을 대상으로 상담과 심리검사, 외부 기관 연계 교육 등을 지원하는 다중적 사회 안전망이라고 볼 수 있습니다.

Wee 프로젝트에서 1차 안전망은 학교 안에 있는 Wee 클래스이고, 2차 안전망은 전문가의 지속적인 상담이 필요하여 학교에서 의뢰받아 지원하는 Wee 센터가 해당됩니다. 3차 안전망은 학생이 심각한 위기 상황에 처했을 때 Wee 센터에서 의뢰받아 도움을 제공하는 Wee 스쿨입니다. 2차, 3차 안전망이 시·도 교육청 차원에서 운영하는 것이라면, Wee 클래스는 학교 안에 있는 공간으로 심리적 어려움이 있는 학생이 1자석으로 언제든 신청하거나 교사가 의뢰하여 상담과 도움을 받을 수 있습니다.

Wee 클래스는 학생 모두를 위한 교육 안전망

Wee 클래스에는 전문 상담교사가 있습니다. 담임교사에게는 입을 꾹 다물고 표현하지 않아 애를 태우던 학생들도 상담교사 앞에서는 자신의 어린 시절 상처부터 현재 겪고 있는 고민을 곧잘 털어놓곤 합니다. 담임교사와 더 친하고 익숙함에도, 정작 학생 자신의 속 깊은 이야기는 상담교사에게 털어놓고 도움을 요청하는 상황을 보면 '전문적인 상담이 다르긴 다르구나'라는 생각이 듭니다. 학생들에게 Wee 클래스 상담실은 어떤 이야기를 털어놓아도 안전한 곳, 존중받는 곳, 도움을 받을 수 있는 곳이라는 인식이 있습니다.

일례로, 친구 문제로 고민이 많던 A 학생은 상담교사에게 현재 상황을 털어놓고 조언을 구해 문제를 해결했습니다. 또 따돌림에 시달리던 B 학생은 상담교사와 상의한 끝에 갈등 관계에 있던 친구들과 집단 상담에 참여했습니다. 이런 상담 과정을 거치면서 자신의 잘못과 친구들의 오해를 알게 되어 갈등을 풀었습니다. 자신의 이야기를 따뜻하게 들어

주고 도움을 주는 곳이 있다는 것 자체가 학생들에게 심리적으로 안정감을 주는 듯합니다. 어려운 상황이 크게 바뀌지는 않았어도 상담실에서 대화를 나누고 오면 학생들의 얼굴이 한결 환하게 밝아진 것을 느낄 수 있습니다.

Wee 클래스는 학생들에게 언제든 문이 열려 있는 소통 창구이지만, 상담하려면 먼저 상담 예약을 신청해야 합니다. 상담교사는 창의적 체험활동을 위한 진로 수업을 맡기도 하고, 위급한 학생의 상담을 진행 중일 때도 있기 때문입니다. 상담하려는 학생 역시 수업을 빠지고 상담하기에는 부담이 있어서 주로 창의적 체험활동 시간이나 점심시간을 활용해 상담 예약을 신청하곤 합니다.

한편 제가 근무하던 학교의 상담실에서는 '행복교실'을 운영한 적이 있습니다. 학업에 전혀 관심이 없어서 학교에 오는 것 자체가 고역인 학생들이 학교에 적응할 수 있도록 돕는 프로그램이었습니다. 점심시간이 되면 미인정 외출을 하면서 사고를 치거나 집에 가버리는 패턴이 반복되는 학생들이 생겨서 상담 교사가 직접 아이들을 모집했습니다. 행복교실은 어려운 공부를 하는 교실이 아니라, 말 그대로 그저 행복하게 교실에 있을 수 있도록 학생들이 좋아하는 활동을 하는 프로그램입니다. 물론 모든 수업을 안 할 수는 없으므로 1~4교시에는 정상 수업을 합니다. 보통 학업에 전혀 관심이 없어서 학교생활에 겉도는 학생들도 오전 수업까지는 그럭저럭 견딥니다. 이 학생들은 인내심이 바닥나는 5교시부터는 본인 학급이 아니라 행복교실로 이동하여 다양한 활동을 합니다.

행복교실에서는 학생들이 좋아하면서도 교육적 효과가 있는 영화를 시청하고, 요리 수업도 합니다. 정서적 안정감을 주기 위해 화분에 꽃을 심고 이름을 만들어 붙이는 활동도 하고, 향기로운 커피를 내리는 과정도 배웁니다. 외부 강사를 초빙하여 다채로운 프로그램을 운영했는데 반응이 아주 좋았습니다. 어찌 보면 인문계 고등학교에는 어울리지 않는 활동일 수 있지만, 학교생활에 적응하지 못하는 학생들도 행복교실을 통해 즐겁게 학교를 다닐 수 있었습니다. 교실에서 맨날 엎드려 잠만 자던 C 학생은 화분을 들고 교무실에 내려와 꽃보다 더 예쁜 얼굴로 담임교사에게 화분을 교실에 놓아도 되는지 여쭤봤습니다. 교무실에 있던 많은 선생님도 C 학생을 보고는 "이렇게 밝은 모습을 처음 봤다", "네가 이렇게 웃을 줄 아는 아이였구나"라며 놀라워했습니다.

아쉽게도 대안학교나 위탁학교가 아닌 인문계 고등학교의 경우 행복교실 같은 프로그램이 상시 운영되는 것은 아닙니다. 일반적으로 학생들이 학교에 적응하고 긴장감이 떨어지는 학기 말에 한시적으로 열리는 프로그램입니다. 혹은 학업을 중단할 수밖에 없는 위기 학생이 생겼을 때 이런 프로그램을 운영하기도 합니다. 시기는 학교마다 차이가 있지만, 위기 학생들이 학교 밖으로 벗어나지 않도록 신경 쓰고 관리하는 일은 모든 학교의 공통적인 역할입니다.

Wee 클래스 프로그램으로 소통의 폭을 넓히자

물론 학생들이 위기 상황에만 Wee 클래스를

찾는 것은 아닙니다. 이전에 근무한 학교에서는 '애플데이Apple Day'라는 프로그램을 운영하여 사과 편지를 쓰는 날이 있었습니다. 사과하는 날을 공식적으로 정하자, 교우 관계가 어려웠던 학생들이 그날 서로 화해의 메시지를 보내며 제도가 잘 정착되었습니다. 편지를 정성껏 써서 상담실에서 제공하는 사과 주스를 들고 친구들에게 찾아가는 학생들의 모습이 참 예뻤습니다. 큰 문제가 있어서 상담실을 찾아가는 것보다 이런저런 행사에 참여하면서 서로 갈등을 풀어가는 모습이 인상적이었습니다.

보통 학교폭력에 관련된 학생이나 자살 위험군으로 분류된 학생 등은 스스로 상담실을 찾아가는 것이 어려워서 담임교사가 대신 상담 의뢰를 합니다. 교과 선생님들도 학습에 너무 무기력한 학생이 있으면 종종 상담할 것을 추천합니다. 하지만 교사가 판단하기에 아무리 상담이 필요해 보이더라도 학생이 상담을 거부하면 억지로 참여시킬 수는 없습니다. 따라서 자녀들에게 털어놓기 힘든 고민이 있다면 상담실을 활용해보라고 평소에 학부모가 미리 조언해주는 것도 좋은 방법입니다. 막상 문제가 닥쳤을 때 학생 입장에서는 눈앞의 문제밖에 보이지 않고, 상담실에 찾아갈 용기나 힘이 없을 수 있습니다. 이런 상황에서는 상담 기관에 도움을 요청하라는 정보만 있어도 학생들은 용기를 잃지 않고 살길을 찾아 나옵니다.

한편 상담사가 꿈인 학생들의 경우, 학교 상담실을 통해 미리 진로를 탐색해볼 수 있습니다. 보통 상담교사는 '또래 상담 동아리' 같은 상담 동아리를 맡아 운영합니다. 또래 상담 동아리에서 학생들은 또래의 문제에 깊이 공감하고 대안을 제시해주는 역할에 보람을 느껴 관련 진로로 대학에 진학하는 학생들도 있습니다.

학부모 중에는 자신의 학창 시절을 떠올리며, 자녀가 학교 상담실에 다녀왔다고 하면 우리 아이에게 큰 문제가 있다고 생각해 놀라는 분들이 많습니다. 학생이 상담을 받는 것은 놀랄 일이 아닙니다. 오히려 문제를 끌어안고 누구의 도움도 받지 않는 학생이 더 위험합니다. 예를 들어 정서-행동검사 결과가 고위험군으로 파악되었는데도, 상담실에 가지 않고 버티는 학생들은 언제 폭발할지 모르는 시한폭탄 같아 불안합니다. 상담교사, 담임교사, 학부모 모두가 아이의 고민과 문제에 대해 끌어안고 머리를 맞댈 때 해결책이 나옵니다. 위기 학생도 꾸준한 관심과 사랑을 통해 변화되는 사례가 많습니다. 따라서 학생이 심리적으로 어려움을 겪고 있다면, 학교 상담실 Wee 클래스를 지나치지 않고 도움 받을 수 있도록 조언해주시기 바랍니다.

학생부종합전형의 핵심!

주도적인
학교생활로
생기부 채우기

16

학교생활기록부는 어떻게 기록되나요?

쌤이 들려주는 학교생활기록부,
이것만은 알아두자

기존 학교생활기록부는 다음에 제시한 '2022 대입 개편방안에 따른 생활기록부 내용' 표의 항목처럼 크게 10개의 항목으로 구성되어 있었습니다. 그러나 표의 세부 내용과 같이 변경되는 사항이 많아 학생과 학부모는 꼭 확인해둘 필요가 있습니다. 특히 2024년 입시부터는(2021년 기준 고등학교 1학년) '2022 대입 개편방안과 2024 개편방안 비교' 표(128쪽 참고)와 같이 또 한 번 변경이 시행됩니다. 2021년 기준 고등학교 1학년이 맞이하게 되는 변화에 대해서는 이어지는 절에서 자세히 다루도록 하고, 생활기록부 항목 중 의미 있는 부분에 대해 간략하게 안내하겠습니다.

✦ 2022 대입 개편방안에 따른 생활기록부 내용

항목			2021년 졸업생('21)	2021년 고3('22년)~고2('23년)	2021년 고1('24년)
1. 인적사항			기존과 같음	① 인적·학적사항으로 통합 ② 인적사항 중 부모 정보란 삭제 ③ 특기사항에는 학적 변동사항만 기재	
2. 학적사항			기존과 같음		
3. 출결상황			2019년부터 고1·2·3 모두 용어 변경: 무단 → 미인정		
4. 수상경력			기존과 같음(학교생활기록부에 있는 수상경력 그대로 모두 대학에 제공)	1학기 한 개만 대학에 제공	대입 미반영
5. 자격증 및 인증 취득상황			기존과 같음	기록은 현행과 같음(단, 대입 미반영)	
6. 진로희망사항			기존과 같음(진로희망사항, 희망 사유)	항목 삭제. 단, 학년별 진로희망사항은 창의적 체험활동의 진로활동으로 이동(대입 미반영. 단, 진로 특기사항은 반영)	
7. 창의적 체험활동 상황	자율활동	특기사항	① 소논문 기재 가능 (연구 주제, 참여 인원, 소요 시간) ② 2019년부터 모든 특기사항 글자 수 감소 ·자율활동: 1,000 → 500 ·동아리활동: 500 → 500 ·봉사활동: 500 → 500 ·진로활동: 1,000 → 700	① 자율 동아리 학년당 한 개(동아리명+설명=30자) ② 봉사활동 특기사항 삭제 ③ 특기사항 글자 수 ·자율활동: 1,000 → 500 ·동아리활동: 500 → 500 ·봉사활동: 500 → 미기재 ·진로활동: 1,000 → 700	① 자율 동아리 대입 미반영 ② 개인 봉사활동 실적 대입 미반영(학교계획 봉사활동 실적은 반영) ③ 봉사활동 특기사항 삭제 ④ 특기사항 글자 수 ·자율활동: 1,000 → 500 ·동아리활동: 500 → 500 ·봉사활동: 500 → 미기재 ·진로활동: 1,000 → 700
	동아리 활동	정규 동아리 특기사항			
		자율 동아리			
	봉사활동	특기사항			
		실적			
	진로활동	특기사항			
8. 교과학습 발달상황		성적	① 기초 교과(군), 탐구 교과(군) 과목은 모든 학생에 대해 교과세특 입력 ② 개인 세특 입력 사항 한정	① 진로선택 과목 부분 신설 ② 방과 후 학교 미기재 ③ 모든 교과 모든 학생에 대해 교과세특 입력	① 영재, 발명교육 관련 내용은 대입 미반영 ② 방과 후 학교 미기재 ③ 모든 교과 모든 학생에 대해 교과세특 입력
		교과 세부 능력 및 특기 사항			
9. 독서활동상황			기존과 같음(도서의 제목과 저자만 기재)	대입 미반영	
10. 행동특성 및 종합의견			① 2019년부터 고1·2·3 모두 글자 수 감소(1,000 → 500) ② 학교 봉사활동 학생의 특기사항 필요 시 기재 가능		

✦ 2022 대입 개편방안과 2024 대입 개편방안 비교

구분	기재 예시	2022 개편 (2021년 고2~3)	2024 개편 (2021년 고1)
자율활동 (500자)	• 학생 자치활동, 학교 행사, 전문가 특강	○	○
동아리활동 (500자)	• (정규 동아리) 독서, 방송반, 동영상 제작	○	○
	• (자율 동아리) 시사탐구, 영어회화, 신문 제작	○	미반영
	• (청소년단체) 청소년발명영재단, 우주청소년단	○	미기재
봉사활동	• (학교) 환경정화, 공원 청소, 급식도우미	○	○
	• (개인) 도서관 서가 정리, 요양원 봉사	○	미반영
진로활동 (700자)	• 진로상담, 멘토링, 직업탐색 활동	○	○
수상경력	• 과학탐구대회(실험 부문, 공동수상, 3인)	○	미반영
독서활동	• 《국어 교육을 위한 국어 문법론》(이관규)	○	미반영

한눈에 정리하는
생활기록부 기재 변경 사항

인적사항 및 학적사항 알아보기

이 두 항목이 하나의 항목으로 통합되고, 인적사항 중 '부모 정보'란이 삭제되었습니다. '학생 정보'란에는 성명, 성별, 주민등록번호와 입학 당시의 주소를 입력하되, 재학 중 주소가 변경된 경우 변경된 주소를 추가 입력합니다. 어떤 초등학교와 중학교를 나왔는지도 이 부분을 통해 알 수 있으며, 검정고시 합격자도 '졸업학력 검정고시 합격'이라고 안내하여 알 수 있습니다. 전학 시 전출·입 시기도 이 항목에서 드러납니다.

또한 학교폭력과 관련된 사항도 〈학교폭력 예방 및 대책에 관한 법률〉 제17조에 따라 가해 학생에 대한 조치 사항을 입력합니다. 이때 경미한

학교폭력 사안의 경우(제1호 서면사과, 제2호 접촉금지, 제3호 학교봉사)는 입력을 유보하는 것으로 개정되었습니다. 지금까지는 학교폭력 피해 학생이 조금이라도 쌍방 잘못으로 판결이 날 여지가 있을 경우 참고 넘어가는 일이 종종 있었습니다. 예를 들어 수시로 시비를 걸고 폭력을 행사하는 급우에게 참지 못하고 같이 욕한 경우나, 지속적인 피해 사실이 있지만 쌍방 과실로 판정이 나서 생활기록부에 불이익이 있을까 우려되어 학교폭력 신고를 하지 못한 것입니다. 이런 점에서 경미한 학교폭력 사안을 생활기록부에 반영하지 않는 것은 긍정적인 변화라고 생각합니다.

출결상황 알아보기

이 항목에는 '수업일수, 결석일수, 지각, 조퇴, 결과, 특기사항 등'을 기재합니다. 학생은 수업일수의 3분의 2 이상을 출석해야 진급할 수 있습니다.

창의적 체험활동 상황 알아보기

이 항목에는 '자율활동, 동아리활동, 진로활동, 봉사활동'을 기재합니다. 자율활동은 학교 교육계획(정규 교육과정 포함)에 의해 학교에서 주관하여 실시한 활동을 기록합니다. 가정폭력 예방교육, 성폭력 예방교육, 흡연 예방교육 등 학급 구성원 모두가 참여한 천편일률적인 내용은 특기사항이 있어도 크게 도움이 안 됩니다. 자율활동의 경우 학생 본인의 장점을 잘 드러낼 수 있는 활동을 하면 좋습니다. 예를 들어 '학급 임원선거에 참여함'이라는 공통적인 문구보다는 '학급 임원선거를 할 때 선거관리위원회를 맡아 민주적인 선거 문화 정착을 위해 노력했으며, 절차에 맞게 선거를 진행하는 리더십을 보임', '부회장 후보로 출마하여 선거 공약을 자신감 있는 태도로 발표하고, 실현성 높은 공약을 제시함으로써 친구들의 호응을 얻음'과 같은 식으로 구체적인 활동 내용이 있으면 좋습니다. 모는 학부와 함께 가정폭력 예방교육을 늘었더라도 '가정폭력의 심각성을 깊게 받아들이고, 위기 가정의 아이들을 도와야 한다는 내용의 소감문을 작성하고, 가정폭력 예방 캠페인 활동을 펼침'과 같이 해당 수업을 통한 자신의 생각과 행동의 변화가 드러나도록 노력해야 합니다.

창의적 체험활동 상황에는 '자율 탐구활동'을 기재할 수 있습니다(단, 소논문 실적은 기재할 수 없음). 자율 탐구활동은 학생들이 자율적으로 주제 선정부터 보고서 작성까지 전 과정을 수행하는 일련의 활동입니다. 이 내용을 기재할 때는 '정규 교육과정 이수 내용, 사교육 개입 없음, 학교 내에서 학생 주도로 수행, 증빙자료(학교 교육계획서, 내부 결재 문서, 학생활동 산출물) 보관'의 네 가지 조건을 모두 갖추어 작성해야 합니다.

동아리활동은 2021년 기준 고등학교 1학년부터는 '창의적 체험활동 동아리'만 대입에 반영됩니다. 동아리는 학업 능력과 전공 적합성을 보여줄 수 있는 중요한 활동이므로 동아리활동 보고서나 결과 보고서 등을 적극적으로 작성해야 합니다. 2021년 기준 고등학교 2학년은 자율 동아리도 간략한 동아리명과 활동 내용이 반영되지만, 1학년은 아예 자율 동아리활동이 반영되지 않습니다.

진로활동은 학생들이 진로를 결정하게 된 과정을 서술하기 위해 꿈 발표, 진로적성 검사 등 진로를 관찰할 수 있는 활동을 하게 됩니다. 이때 진로 포부를 밝히면서 적극적으로 활동 수업에 참여해야 합니다.

봉사활동은 '학교 교육계획'에 의해 실시한 봉사활동과 '학생 개인계획'

에 의해 실시한 봉사활동의 구체적인 실적을 입력합니다. 그러나 2021 년 기준 고등학교 1학년부터는 학생 개인계획에 의해 실시한 외부 봉사활동은 인정하지 않습니다.

교과학습 발달상황 알아보기

이 항목에는 학생의 과목별 성적과 교과세특을 기록합니다. 즉 다음 예시 표와 같이 성적이 기록됩니다. 학년, 학기, 교과, 과목, 단위 수, 원점수/과목 평균, 성취도(수강자 수), 석차 등급이 표기됩니다. 성적이 평균적인 학생은 4~5등급을 가장 많이 받습니다. 성취도는 변동비율로 계산하는 경우가 많으므로 대입에는 큰 의미가 없습니다. '등급'을 더 중요하게 보셔야 합니다.

✦ '보통 교과' 과목별 성적일람표(예시)

평가 방법		지필평가		수행평가				합계	원점수	성취도	석차등급	석차(동석차 수)/수강자 수
반/번호, 성명	명칭, 영역(반영비율)	1회(30%)	2회(30%)	○○○(10%)	◇◇◇(10%)	□□□(10%)	△△△(10%)					
1/1	김길동	28.50	29.40	8.80	9.60	8.80	10.00	95.10	95	A	1	4(15)/532
1/2	나민주	25.50	19.20	6.00	8.00	7.00	5.00	70.70	71	C	5	273(532)
1/3												
수강자 최고점		30.00	30.00	10.00	10.00	10.00	10.00	100.00				
수강자 최저점		9.95	10.00	5.00	6.00	7.00	5.00	42.95				
수강자 평균		23.42	25.74	8.40	8.16	8.76	7.59	82.07				
강의실 평균		21.24	24.43	8.50	7.52	8.91	7.35	77.95				
과목 평균									82.1			
과목 표준편차									10.1			

독서활동상황 알아보기

2021년 기준 고등학교 1학년부터는 독서활동상황을 대입에 반영하지 않습니다. 따라서 교과세특이나 면접에서 학생 본인의 독서 역량을 보여줘야 합니다. 이후 면접을 위해서라도 독서 후에 간략한 내용을 정리해서 포트폴리오로 정리하면 도움이 될 것입니다.

행동특성 및 종합의견 알아보기

학생의 행동발달 상황을 포함한 각 항목에 기록된 자료를 종합하여, 학생을 총체적으로 이해할 수 있도록 학급 담임교사가 문장으로 입력하여 학생에 대한 일종의 추천서 또는 지도 자료가 되도록 작성합니다. 입시에서 교사 추천서가 사라진 만큼 앞으로는 이 항목이 추천서의 역할을 하게 될 것입니다. 따라서 표면적으로 최대 글자 수는 줄었지만 오히려 중요성은 확대된 영역이라고 볼 수 있습니다. 한편 행동특성 및 종합의견란에는 〈학교폭력 예방 및 대책에 관한 법률〉 제17조 제1항 제7호에 따른 조치사항도 입력합니다. 예를 들면 '학교폭력 예방 및 대책에 관한 법률 제17조 제1항 제7호에 따른 학급 교체 조치를 받음(2020.9.25.)'과 같은 식으로 기록됩니다. 학교폭력 관련 조치사항을 받은 학생이 이후 긍정적으로 변화된 모습을 보일 경우 변화된 내용 등을 구체적으로 입력할 수 있습니다. 따라서 학교폭력으로 처벌받았다고 하더라도 생활기록부를 포기하지 않고 잘 관리해야 합니다. 해당 학생은 반성하고 뉘우치며 긍정적으로 변화된 자신의 모습이 행동발달 사항에 기재되도록 노력하면 됩니다.

학생들 대부분은 학교폭력과 상관없으므로 다음에 이어질 'case story'에 제시한 사례와 같은 '행동특성 및 종합의견'을 받을 수 있습니다. 예시된 내용을 하나하나 살펴보면, 교사 추천서가 없어졌지만 행동특성 및 종합의견이 어떻게 교사 추천서의 기능을 대체할 수 있는지 이해할 수 있을 것입니다.

교사 추천서 역할을 하는
'행동특성 및 종합의견'

| 인성 및 리더십이 강조된 사례

전교 부회장으로 활동하며 학생회에서 특유의 친화력과 경청하는 자세로 학생 상·벌점 제도, 생활복 규정에 관한 개선안을 도출하는 데 중요한 역할을 담당함. 특히 개선안을 만드는 과정에서 교사와 학생의 의견 차이로 인해 날카로운 의견 대립이 발생했을 때 학생과 교사를 대상으로 관련 설문지를 돌려 문제를 객관적으로 접근하고, 다수의 의견 속에서 합리적 대안을 찾아가는 자세를 보여줌. 이 과정에서 전체 학생들에게 두터운 신임을 얻음.

| 학업 성취도가 강조된 사례

모든 과목에서 과제 수행 능력이 뛰어나고, 늘 성실하게 공부하는 모습을 보여 다른 학생들에게도 모범이 됨. 특히 언어적 감각이 탁월해 국어와 영어 과목에서 뛰어난 성과를 거둠. 그뿐만 아니라 수학과 생명과학 과목에서도 뛰어난 성과를 보이는 융합형 인재임. 수준급의 외국어 능력을 발휘하여 원어민 선생님과 영어로 자주 대화하고, 자신의 외국어 실력을 발휘하여 번역 봉사 동아리활동을 통해 나누는 일에도 적극적으로 임함. 특히 생명과학 모둠 발표에서 '뇌과학의 최신 연구 동향'에 관한 다수의 외국 문헌을 직접 번역하여 발표의 수준을 높임으로써 모둠 전체가 좋은 평가를 받는 데 일조함. 모둠 과제를 수행하는 모습을 볼 때 내면의 동기를 중시하며 자신의 관심 분야에 몰두하는 성실함을 엿볼 수 있었고, 자신의 시간과 재능을 공동의 과제를 수행하는 과정에서 기꺼이 쏟아내는 남다른 면모를 갖추고 있다는 것을 알 수 있었음.

| 대인관계가 강조된 사례

심리검사(2016.3.17.) 결과에서 대인관계 능력과 의사소통 능력이 뛰어나며, 자신에 대한 자아 존중감과 행복지수가 높은 학생이라는 평가를 받았음. 평소 학급에서 조용하게 지내는 친구들에게도 먼저 다가가 말을 걸고, 소극적인 친구들까지도 교내 체육대회에 함께 참여할 수 있도록 적극 추천하며 함께 즐겁게 활동하는 모습을 보임.

| 창의성과 잠재력이 강조된 사례

진로적성검사(2016.3.30.) 결과에서 공간지각 능력이 뛰어나다는 평가를 받음. 이를 발휘할 수 있는 분야로의 진로탐색 활동을 꾸준히 진행함. '○○ 동아리' 활동에서 학교 공간을 독특한 시선에서 드로잉한 작품들을 미술 선생님의 도움을 받아 달력으로 제작하여 배부하는 활동을 펼침. 사물이나 주변 경관을 다른 관점으로 분석하고 이를 표현하는 활동에 재능이 있고, 특히 정보를 시각화하는 능력이 뛰어남. 자신의 진로활동에서 특정 직업을 염두에 두고 맞추어 가는 것이 아니라, 자신의 관심과 흥미, 재능을 다양한 활동을 통해 깊이 있게 탐색하는 힘이 돋보이며, 그 과정에서 자연스럽게 건축과 디자인 분야로의 진출을 향한 진정성 있는 노력이 엿보임.

| 학업 의지가 강조된 사례

학기 초에 수학 과목에 대한 성취도가 낮은 부분을 극복하기 위해 수학 중에서도 특별히 취약한 미적분학 영역에 도움이 되는 강의를 찾아 듣고, 자신만의 공부법을 터득해 나감. 학습 플래너를 꼼꼼하게 작성하고 1년 동안 한 번도 자습에 빠지지 않고 지속적으로 노력함. 학업에 대한 목표 의식이 분명하고, 철저한 자기 관리 능력을 갖추고 있음. 특히 그동안 자신이 시행착오를 겪으며 터득한 공부법을 기회가 될 때마다 이를 요청하는 친구들에게 공유하는 모습이 남다름.

| 교우 관계가 강조된 사례

수업시간이나 학급 활동 시간에 친구들의 작은 행동이나 농담에도 호응해주고 항상 환하게 웃는 모습을 보이는 학생임. 누구에게나 먼저 인사하고, 시험 기간이나 평가를 받는 긴장되는 시간조차도 여유를 잃지 않고 주변을 편안하게 만드는 성품을 소유하고 있어 학기 초보다 시간이 갈수록 학급에서 믿고 따르는 학생이 늘어나는 학생임. 운동에 소질이 없는 자신의 약점을 극복하기 위해 방과 후 학교 프로그램으로 치어리딩을 선택하고, 체육행사에서 반 대항 치어리딩 경연 준비 과정에서 학급 전체 안무를 설계하는 데 주도적인 역할을 담당함. 특히 체육대회 전날 마지막 연습 시간에 유쾌한 이야기와 함께 세세하게 동작 하나하나를 시범을 보이면서 다소 지친 학생들이 즐겁게 연습을 마무리할 수 있도록 이끎. 당일 큰 호응을 얻어 학기 초에 다소 개인적인 성향의 학급 분위기를 화목하게 변화시키는 데 크게 일조함.

❘ 인성 및 나눔의 태도가 강조된 사례

평소 다름에 대한 편견이 가져오는 우리 사회의 차별에 특별한 관심을 갖고 다문화 학생을 위한 학습 지원 활동에 적극적으로 참여함. 자신에게 쉽게 여겨지는 문제라도 다문화 학생의 입장에서 알기 쉽게 차근차근 설명할 줄 알고, 학습적인 면을 도와주는 것 이외에도 학생이 일상에서 겪는 소소한 문제들도 함께 들어주고 공감하는 태도를 보임. 활동 이후에 자신이 예상했던 것 이상으로 다문화 학생이 겪는 다양한 문제들을 알게 되었다는 점과 이 문제를 해결하기 위해 우리 사회에 우선적으로 필요한 부분들이 무엇인지를 짚어본 소감문을 작성하여 제출함. 나눔과 배려가 몸에 배어 있는 학생으로 교내 봉사 동아리 회원들과 함께 학교 축제 기간에는 먹거리 장터를 운영하여 얻은 수익금을 불우이웃돕기에 기증하기도 함.

❘ 진로 적합성이 강조된 사례

진로탐색 활동 주간(2017.5.15.~2017.5.19.)에 항공 관련 진로탐색 보고서를 작성한 것을 계기로, 1학년 때 항공기 계열을 희망하던 자신의 꿈을 항법 시스템을 연구하는 항공전자공학 분야로 좁혀 나감. 구체적으로 자신의 진로가 정해진 뒤, 물리 공부와 과제 연구 등에서 남다른 열정으로 자신의 관심 분야를 탐색하는 모습을 보임. 특별히 특별과학반 활동에서 네 명이 한 조가 되어 '안전한 착지를 위한 드론 발판 모형 개발'이라는 탐구 주제를 설정하여 1년간 실험을 진행함. 가설 설정 단계에서는 물리의 역학 분야를 팀원들과 함께 공부하고, 모형 개발 단계에서 라이노 설계 프로그램과 3D 프린터 활용 방법을 숙지하여 가설에 따른 다양한 모양의 발판 모형을 직접 제작하는 등 실험에 필요한 지식과 기능을 자발적으로 탐색하며 문제를 해결하는 모습이 매우 인상적이었음. 연구 과정에서 팀원들과 이견이 발생했을 경우 서로의 의견을 뒷받침할 수 있는 근거를 찾아보거나, '○○ 기관의 연구원'에게 직접 이메일을 보내어 전문가의 자문을 구해 해결하기도 함.

| 전공 적합성이 강조된 사례

애널리스트를 꿈꾸는 학생으로 평소 경제 신문을 읽고, 그때그때 새롭게 알게 된 개념이나 이슈들을 경제 노트에 정리하는 일을 즐겨 하고, '○○ 경제 자율 동아리'를 결성하여 동아리 회원들과 함께 '17살, 돈의 가치를 알아야 할 나이', '청소년을 위한 경제학 에세이'와 같은 경제 관련 서적을 탐독하고 주 1회 토론하는 활동을 펼침. 특히 '청소년들이 일상생활에서 경험하는 경제활동'이라는 주제로 교복값, 급식비, 청소년 요금제 등에 관한 또래 친구들의 생각을 알아보기 위해 전교생을 대상으로 설문을 돌리고, 취재한 결과를 기사로 재구성하여 디지털 형식의 경제 신문을 제작하고 배부하는 활동을 펼침. 학생들이 최소한 구독료를 지불하고도 받아보고 싶은 신문이 될 수 있도록 미술반 친구들에게 삽화를 의뢰하고, 정보 동아리 학생들에게 신문의 디자인을 의뢰하는 등 신문의 디자인과 내용의 질을 높이는 데 최선을 다함.

어떤 일을 추진할 때 탁월한 기획력과 분석력을 바탕으로 완성도 있게 추진한다는 평가를 받는 학생으로, 경제 현상을 다각도로 분석하고 예측하는 애널리스트가 갖춰야 할 자질을 엿볼 수 있음.

| 학업 성취도 및 학업 태도가 강조된 사례

책 읽기를 두려워하는 친구들을 위해 도서관 프로그램을 기획하여 매월 한 권의 책을 친구에게 추천하고, 읽은 책을 월 1회 책 모임을 통해 나누는 활동을 주도적으로 진행함. 《리버 보이》, 《변신》, 《나미야 잡화점의 기적》, 《나의 아름다운 정원》, 《사랑 후에 오는 것들》과 같은 문학 서적부터 《털 없는 원숭이》, 《도덕적 인간은 왜 나쁜 사회를 만드는가》와 같은 흥미로운 사회과학, 자연과학 책들을 섭렵하며 친구들과 책 읽는 즐거움을 나누고, 1년 동안 성장한 이야기를 '월간 책'으로 출판하여 교사와 학생들 모두에게 큰 호응을 얻음. 우연한 기회에 시작한 '월간 책' 모임은 정식 동아리로 등록되어 2기 학생들을 선발하는 등 학교에 학생 주도의 자발적인 독서 문화를 정착시키는 데 일조함. 평소 방대한 독서량을 바탕으로 다양한 어휘를 구사하고 재치 있는 말로 사람들과 소통하며 학급의 수업 분위기를 활기 있게 만드는 학생이며, 작문이나 글짓기, 독서 토론 방면에도 뛰어난 재능을 발휘하기도 함.

| 성장 잠재력 및 발전 가능성이 강조된 사례

과제 연구 수업에 참가하여 '기록 매체의 보존력과 먹의 성분 특성을 비교하는 연구'를 진행함. 역사, 화학, 공학 분야의 지식과 깊이 연관된 융합 주제 연구에서 화학과 공학 분야에 관심이 많은 학생으로, 연구의 시작 단계에서는 역사서를 꼼꼼하게 탐독하는 일에 흥미를 보이지 않고 자신의 역할을 충실하게 담당하지 못하는 등 팀원들과 갈등을 빚기도 함. 하지만 먹의 화학성분과 보존력 실험 단계에서는 자신의 관심과 재능을 십분 발휘하여 실험 설계, 실험 기구 구입과 분석 기계 매뉴얼 탐독에 이르기까지 주도적으로 처리하는 모습을 보임. 원하는 실험 결과가 나오지 않을 경우, 대학 수준의 전문 서적을 탐독하고 관련 문헌을 적극적으로 찾아보는 노력을 기울여 세 달에 걸쳐 완성할 수 있는 실험을 한 달 안에 해결하는 능력을 보여줌. 갈등과 화해를 반복하는 협업 연구 과정에서 자신의 장점과 약점을 발견함. 그 과정에서 새로운 지식을 연결하는 사고실험의 중요성을 깨닫고, 이후 다양한 분야의 책 읽기를 시도하는 모습을 보임.

–출처: 세종특별자치시교육청 교육정책국 교육과정과, '학생부 기재사례 분석·보완집', 2017[*]

* 발췌 후 2021 생기부 기재요령에 맞게 일부 정정함.

17

크게 바뀐 학교생활기록부 사항은 무엇이 있을까요?

학교생활기록부,
2021년 고1부터 확 바뀐다!

2021년 기준 고등학교 1학년부터는 생활기록부에 매우 큰 변화가 있습니다. 학생부종합전형(이하 '학종'으로 칭함) 공정성 강화 방안으로 생활기록부의 '비교과' 영역 중 일부가 폐지된다는 것입니다.

학교 교육과정은 정규 교육과정(교과 90%, 비교과 10%)과 학생의 자발적인 교육활동(자율활동, 동아리활동 봉사활동, 진로활동 등 비교과 활동 포함)으로 구성됩니다. 그동안 자율 동아리활동, 개인 봉사활동, 독서활동 등 교사가 직접 관찰할 수 없는 부분을 기록하여 대입에 활용하는 것에 대한 공정성 논란이 있었습니다. 이에 교육부는 '대입제도 공정성 강화방안'을 발표하여 2024학년도 대입부터(2021년 기준 고1부터) 정규 교육과정 외 비교과 영역을 대입에 반영하지 않기로 했습니다. 그러나 비교과 영역 전체가 사라졌다든지, 이제 비교과 영역은 아무런 의미가 없다는 식으로 과장해서 받아들이면 안 됩니다. 비교과 영역 중에서 사라진 부분이 많다는 것은, 더욱 집중하고 강조해야 할 부분이 명확해졌다고도 이해할 수 있습니다.

✦ 학생부종합전형 공정성 강화 방안의 주요 내용 ★

- 정규 교육과정 외 활동은 대입 반영 폐지: 생활기록부 개편
- 2020년 고등학교 2학년(2022년)·고등학교 1학년(2023년): 생활기록부 기재 항목 축소(2018년 4월 발표)
- 2020년 중학교 3학년(2024년): 정규 교육과정 외 활동 대입 미반영 (2019년 11월 발표)
- 자기소개서 단계적 폐지
- 2020년 고등학교 1학년(2023년): 문항 축소 및 글자 수 감소(2018년 4월 발표)
- 2020년 중학교 3학년(2024년): 자기소개서 폐지(2019년 11월 발표)
- 교사 추천서 폐지: 2020년 고등학교 2학년(2022년)부터 폐지(2018년 4월 발표)

수상경력·봉사활동·독서활동 기록이 가장 크게 달라진다

학생부종합전형 공정성 강화 방안이 시행되

어 학생들이 실질적으로 체감할 수 있는 가장 큰 변화는 '수상경력이 대입 자료로 활용되지 않는 것, 학교 밖 봉사활동이 반영되지 않는 것, 독서활동 기록이 사라지는 것'입니다. 그동안 학생들은 비교과 영역에 대한 스트레스가 매우 컸습니다. 부모 세대의 학창 시절에는 지필평가 기간에 특히 집중해서 공부하면 되므로 비교적 여유가 있었는데, 요즘 고등학생들은 지필평가 기간 외에도 과목별 수행평가와 각종 대회를 준비해야 합니다. 수행평가의 경우는 과목마다 치러야 해서 평가가 몰리는 시기에는 하루에 두세 과목의 평가를 치르기도 합니다. 게다가 수행평가의 비중도 높습니다. 여기에 대회 실적까지 있어야 하니 성적을 올리는 데 열정적인 학생들은 정말 쉴 틈이 없었습니다. 잠시 쉬어가야 할 방학 때는 부족한 공부를 보충하면서 독서활동도 하고 봉사활동도 해야 했습니다. 이렇게 시간을 쪼개어 노력해도 마음처럼 결과가 나오지 않아 힘들어하는 학생들이 많았습니다.

각종 평가를 준비하는 동시에, 열심히 대회 보고서까지 썼는데도 수상 인원이 적어 탈락한 학생들은 때로 스트레스를 감당하지 못하고 폭발하기도 했습니다. 최근에는 한 학생이 보고서 심사가 끝난 후, 본인이 탈락한 것을 받아들일 수 없다면서 이유를 알려달라고 교무실로 찾아와 엉엉 우는 일도 있었습니다. 얼마나 속상하면 많은 선생님이 있는 교무실까지 찾아와 눈물을 보일까 싶어 매우 안타까웠던 기억이 납니다. 교내 대회 심사기준을 투명하게 공개해도 어떤 기준에서 우수 학생을 선발했는지에 대한 문의와 민원은 끊이지 않습니다.

다시 말해서 수상경력을 대입에 제공하지 않는다는 것은, 앞으로는 단지 스펙을 쌓기 위해 각종 대회에 참여할 필요가 없다는 뜻입니다. 하생 자신의 성장과 도전을 위해 진심으로 참여하고 싶은 대회나 진로와 직결되는 대회만 골라서 참여하면 됩니다. 교사들도 각종 대회를 치르느라 소모되는 에너지를 교과 수업에 집중할 수 있어서 의미 있는 변화라고 생각합니다.

지금껏 학교 밖 봉사활동도 엄마들의 정보 싸움이라고 할 만큼 치열했습니다. 예를 들어 병원에서 일하는 지인이 있다면 엄마의 인맥으로 병원에서 봉사활동을 할 수 있고, 경찰서에 근무하는 지인이 있다면 경찰서 봉사활동을 할 수 있는 것입니다. 마찬가지로 우체국이나 요양원에 지인이 있다면 그곳에서 관련 봉사활동을 할 수 있었습니다.

또 봉사활동을 원하는 학생들에게 봉사할 기회를 주고 정확하게 봉사내용과 시간을 기재해주는 기관도 많지만, 편법으로 봉사시간을 받아오는 경우도 종종 있었습니다. 반면에 부모의 도움 없이 혼자서 방학 때 봉사할 기관을 찾던 학생이 "받아주는 기관이 한 곳도 없어요. 봉사활동을 신청할 수 있느냐고 여쭤보면 다 마감이라고 해요."라며 하소연하기도 했습니다. 또 교사로서 봉사 확인서 내용을 그대로 정확히 입력해야하는데, 학생들이 "사실은 2시간 봉사했는데 8시간으로 써주셨어요." 하는 말을 하면 참으로 곤란할 수밖에 없습니다.

이러한 공정성에 어긋나는 부분이 입시에 개입되지 않을 수 있기에, 학교 밖 봉사활동을 기록하지 않는 것을 학생뿐만 아니라 학부모들 역시 반기는 입장입니다. 무엇보다 학생들이 입시를 준비하는 과정에서 부담을 덜 수 있어서 교사로서도 긍정적으로 생각하고 있습니다.

내 생활기록부에 중요한
'비교과 활동' 알아보기

        그러나 앞에서 강조했듯이, 비교과 영역 중 일부가 폐지되는 것을 마치 비교과 영역의 중요성이 사라진 것처럼 생각하는 것은 위험합니다. 오히려 교내 봉사활동의 경우, 학교 안에서 진행할 수 있는 봉사활동(교내 실험실 정리, 행사 때 도우미로 활동, 교통 봉사, 특별구역 청소 등)은 학생들 간에 경쟁이 더 치열해질 것입니다. 단체로 환경 정화 활동을 하는 것은 플러스 요인이 될 수 없지만, 개별적인 관심사가 드러나는 봉사활동의 경우 학종에 유리하게 작용할 수 있습니다. 예를 들어 과학 전공을 희망하는 학생이 과학체험전에서 실험 도우미 활동을 했다든지, 교육 전공을 희망하는 학생이 또래 멘토링 활동으로 꾸준히 친구의 학습을 도왔다든지, 상담학과를 진학할 학생이 또래 상담활동이나 자살 방지 캠페인을 했다든지 하는 식의 교내 봉사의 경우 본인을 차별화하여 드러낼 수 있는 부분입니다.

    독서활동도 교과세특에서 여전히 교과와 관련한 독서활동을 기재할 수 있습니다. '한 학기 한 권 읽기'를 교육과정에서도 강조하고 있기 때문에 독서와 관련된 내용은 기존에 저자와 도서명만 기록하던 것을 교과세특에 녹여서 더 구체적으로 기록될 것입니다. 특히 면접의 경우 학생의 독서 역량에 대해 질문할 수 있기에 의미 있는 독서활동을 지속해야 합니다. 앞으로는 보여주기식의 독서가 아니라 학생 자신의 관심사와 진로에 대한 깊이 있는 독서를 병행하고, 포트폴리오도 준비해두어야 면접까지 대비할 수 있습니다

그렇지만 수상은 이제 대입에서 반영하지 않기 때문에, 자신의 진로와 직결되고 좋은 결과를 낼 수 있는 대회에만 선택적으로 참가하는 것이 내신 성적 관리에 유리할 것입니다. 즉 비교과 영역이 전부 사라지는 것이 아니라 영향력이 축소된다고 생각하면 됩니다.

비교과 축소되고 '교과세특' 영향력은 커진다

이와 같이 일부 영역의 영향력이 축소되지만 학종은 존재합니다. 교과 성적 위주로 학생을 뽑는 교과전형과 달리, 비교과 영역 가운데 볼 것은 보겠다는 뜻입니다. 그럼 축소되는 비교과 영역과 달리 살아남아 더욱 중요성이 커진 영역은 무엇일까요? 바로 '교과세특'입니다.

지금까지도 학종에서 성적 외에 가장 의미 있고 중요한 영역은 교실 수업에서 학생이 어떤 활동을 했는지를 관찰하고 기록한 교과세특이었습니다. 앞으로는 더욱더 교과세특이 성적과 함께 중요한 요소로 강조될 것입니다. 교과세특을 어떻게 관리해야 할지에 대해서는 다음 절에서 자세히 안내하겠습니다.

다음은 2024학년도 이후 변화될 생활기록부 대입 반영 방안을 도표로 요약한 것입니다. 세부적인 사항까지는 아니더라도 핵심적인 사항은 알아두어 자녀의 알찬 생활기록부 작성을 위해 조언해주면 좋겠습니다.

✦ 2024학년도 이후 생활기록부 대입 반영 방안(2021년 기준 고등학교 1학년 대상)

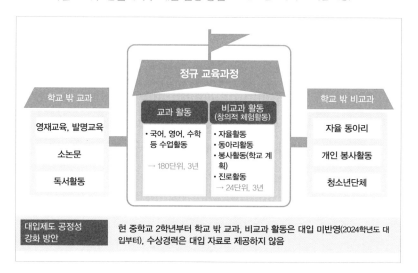

학교 밖 교과	정규 교육과정		학교 밖 비교과
	교과 활동	비교과 활동(창의적 체험활동)	
영재교육, 발명교육	• 국어, 영어, 수학 등 수업활동 → 180단위, 3년	• 자율활동 • 동아리활동 • 봉사활동(학교 계획) • 진로활동 → 24단위, 3년	자율 동아리
소논문			개인 봉사활동
독서활동			청소년단체

대입제도 공정성 강화 방안	현 중학교 2학년부터 학교 밖 교과, 비교과 활동은 대입 미반영(2024학년도 대입부터), 수상경력은 대입 자료로 제공하지 않음

✦ 18 ✦

교과 세부능력 및 특기사항을 잘 받으려면 어떻게 해야 할까요?

합격률 높이는 생활기록부, 교과세특 관리에 답 있다

중학교 과정부터 교사로서 해야 할 중요한 역할 가운데 하나가 바로 교과세특을 작성하는 일입니다. 중학교 교과세특은 입시에 큰 영향을 주지 않기 때문에 중요성이 덜하고 자세히 보는 학부모가 드뭅니다. 그러나 고등학교 교과세특은 입시 활용도가 높기 때문에 성적과 함께 부모님의 관심이 집중되는 부분입니다.

교과세특 정보만으로도
어느 정도 객관적인 평가가 가능하다

　　　　　　　　아직 자녀가 고등학교에 진학하지 않았거나, 혹은 진학했더라도 학교생활기록부(이하 '생기부'로 칭함)를 보지 못한 1학년 학부모님은 "교과세특이 중요하다는데 어떻게 작성되는 거예요?" 하고 궁금해하십니다. 실제로 교사가 작성한 교과세특을 같은 해에는 열람할 수 없는 것이 원칙입니다. 만약 학생이나 학부모가 교과세특을 열람할 수 있게 된다면, 교사들에게 특정 내용을 넣어달라고 요구할 수도 있고, 교사의 수업과 평가권이 흔들릴 수 있기 때문입니다. 혹시라도 평가가 기대에 미치지 못할 경우 학생과의 불편한 관계나 민원 등을 예방하고 공정한 평가가 이루어지도록 하기 위함입니다.

　첫 아이를 학교에 보내면 부모도 모든 것이 처음이라 시행착오를 많이 거칩니다. 첫째를 키우며 교과세특에 대해 알았다고 하더라도 부모가 비교해볼 수 있는 생기부는 큰아이의 생기부 하나뿐입니다. 그러나 교사들은 매해 최소한 50개의 생기부를 꼼꼼하게 살펴봅니다. 본인 학급과 교차 검토하는 학급의 생기부를 한 자 한 자 찬찬히 봅니다. 그뿐만 아니라 직접 교과세특을 작성하는 생기부는 매해 200개가 넘습니다. 수많은 생기부를 비교해서 보니, 이제는 생기부만 보고도 해당 학생이 훌륭한 학생이라든지, 합격할 학생이라든지 등에 대해 알 수 있겠다는 생각이 듭니다. 사람들은 비교과 영역이 대폭 축소된다는데 어떻게 성적과 교과세특만 가지고 학생을 종합적으로 평가할 수 있느냐고 묻습니다. 하지만 저는 성적과 교과세특만으로도 충분히 객관적인 평가가 가능하다고 생각합니다. 지금까지 수시에서도 입학사정관은 무조건 성적 등급이 높은 학생이 아니라, 수업시간에 성실하게 참여하는 학생들을 잘 선발해왔습니다. 고등학교 담임교사들은 "어쩌면 이렇게 수업시간에 성실한 아이들을 대학에서 알아보고 쏙쏙 뽑아가지?"라고 말할 정도로 교과세특이 주는 정보는 많습니다.

부모 세대의 학창 시절에는 행동발달 사항에 '온순하고 성실하며 교우 관계가 원만하고' 등과 같이 누구의 생활기록부에 적혀 있어도 어색하지 않고 무던한 말들로 작성된 것이 개인 관찰의 대부분이었습니다. 그러나 요즘의 교과세특은 학생의 수업 태도, 수업을 통해 배움이 일어난 부분, 배움을 통해 성장한 점, 지식의 확장(보통 독서활동이 이 부분에 해당), 모둠활동을 할 때 친구들과의 협력 태도 등 많은 정보를 제공합니다.

'셀프 생기부' 금지! 생기부 관리 더욱 깐깐해지다

교과세특 기록은 교과목 담당 교사의 고유 권한입니다. 따라서 학생이 진로에 맞게 써달라고 요구하거나, 학원에서 작성한 내용을 그대로 적어달라고 해도 인정되지 않습니다. 간혹 1학년 학생 중에 학원의 컨설팅을 듣고 본인의 교과세특 내용을 빽빽하게 작성해오는 학생이 있습니다. 아마 학원의 컨설팅 기록을 반영해도 된다고 오해한 것으로 생각되지만, 어떤 이유든 교과세특을 학생이 희망하는 대로 적어달라고 요구하는 것은 교사에게 좋은 인상을 주기 어렵습니다. 절대로 '셀프 생기부'를 기대하고 본인이 원하는 내용을 가져와서 그대로 적어달라고 요구하는 행동을 해서는 안 됩니다.

교사의 직무 가운데 가장 중요한 역할 권한은 수업과 평가입니다. 수업은 교사가 학습자의 수준과 성격을 파악하여 교육과정을 재구성해 수업할 수 있는 권한입니다. 사교육에서 침범할 수 없는 영역이기도 합니다. 예를 들어 교사의 판단에 따라 2단원보다 4단원의 진도를 먼저 나갈 수도 있고, 수업에서 활용할 지문을 바꿀 수도 있습니다. 배워야 할 내용을 교육과정의 틀 안에서 얼마든지 재구성할 수 있듯이 평가도 마찬가지입니다. 수행평가를 몇 퍼센트의 비율로 할 것인지, 교과세특은 어떤 활동을 통해 작성하고 어떤 내용을 넣게 될 것인지는 모두 평가하는 교사의 권한입니다. 즉 학생이나 학부모님이 교과세특을 이렇게 저렇게 써달라고 요구하는 것은 월권행위이며 공정성 차원에서도 옳지 않은 일입니다. 교사의 전문성을 인정하고 평가를 맡겨야 합니다. 그 같은 일들을 겪을 때면 '여전히 공교육이 신뢰받지 못하고 있구나' 하는 생각이 듭니다.

교과세특은 학생 한 명 한 명을 주의 깊게 관찰해야만 작성할 수 있는 영역입니다. 많은 학생을 관찰하는 일이 여간 쉽지 않다 보니, 예전에 일부 교사들이 학생들에게 종이를 나눠주며 본인의 교과세특에 기재할 내용을 써오라고 한 사례가 있었습니다. 주로 학종이 도입되던 초기에 발생한 문제입니다. 지금은 이런 사례가 적발되면 교사가 엄청난 책임을 물어야 합니다. 이 같은 '셀프Self 생기부'는 현재 절대로 용인되지 않는 분위기입니다. 최근에는 교과세특 작성을 위해 학생이 준 자료를 그대로 옮겨적거나, 모두에게 동일하게 '복사-붙여넣기'를 해서 작성하는 교사들을 보지 못했습니다. 교사로서 일부 학부모님들이 입시에 관한 왜곡된 드라마나 뉴스를 보고, 전체 교사들의 행태인 양 치부하며 공교육에서 이루어지는 평가를 믿을 수 없다고 여기는 것만큼 안타까운 일은 없는 것 같습니다.

학교는 생기부를 점검하는 자체 시스템이 잘 갖추어져 있습니다. 교과목 교사가 기록한 내용은 1차로 담임교사가 검토합니다. 2차 검토는 또 다른 교사가 반을 바꾸어 검토하거나 또는 부장 교사의 검토를 거칩니다. 최종적으로는 생기부 담당 교사나 관리자의 검토까지 모두 거쳐서 평가에 문제가 없다고 판단되어야만 최종 반영되는 시스템입니다.

다만 학기 말에 교과목 교사가 수업했던 내용을 토대로 학생들에게 가장 인상적이었던 수업 내용이나 수업을 통해 깨달은 점을 조사 차원에서 학생들에게 적어보는 시간을 가지는 경우가 있습니다. 아무리 교사가 열심히 강의한다고 해도 학생들이 어떤 깨달음을 얻었는지, 그 활동을 통해 어떤 영향을 받았는지 완벽하게 알기는 어려워서 참고할 내용이 있는지 자료조사를 하는 것입니다. 즉 참고 자료일 뿐 그 내용을 그대로 기록하는 것은 아닙니다. 그런데 간혹 일부 학생들이 자신이 쓴 내용이 그대로 교과세특에 들어가는 것으로 착각하는 경우가 있습니다. 나중에 학년이 바뀌어 생기부를 조회해보고는 자신이 제출한 내용이 기록에 빠져 있다거나, 쓰지 않은 내용이 들어가 있다고 문의하는 일이 있습니다. 학부모님도 어떻게 아직도 셀프 생기부를 쓰라고 할 수 있느냐며 문의하기도 합니다. 실제로는 수업을 위한 참고 자료를 조사하는 과정에서 빚어진 오해입니다. 이런 이유로 요즘은 거의 모든 교사들이 참고 자료를 학기 말에 조사하는 일도 하지 않습니다. 평소 수업시간에 학생이 제출한 산출물로 평가를 하고 내용을 적어주는 추세입니다.

이와 같이 교과세특이 더욱 중요해진 상황에서 학생의 적극적인 수업 태도는 자체로 자신을 빛내고 생기부를 잘 관리하는 좋은 방법이 될 수 있습니다. 수업시간에 발표나 질문도 하지 않고, 어떤 반응도 보이지 않는 등 너무 눈에 띄지 않는 학생의 경우는 아무리 교사들이 면밀히 관찰한다고 해도 교과세특에 기록해줄 내용을 찾기 어렵습니다. 예전에는 이처럼 세부능력도 특기도 찾기 힘든 학생들의 교과세특란은 빈칸으로 비워두는 경우도 많았습니다. 그러나 이제는 모든 학생의 교과세특 내용을 채워 넣어야 하기 때문에 수업 과정에서 이루어졌던 내용을 적을 수밖에 없습니다.

다시 말해서 교과세특 내용만 보더라도 해당 학생이 수업에 열심히 참여한 학생인지, 그렇지 않은지를 알 수 있다는 뜻입니다. 특성 없이 수업한 내용을 옮겨다 놓은 경우와 학생의 구체적인 활동 내용을 바탕으로 기록한 교과세특은 한눈에 봐도 차이가 납니다. 다음의 '1번' 사례는 학생 특성과 상관없이 뭐라도 적어야 하기에 일반적인 수업 내용을 토대로 작성한 교과세특 내용입니다. '2번' 사례는 학생 개인의 개성과 진로가 뚜렷하게 반영되어 있는 교과세특 내용입니다. 해당 학생에 대한 정보를 알지 못한다고 해도 어떤 교과세특을 받은 학생을 대학에서 뽑고 싶을지는 학부모님이 봐도 알 수 있을 것입니다.

1. 일반적인 수업 내용 위주로 작성된 교과세특

'책 읽고 재구성하기' 수업시간에 진로와 관련된 도서를 선정하고, 책의 내용에 대해 모둠원들과 토론함. 찬성 측의 입장에서 주장에 대한 근거를 들어 토론을 펼침. 상대방의 의견에 대해 논리적인 근거를 들어 반박하고, 토론한 내용을 바탕으로 자신의 의견을 3단 구성의 형식에 맞춰 글로 작성함. 개요를 구체적으로 작성하고, 개요를 바탕으로 글을 전개해 나가는 실력이 있음. 수업시간에 학습상 성리를 꼼꼼하게 살 기록함.

2. 구체적인 활동을 바탕으로 수업 모습이 작성된 교과세특

책을 읽고 재구성하는 활동에서 '아내를 모자로 착각한 남자'(올리버 색스)를 읽고 모둠원들과 '자의식이 없는 상태에서 살인을 저지른 사람은 처벌을 받아야 할까?'라는 주제로 토의를 함. '검사 그만뒀습니다'(오원근)와 '이야기하기 위해 살다'(가르시아 마르케스)를 참고하여 근거를 수집함. 자의식이 없는 사람의 처벌에 대해서 전후 배경을 파악해야 할 필요가 있음을 주장함. 고의성과 기억의 여부를 중심으로 처벌이 정해져야 한다는 자신의 주장을 논리적으로 전개하며 완결성 있는 글을 씀. 책을 읽고 재구성하는 활동에서 '침묵의 봄'(레이첼 카슨)을 읽고 모둠원들과 '인간들의 필요에 의해 생성된 화학물질은 계속 사용되어야 할까?'라는 주제로 토의를 함. '미래를 여는 건축'(안젤라 로이스턴)과 '집 안에서 배우는 화학'(얀 베르쉬에 외)을 참고하여 근거를 수집함. 화학물질의 필요성에 대해 역설하며 화학물질의 부정적인 측면만 부각하는 관점에 대한 반론을 제기함. 인체에 영향을 미치지 않는 무해한 화학물질을 위한 연구가 필요하다는 자신의 주장을 일관성 있는 글로 작성함.

교과세특을 채울 수 있는
수행평가가 더 중요해진다

    요즘의 생기부를 본 경험이 없는 학부모님을 위해 이어지는 'case story'에 과목별로 어떻게 교과세특이 기재되는지 정리해놓았습니다. 여러 사례를 보면 거꾸로 어떤 식으로 수업에 참여해야 좋은 교과세특을 받을 수 있는지 힌트를 얻을 수 있습니다. 보통 교과목 교사들은 모든 시간을 관찰해서 교과세특을 쓴다기보다는 수업에서 이루어지는 특정 활동을 교과세특 작성을 위한 활동으로 따로 분류하고 안내합니다.

  예를 들어 '한 학기 한 권 읽기' 단원의 서평 쓰기 과제는 학생 개인의 관심사와 독서를 통해 느낀 점 등을 진로와 관련해서 써주기 좋은 활동입니다. 교사들은 이런 활동을 하기에 앞서 학생의 참여를 유도하기 위해 보통은 교과세특에 어떤 활동 내용을 기재해주겠다라고 안내합니다. 따라서 이런 활동 시간에 학생 자신의 진로와 관심사가 잘 드러나고 구체적인 결과물이 나오도록 노력을 기울인다면 좋은 결과를 얻을 수 있을 것입니다.

  토론활동 역시 교과세특을 위한 평가로 활용되는 경우가 많습니다. 토론 주제만으로도 학생들의 관심사를 보여주거나 개인의 진로를 드러낼 수 있습니다. 또한 토론할 때 학생이 어떤 측의 입장에서 어떤 발언을 했는지를 기재하면 개별화된 교과세특을 받을 수 있습니다. 토론은 태도나 리더십에 대해 기술하기에도 좋은 활동입니다. 따라서 수행평가가 아니더라도 학생들은 교사가 교과세특에 적어주겠다고 하는 활동은 시험만큼 중요하게 생각하고 최선을 다해야 합니다.

　덧붙이건대, 이렇게 설명했다고 해서 교과세특에 적어주는 활동이나 시험에 들어가는 공부만 중요하게 생각해서는 안 됩니다. 사실 평가에 가장 큰 영향을 미치는 것은 모든 수업시간에 보이는 학생의 성실한 태도입니다. 교사도 사람인지라 평소 열심히 하는 학생에게는 더 풍성하고 색다른 내용으로 교과세특을 채워주려고 노력하게 됩니다. 이것저것 따질 필요도 없이 모든 교과 수업시간에 성실하게 참여하는 학생의 교과세특이 가장 알차게 작성됩니다.

　다음의 'case story'에 정리한 '교과세특 기재 사례'를 참고하여, 어떻게 수업시간에 참여하고 활동해야 자녀가 좋은 교과세특을 받을 수 있는지 힌트를 얻을 수 있기를 바랍니다. 기타 생활기록부와 관련하여 더 많은 내용을 알고 싶다면 '학교생활기록부 종합 지원포털(https://star.moe.go.kr)'의 자료실을 참고하면 생기부를 이해하는 데 도움이 될 것입니다.

교과 세부능력 및 특기사항
기재 사례 모아 보기

| 국어 교과세특

건의문의 특성을 이해하고, '후문 옆 자투리 공간에 자전거 보관소 설치'라는 합리적인 해결방안이 담긴 건의문을 설득력 있게 작성했으며, 자전거로 통학하는 학생들의 불편을 해소하기 위해 주변 학교의 사례를 분석하는 능력을 보여줌. '학교 수업 공개의 날'의 경험을 소설로 표현하면서, 자신의 생각을 맥락에 맞게 정돈된 언어로 잘 표현함. 나아가 자신의 고민을 소설 속 인물인 '나'의 갈등으로 재구성하여 해결책을 모색하는 등 능동적인 자세로 문제를 해결하려는 태도가 돋보임. 조별 협동 과제에 적극적으로 참여하여 조별 회의 시간에 구성원의 의견을 모으고, '인터넷 매체에서 사용되는 신조어를 통제해야 한다'는 주제로 토론개요서를 작성함.

| 문학 교과세특

문학작품을 읽고 모둠원들과 활발한 토의를 통해 작가의 의도와 작품의 주

제를 찾았으며, 주제와 관련된 모둠원들의 다양한 의견을 개진함. 특히 '원고
지'(이근삼)를 배우면서 문제 상황에 대한 다양한 의견을 정리하여 온라인 카
페에 게시했으며, 이를 바탕으로 친제 급우들에게 모둠활동 결과를 발표함.
발표할 때도 다른 사람들의 질문에 차분하면서도 명확하게 대처하여 박수를
받음.

| 화법과 작문 | 교과세특

문학작품 감상 능력과 비문학 제재에 대한 독해력이 뛰어나고, 토론 수업에
서 토론 주제의 쟁점을 잘 파악하고 상대방 주장의 근거를 중심으로 토론의
흐름을 파악하면서 논리 비약이나 근거 없음을 지적하는 능력이 돋보임. 또
한 평소 책 읽기를 즐기며, 특히 경제, 수학, 과학 영역과 관련된 독서 계획
을 수립하고 실천하면서 자신의 생각을 논리적으로 정리하여 글로 써보는
등 독후활동에도 신경을 쓰고 있음. '5분 말하기' 시간에 '학교 도서관을 효
율적으로 활용하는 방법'에 대해 소개하고, 바쁜 시간 속에서도 효과적으로
도서관을 이용하는 방법을 체계적으로 설명함.

| 영어 교과세특 ①

창의적으로 생각하는 학생으로 'Accidents, Dream, and Discoveries' 단원
과 관련하여 우연한 발명품의 다양한 사례를 조사하고, 적극적으로 토론하
고 발표함. 평소 알지 못했던 사례까지 조사하여 학생들에게 관심을 받았고
수업 분위기를 한층 고조시킴. 'Beethoven'을 다루는 단원에서 그의 생애를
조사해 유창한 영어 발음으로 발표하고, 적극적으로 조별 활동에 참여하여

모둠이 협력하여 주어진 과제를 해결하는 데 많은 도움을 줌. 수업 중 활동을 통해 관심 있는 것에 적극적으로 다가가 실행해보려는 의지가 있음을 알게 됨.

| 영어 교과세특 ②

한 학기 동안 쓰기와 말하기를 중심으로 자신의 부족한 부분을 보완하면서 협동학습에 성실히 참여하고, 즐겁게 수업에 임한 결과 영어 실력이 크게 향상됨. 학기 초 언어적으로 부족한 부분이 보이기도 했으나 반복 연습을 통해 불평, 동의, 이의 표현 등 매 단원의 주요 의사소통 기능을 원활히 사용하게 됨. 십대 청소년들이 경험하는 여러 문제에 대한 읽기 활동 후 해결책을 찾는 모둠활동에서 자신의 경험을 바탕으로 적절히 해결방안을 제시했으며, '고민 해결사' 쓰기 활동에서 친구의 고민에 대하여 급우들이 공감할 수 있는 의견을 올바른 문장구조와 시제를 사용해 발표함. 발표 후 모둠 자료를 정리하는 과정에서 다른 모둠의 활동 자료도 메모해가는 치밀함이 돋보임. 성적이 좋음에도 불구하고 자만하지 않고 쉬는 시간에도 단어를 외우고, 연습장에 외운 단어를 적어보는 모습을 볼 수 있었음.

| 수학 | 교과세특 ①

수학에 대한 학습 열의가 높고 수학적 발상이 좋은 학생임. 수학 I의 각 단원별 문제에 대해 '정의 – 정리 – 활용'하는 단계를 잘 갖춘 학생으로 심화 개념에 대해서도 학습하려는 학생임. 1학기 멘토링 심화수학반 대상자로 선정되어 매주 2회씩 성실하게 참여함. 수학 I 심화 주제와 고난도 문제에 도전하며 사고력을 향상시킴. 문제를 한 가지 방법이 아닌 다양한 방법으로 풀어보려 시도하며 사고력과 문제해결력 향상에 노력함.

| 수학 | 교과세특 ②

수학을 좋아하고 수학적 사고력이 우수한 학생으로, 수업시간에 적극적으로 참여하고 토론과 질문, 발표 등에서 자신의 역량을 발휘함. 심도 있는 수학 방과 후 학교에도 적극적으로 참여했으며, 단순한 문제 풀이보다 다양한 풀이 방법을 개발하고, 주제 발표 및 토론 등의 과제를 성실히 수행했으며, 수학 교과 멘토로서의 자격을 획득했음. 이에 따라 1학년 수학 교과 멘토로서 적극적으로 활동하여 도움이 필요한 친구들에게 실질적인 도움을 주었고, 2학기에도 수학 멘토링 자원으로 활용될 예정임.

| 수학II 교과세특

수학II 내용이 어렵고 복잡한 내용이 많아도 학습할 내용을 미루지 않고 차근차근 진행해나가는 끈기가 있음. 수업 태도도 좋고 생각하려는 마음가짐이 잘되어 있어 어려운 문제를 내줘도 포기하지 않고 도전하려는 마음을 가지고 있음. 학교 수업을 중심으로 계획에 맞춰 차근차근 공부하는 자기 주도 학습 능력을 잘 갖추고 있고, 이해 능력과 추론 능력이 뛰어나 향후 발전 가능성이 기대되는 학생임.

| 사회 교과세특 ①

경제 성장을 나타내는 여러 경제 지표에 대한 이해와 관련 통계 분석 능력이 뛰어나며, 경제 안정을 위한 재정 정책과 금융 정책에 대한 사안별 적용 능력이 탁월함. 또한 예·적금, 채권, 펀드 등으로 균형 있게 자산관리 포트폴리오를 구성하고 효과적으로 발표하여 학급 구성원의 호응을 얻음. 모둠활동이나 프로젝트의 전 활동에 자신의 역할을 능동적으로 수행하여 협업 과제에 실질적인 도움을 주는 등 뛰어난 리더십을 발휘함. 모둠활동에서 다문화 가정에서 나타나는 문화 갈등의 해결방안으로 상담 프로그램 지원 및 언어 교육 등을 제시함. 모의 선거 프로젝트에서 상대 후보자의 공약을 분석적으로 평가하고 선거 홍보 포스터를 독창적으로 제작함.

| 사회 교과세특 ②

지리에 관심이 많은 학생으로, 수업시간에 적극적으로 발표하고 능동적인 태도로 수업에 임하며, 사소한 부분이라도 잘 모르는 점에 대해서는 질문하는 학생임. 지리에 관련해 많은 것을 알고 싶어 하며, 지도 자료를 보고 지역 특성, 지리적 특성 등을 분석하는 노력을 많이 함. 배경 지식이 탄탄하여 이와 관련된 학습 주제에 대한 깊이 있는 탐구가 가능함. 사회적 관심의 초점이 되거나 일상생활과 밀접히 관련된 다양한 주제들을 대하면서 자신의 생각을 정리하여 잘 표현하며 토론 등에 능동적으로 참여함.

| 과학 교과세특

밀도, 소화, 혈액 등 과학 주제 전반에 대해 호기심이 많으며, 과학적 의사소통 능력이 우수해 자신이 이해한 내용을 다른 사람들이 알아듣기 쉽게 설명함. 수업 과정에서 다른 물질 위에 뜨거나 가라앉는 성질을 이용한 생활 속

의 예로 헬륨이 든 풍선은 뜨고, 입으로 분 풍선은 가라앉는 현상을 찾아 밀도의 개념을 이용해 설명했고, 혈액의 구성과 하는 일에 대해 적혈구는 어머니, 백혈구는 아버지로 비유한 독창적인 과학 시(詩)를 작성함. 사람의 소화 과정을 주제로 한 UCC 만들기 활동에서는 종이를 잘게 찢는 과정으로 소화 과정을 비유하는 아이디어를 제시하는 등 창의력이 돋보이고, 과학적 개념을 다른 분야에 융합하는 능력이 뛰어남.

| 생명과학II 교과세특

산소호흡과 발효의 차이 및 알코올 발효와 젖산 발효 단원을 배우면서 발효의 과정에 대해 질문을 많이 함. 이후 효모의 숙성 촉진을 위한 여러 가지 요인에 대해 궁금증을 가지고 팀을 구성하여 탐구함. 효모의 숙성에 영향을 미치는 온도, 빛의 세기, 액성 등 다양한 변인에 대한 탐구를 체계적으로 실시했으며, 이해에 도움을 주고자 시청각 자료를 활용하여 효과적으로 발표함. 학생의 탐구력이 돋보임.

| 한문II 교과세특

자전(字典) 찾기를 통해 한자의 음과 뜻을 빠르고 정확하게 찾아내며, 알고 있는 한자를 조합하여 새로운 한자가 만들어진 조자(造字) 원리를 이해함. 회의자와 형성자의 차이점을 탐구하고 이해를 돕기 위해 시청각 자료를 적절히 활용하여 효과적인 발표를 진행함. 또한 고사성어에 관심이 많고 관포지교의 유래에 대한 역사적 배경을 조사하여 발표함.

| 한국지리 교과세특

통계 자료 및 그래프 등을 분석하는 능력이 우수하고, 탁월한 문제 해결 능력을 발휘하는 학생으로, 특히 하천의 생태계에 관심을 두어 탐구함. 새만금 개발, 4대강 사업 등과 관련한 모둠활동을 위해 해당 사이트를 찾아 관련 자료를 다운로드하여 분석하고, 하천 개발은 주민의 생계 문제까지 고려해야 하는 등 많은 조건을 고려해야 하지만, 가장 중요한 것은 생태계의 균형 차원에서 생각하는 것이라며 시청각 자료를 사용하여 효과적으로 발표함.

| 일본어 | 교과세특

일본 문화에 관심이 많고 역할극 회화 활동에 적극적으로 참여하여, 학기 초보다 어법 활용에 자신감을 가짐. 교과서를 오류 없이 읽을 수 있으며, 받아쓰기도 잘하게 됨. 언제나 자신 있는 모습으로 일본어로 인사를 하고, 어설프지만 일상생활 대화쯤은 일본어로 하려고 노력함. 수업시간만큼은 친구들과 일본어로 대화하려고 노력하는 모습이 대견함. 꾸준한 노력으로 아는 어휘의 양이 현저하게 늘었으며 학습 태도가 바른 학생임.

| 기술·가정 교과세특

교량의 트러스 구조의 특징과 모양을 정확히 그림으로 표현하여 설명하고, 한정된 재료를 이용하여 용도에 따라 기능적이고 참신한 디자인으로 매우 안정된 모형 교량을 완성함. 스마트폰을 이용한 사진 및 영상 촬영에서 촬영 각도를 매우 잘 잡고, 오디오 장비 연결과 편집 및 엔코딩encoding 능력이 뛰어남.

학생부종합전형의 핵심! 주도적인 학교생활로 생기부 채우기

| 음악 교과세특

음악 관련하여 진로를 희망하고 있는 학생으로 음악 이론을 잘 알고 있으며, 음악에 대해 전반적인 이해력을 갖추고 있는 학생임. 수업시간에 적극적으로 참여하여 수업 분위기를 띄우며, 새로운 곡을 배울 때는 몰입하는 자세로 수업에 집중하여 피드백이 빠름. 가창 수행평가에서 정확한 음정 및 리듬감을 보여주고 감정 표현을 잘 발휘함. 음악적 표현 능력이 우수하여 꾸준히 연습할 경우 본인이 희망하는 음악가로 성장할 가능성이 큼.

– 출처: 세종특별자치시교육청 교육정책국 교육과정과,
'학생부 기재 사례·분석 보완집', 2017

19

독서활동 기록은 어떻게 관리해야 할까요?

진로에 맞는 책을 골라 독서 포트폴리오를 만들자

생기부 모든 영역 중 유일하게 학생이 스스로 활동함으로써 내용을 만들어갈 수 있는 항목이 '독서 기록 상황'입니다. 대학에서는 학생의 독서 내용을 보고, 학업 역량과 전공 적합성을 확인합니다. 생기부의 다른 영역은 학생이 최선을 다해야 할 뿐 어떻게 해볼 수 없는 교사의 영역입니다. 하지만 '독서'는 학생 자신이 얼마나 노력하느냐에 따라 차별화된 결과가 만들어집니다. 아무 책이나 끌리는 대로 읽는 게 아니라 계획을 세우고 정성을 쏟아 관리해야 하는 이유입니다.

관심사와 진로 방향에 따라
진정성 있게 담아내자

정작 1학년 학생들은 독서를 중요하게 생각하지 않습니다. 독서의 중요성은 알더라도 어떤 책부터 골라 읽어야 할지 막연하고, 늘어난 학습량과 각종 평가 준비로 독서까지 생각할 겨를이 없기 때문입니다. 1학년 시기는 학생들 대다수가 적응하는 것 자체로 헉헉거리다 끝나는 것을 매년 목격합니다. 2학년 담임이 되어 3월 초에 상담하려고 1학년 생활을 들여다보면 기가 막힌 생기부가 많습니다. 절반이 넘는 아이들의 독서활동 기록이 텅 비어 있거나, 한두 권의 책만 적혀 있는 것입니다. 그마저도 특정 교과 시간에 '한 학기 한 권 읽기' 단원에서 억지로 읽은 공통된 책이라 진로와 관련도 없습니다. 어떤 학생은 10권을 읽었다고 쓰여 있는데, 누가 봐도 중학교 수준의 책이나 심지어 학습만화를 기록해둔 경우도 있습니다.

그렇다면 어떤 책을 읽어야 할까요? 대학에서 독서 기록 상황을 보려고 하는 이유를 생각해보면 쉽게 답을 얻을 수 있습니다. 대학에서는 과연 이 학생이 입학했을 때 어려운 전공 서적을 소화해낼 수 있을지, 학생의 관심이 정말 지원한 전공 분야와 관련이 있는지, 생기부에 적힌 여러 내용이 진정성 있는 것인지 확인해보고 싶을 것입니다. 따라서 학생 자신의 지적 수준과 관심을 보여줄 수 있고, 생기부의 다른 영역에 적힌 내용을 증명할 수 있는 책을 골라 읽는 것이 좋습니다.

예를 들어 A 학생은 국제무역학과나 국제학과를 진로로 생각하고 있다고 해봅시다. 그래서 사회 시간에 '세계 무역 분쟁'에 대해 토론한 후

보고서를 작성하고, 국어 시간에는 '국제기구의 종류와 역할'에 대한 글을 쓰고 발표도 합니다. 논술 시간에는 '한국이 미국, 아랍에미리트 다음으로 인도네시아에 코로나19 진단 키트를 보낸 이유'와 '일본의 수출 규제'라는 제목의 신문 기사를 스크랩한 후 생각을 정리합니다. 동아리는 '국제교류 동아리'를 선택해 활동하면서 학교 교환학생 초청 주간에 한국 문화 체험 안내를 하는 봉사활동을 합니다.

그렇다면 당연히 독서 기록 상황에도 관련 도서를 찾아 읽은 흔적이 있어야 합니다. 보고서를 작성하고, 발표도 했다고 하면서 관련 도서 한 권을 찾아 읽지 않았다면, 다른 모든 활동 내용이 진로에 맞춰 억지로 꾸민 이야기라는 의심을 사게 될 것입니다. 실제로 역사에 관심이 있다면서 독서활동 기록에 역사책 한 권 읽은 내용이 없는 학생, 컴퓨터 프로그래밍에 관심이 있다면서 소설책을 읽은 기록만 있는 학생 등과 같은 사례가 수두룩합니다.

독서기록장은 복사본을 제출하고 나만의 독서 파일을 만든다

이런 검증이 독서활동 기록만으로 되는 것은 아닙니다. 입시에서 독서가 정말 중요한 이유는 '면접'에서 다시 질문할 수 있기 때문입니다. 면접관은 단순히 책의 내용을 확인하는 질문을 하는 것이 아니라 책을 읽게 된 동기나 그 책을 읽고 나서 배운 것이 무엇인지 등을 물어볼 수 있습니다. 따라서 독서기록장을 작성할 때는 이런 질문에 대답할 수 있는 내용을 써두는 것이 좋습니다. 고등학교 3학년이 되어 면접 준비를 할 때 학생들은 생기부를 출력합니다. 일례로 학생들 중에는 1학년 때 읽은 책의 내용이 기억나지 않아 그 많은 책을 대출하여 다시 읽는 학생도 있습니다. 면접에 대비해 말하기 연습을 하기도 부족한 시간에 수십 권의 책 내용을 다시 정리하는 학생들을 보면 너무 안타깝습니다. 따라서 생기부에 도서명을 올리는 것으로 할 일을 끝냈다고 생각하지 말고, 1학년 때부터 독서 포트폴리오를 관리하는 습관을 만드는 것이 중요합니다.

학교마다 독서기록장 양식이 있습니다. 간혹 책 제목과 저자 이름만 써서 제출해도 독서활동 기록을 기입해주는 학교도 있지만, 대부분의 학교는 독서기록장을 작성해서 제출하면 담임교사나 교과목 교사가 내용을 점검한 후에 기입해줍니다. 학종이 도입된 초기에는 책의 내용과 학생의 생각을 모두 생기부에 넣을 수 있었습니다. 하지만 몇 년 전부터는 드라마 〈SKY 캐슬〉처럼 사교육에서 독서 영역을 관리해주는 부작용이 있어서 도서명과 저자만 기입하는 것으로 바뀌었습니다. 이렇게 생기부는 사교육 개입이 가능한 영역을 없애면서 간소하게 개편되는 추세입니다.

따라서 읽은 책이 특정 교과와 상관있는 내용이면 교과목 교사나 담임교사에게 독서기록장을 제출하면 됩니다. 이때 독서기록장을 제출하고 나이스[NEIS]에 도서명을 기재한 후 할 일을 다했다고 생각하는 학생들이 많습니다. 하지만 생기부에 독서 기록을 올리는 것이 끝이 아닙니다. 앞에서 설명했듯이 본인이 쓴 독서기록장을 독서 포트폴리오로 정리해두어야 3학년이 되어 입시 면접을 치를 때 쉽게 준비할 수 있습니다. 당시에는 감명 깊게 읽은 책도 2년이 지나면 내용조차 생각나지 않을 때도 있습니다. 따라서 꼭 복사본을 제출하고 원본은 본인의 독서 파일에 보관해야 합니다. 이렇게 조언해도 학급의 성실한 몇몇 학생들만 독서 포트폴리오 파일을 만듭니다. 당장 평가받는 부분이 아니기에 독서기록장을 세세하게 챙기는 학생들은 극소수입니다. 나머지 학생들은 그냥 독서기록장 낱장을 제출하고 다음 행동까지 하지 않습니다. 그렇다 보니 학년이 올라가도 독서기록장 한 장도 손에 남아 있지 않은 경우가 많습니다.

내신 2등급까지 서울의 상위권 대학을 진학한다고 합시다. 2등급은 11%니까 100명 중 11명, 50명 중 5명에 해당합니다. 즉 25명 학급이면 2~3명만 2등급을 받는 것입니다. 신기하게도 독서 포트폴리오를 관리하는 학생들도 한 반에 2~3명 정도입니다. 다시 말해서 이런 비교과 영역까지 챙기면서 관리하는 학생들이 결국 상위권 대학에 진학할 수 있다는 점을 학부모도 아셔야 합니다. 반드시 독서기록장 복사본을 제출하고, 원본은 A4 클리어파일 등으로 본인의 것을 만들어 차곡차곡 모아두는 것이 독서 포트폴리오를 채워나가는 첫 번째 방법입니다. 각 지역별로 사이트를 운영하는 '독서교육종합지원시스템'에 독후감 내용을 작성해서 올리는 것도 좋습니다. 단, 이는 2021년 기준 고2, 3에만 해당되며, 고1부터는 '독서활동상황'이 상급 학교 진학 시 제공되지 않습니다.

1년에 약 10권의 독서 포트폴리오가
쌓이도록 한다 (2021년 기준 고2, 고3만 해당)

독서활동 기록과 관련하여 많은 학생들이 '1년에 몇 권의 책을 읽어야 할까요?'라는 질문을 하곤 합니다. 이는 입학사정관의 입장에서 생각해보면 어렵지 않게 파악할 수 있습니다. 독서를 꾸준히 하는 학생이라면 최소한 한 달에 책 한 권 정도는 읽을 테니까 말이지요. 1년이 12달이므로 평균 한 달에 책 한 권을 읽는다면 10~12권의 책은 되어야겠지요. 물론 중간고사나 기말고사 기간에는 한 권도 채 읽지 못할 수 있고, 방학 때라면 두세 권도 읽을 수 있을 것입니다. 교사들은 보통 학생들에게 한 학기 동안 6~7권의 독서를 하라고 권하는데, 그렇게 해야 꾸준히 독서하는 학생이라는 인상을 줄 수 있기 때문입니다. 그러나 독서활동은 책 권수가 많아야 점수를 잘 받을 수 있는 정량평가가 아닙니다. 평소 양질의 도서나 생기부에서 플러스 요인이 될 수 있는 도서를 골라 읽되, 책 내용을 자신의 것으로 소화하고 추후 활동까지 연결되면 더욱 좋을 것입니다.

이 책을 집필하고 있는 시점이 1학기 말인데, 저희 반은 24명이므로 한 명이 6권씩 책을 읽고 독서보고서를 제출했다면 지금 제게는 144장의 보고서가 있어야 합니다. 하지만 현재 제가 받은 독서보고서는 단 20장뿐입니다. 서울 근교의 평범한 인문계 고등학교인데 독서활동 실상이 좋다고 말하기는 어렵습니다. 학부모님이 독서보고서 제출을 독려해주신다면 학생도 학기 말 지필고사가 끝나고 의미 없이 보내는 시기에 신경 써서 독서 관리를 할 수 있을 것입니다.

참고로, 독서활동에 대해 동기부여를 해주는 강의도 유튜브에서 쉽게 찾아볼 수 있으니, 학생과 함께 시청하고 독서 계획을 세워보는 것도 좋겠습니다.

본인의 생각과 느낀 점을 담는 것이 중요하다

독서기록장은 학교마다 양식이 따로 있지만 기재 항목은 거의 유사합니다. 보통 A4 용지의 절반 정도 영역에는 책의 내용을 적고, 남은 절반 부분에는 자신의 생각을 적도록 구성되어 있습니다. 이런 독서기록장에는 굳이 책의 내용을 장황하게 쓰지 않아도 됩니다. 독서활동으로써 제출하는 독서기록장은 평가를 위한 것이 아닙니다. 내용이 부실하다고 해서 나이스에 올려주지 않겠다는 교사는 없습니다. 누군가에게 검사받기 위한 독서 기록이 아니라, 이후 입시 면접을 준비하기 위한 자료라고 생각하고 정리하는 것이 좋습니다. 따라서 책 내용은 핵심적인 부분이나 요약 정도만 작성해도 충분합니다. 2년 후에 봐도 책의 내용을 떠올릴 수 있을 만큼 핵심적인 내용을 기재하면 됩니다.

실제 면접에서 입학사정관이 책을 읽었나 안 읽었나를 따지기 위해 내용을 캐묻지는 않습니다. 다만 독서활동에서 가장 중요하게 보는 것은, 그 책을 읽게 된 동기와 책을 읽고 나서 얻은 깨달음, 그 책을 읽고 난 후 자신의 생각과 행동에 어떤 변화가 있었는지에 관한 부분입니다.

이를테면 사회 시간에 '국제무역 분쟁'에 대한 내용을 공부하고, 이 내용이 더 궁금해서 '국제무역'과 관련된 책을 찾아 읽은 뒤 감명받아 추후 국제무역과 관련된 캠페인 활동에 참여했다는 등의 흐름이 보이면 좋습니다. 생기부의 여러 영역에서 학생 자신의 진로에 대한 관심을 지속적으로 보여주고, 그 활동 하나하나가 개별적인 활동이 아니라 의미 있게 연결되어 있으면 진정성 있다는 평가를 받을 수 있을 것입니다.

20

임원 활동은 리더십과
소통 역량을 보여줄 수 있다

학교생활에서 리더십을 보여줄 수 있는 대표적인 것이 '학급 임원'과 '학생회' 활동입니다. 학급 임원은 매 학기 초 선거 기간에 후보자 추천, 홍보물 부착, 입후보자 연설의 절차를 걸쳐 선거를 치릅니다. 학교에 따라 선거 과정에 차이가 있는데, 회장과 부회장 선거의 입후보 등록 자체를 따로 받는 경우도 있습니다. 이런 경우는 회장 선거에 출마했다가 떨어지더라도 부회장 후보로 오를 수 없습니다. 등록 자체를 따로 하기 때문에 회장과 부회장 선거 중 어떤 선거를 나가야 할지 미리 결정해야 하는 것입니다.

주도적 교내 활동은
입시 전략의 기본이다

　　　　　　　　만약 학급 임원을 하고 싶다면, 누군가 본인을 추천해주길 기다리지 말고 적극적으로 친구들에게 추천을 부탁하는 것도 좋은 방법입니다. 1학기의 경우 교우 관계가 형성되기도 전에 선거를 치르게 되므로 가만히 있으면 누구도 내 의사를 몰라줍니다. 특출나게 3월 초부터 존재감을 드러낼 수 있는 경우가 아니라면, 미리 친구 몇 명에게 본인을 추천해달라고 부탁하는 것이 좋습니다. 후보자 등록을 하는 과정에서 추천인 3명 정도가 필요하기 때문에, 자신이 임원을 하고 싶다는 의사 표시를 명확히 하고, 학교에 따라 추천인 서명까지 필요하다면 부탁도 해야 합니다.

　　그럼 내성적이고 조용한 학생은 학급 임원을 하기 어려울까요? 교사로서 제가 경험한 바로는 중학교까지는 외향적이고 인기가 많고 이른바 '튀는' 친구들이 임원을 하는 경우가 많습니다. 하지만 고등학교에서는 내성적이어도 친구들이 실질적으로 원하는 공약을 제시하는 친구, 누가 봐도 배려심이 있고 학우들의 목소리를 잘 전달할 수 있을 것 같은 친구, 꼼꼼하게 수행평가 등을 공지하고 챙겨주어 학우들의 성적 관리에 도움이 될 것 같은 친구를 뽑는 사례가 많습니다.

　　고등학교에서는 중학교 전교 회장이나 부회장 출신에 누가 봐도 외모가 특출나고 말도 잘하는 A 학생이, 평범해 보이지만 야무진 공약을 내세운 B 학생에게 밀려 학급 임원선거에서 떨어지는 반전이 자주 일어납니다. 전교 회장 출신인 A 학생은 후보자 연설에서부터 자신감을 드러내고 당당히 본인을 뽑아야 한다고 하는 반면, 평범한 B 학생은 본인은 부족하지만 만약 뽑아준다면 이런저런 공약을 충실히 이행하고 학우들이 수행평가 공지를 놓치지 않도록 공지하겠다고 겸손한 태도로 말합니다. 선거 후에 B 학생이 회장으로 당선되어 아이들은 이변이 일어났다고 하지만, 선거 공약과 후보자 연설을 하는 태도만 보더라도 담임교사는 누가 당선될지 예측할 수 있습니다. 일반적으로 중학교 때까지는 활발하고 재미있고 인기 있는 친구를 리더십이 있다고 여깁니다. 하지만 고등학교 학생들은 친구가 회장으로 당선되었을 때 실질적으로 학급 구성원인 자신에게 어떤 이익이 되는지도 생각해봅니다.

따라서 중학교 때까지 임원을 해보지 않았고 인기 있는 성격이 아니더라도, 고등학교에서 한 번쯤 임원을 해보고 싶다면 주저하지 말고 도전해보기를 권합니다. 1학기 초에 실질적으로 친구들에게 도움이 될 수 있는 공약을 내걸면 당선 가능성이 높아집니다. 물론 공약의 내용은 실현 가능한 것인지 미리 담임교사와 상의하면 좋습니다. 2학기가 되면 학생들 모두가 친해지고 서로 편해지기에 임원 후보로 출마하는 친구들이 많아지고, 친한 무리가 생기기 때문에 정말 성격이 좋고 리더십 있는 친구가 당선되는 경향이 있습니다. 학급 임원 활동을 꼭 경험해보고 싶은데 성향이 내성적이거나 교우 관계가 폭넓지 못해서 출마하기 망설여진다면, 학기 초를 염두에 두고 도전해보는 것도 좋습니다.

임원 활동이 생기부 관리에
유리한 것은 맞다

학급 임원을 하면 학생에게 어떤 점이 도움이 될까요? 첫째, 학급의 회장으로서 존재감이 생기고, 리더십을 키울 수 있습니다. 고등학교는 담임교사가 학교 업무로 인해 교실에 부재하는 경우가 자주 생겨서 회장이 해야 할 일이 많습니다. 각종 공지사항을 전달하는 일은 기본이고, 통신문을 걷어 통계를 내는 일도 돕습니다. 체육대회 때는 학급의 단체 티셔츠를 제작할지 말지, 또 티셔츠를 제작한다면 어떤 디자인으로 정할지, 우리 반의 구호나 노래는 어떤 것으로 정할지 등등 결정할 때마다 회의를 이끌어야 합니다. 이런 과정에서 협조하지 않는 친구들을 설득하고, 회의의 합의점을 도출하는 경험은 리더십을 발휘하고 배워볼 수 있는 기회가 됩니다. 학생들도 다른 친구들이 하는 말보다는 회장이 하는 말은 좀 더 귀 기울여 듣습니다. 회장이 대표로서 교사들을 대신하여 전달 사항을 전할 때가 많아 듣지 않으면 본인이 불이익을 당할 수 있기 때문입니다.

둘째, 생기부 관리에 도움이 됩니다. 학급 임원이 되면 교사들은 학생이 학급 임원으로서 어떤 활동과 역할을 했는지 생기부에 적습니다. 단지 임원이기 때문에 적어주는 것이 아닙니다. '자리가 사람을 만든다'라는 말처럼 학급 임원은 교과부장과 더불어 공지사항을 적극적으로 전달하는 자리이기 때문에 교과목 교사들과도 친해지기 쉽습니다. 친해진 후에는 수업을 대충 들을 수 없고, 회장이나 부회장이 수업을 잘 듣지 않으면 책임에 대한 비판을 받을 수 있기에 열심히 하는 척이라도 해야 합니다. 따라서 학급 임원이 되기 어렵다면 교과부장에 지원해서 여러 가지 경험을 쌓을 수 있으면 좋겠습니다.

학생부종합전형의 평가요소에도 '리더십' 항목이 있다

　　　　　　　　학종이 '깜깜이 전형'이라는 오명을 해소하기 위해 지난 2018년에 6개 대학(건국대, 경희대, 서울여대, 연세대, 중앙대, 한국외대)에서 〈학생부종합전형 공통 평가요소 및 평가항목〉이라는 자료를 발간했습니다. 다음 도표는 이 자료의 내용을 간략하게 요약해서 잘 보여줍니다.

이 표에서 특히 임원 활동과 관련된 요소는 '발전 가능성'의 리더십 항목, '인성'의 소통 능력과 성실성 항목 등입니다. 리더십 항목에서는 '학생회나 동아리 등 학생 주도 활동에서 역할을 수행한 경험이 있는가? 구성원의 화합과 단결을 이끌어가기 위한 구체적인 행동 경험이 있는가? 공동체의 목표를 달성하기 위해 계획하고 실행을 주도한 경험이 있는가?' 등의 세부 평가 항목이 있습니다.

따라서 학급 임원이나 학생회 임원, 동아리의 부장 역할을 맡았다면 다른 학생에 비해 이런 항목에서 본인의 리더십을 드러내기에 유리합니다. 만약 이런 대표의 자리를 맡기 힘든 학생들이라면 위 평가 항목을 참고하여, 어떻게 공동체의 단합을 이끌어가고 소통 능력을 보여줄 수 있을지 고민해보고 실천하면 좋을 것입니다.

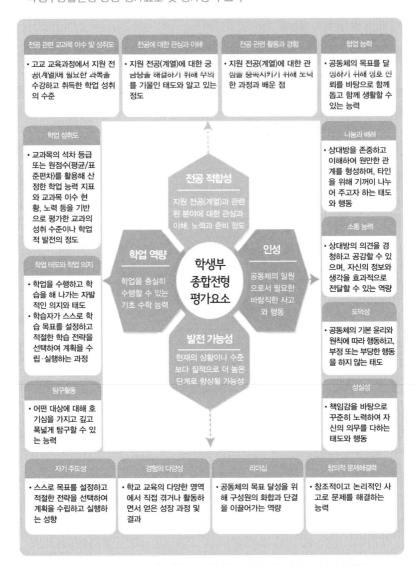

전공 관련 교과목 이수 및 성취도	전공에 대한 관심과 이해	전공 관련 활동과 경험	협업 능력
• 고교 교육과정에서 지원 전공(계열)에 필요한 과목을 수강하고 취득한 학업 성취의 수준	• 지원 전공(계열)에 대한 궁금증을 해결하기 위해 주의를 기울인 태도와 알고 있는 정도	• 지원 전공(계열)에 대한 관심을 충족시키기 위해 노력한 과정과 배운 점	• 공동체의 목표를 달성하기 위해 서로 신뢰를 바탕으로 함께 돕고 함께 생활할 수 있는 능력

학업 성취도
• 교과목의 석차 등급 또는 원점수(평균/표준편차)를 활용해 산정한 학업 능력 지표와 교과목 이수 현황, 노력 등을 기반으로 평가한 교과의 성취 수준이나 학업적 발전의 정도

학업 태도와 학업 의지
• 학업을 수행하고 학습을 해 나가는 자발적인 의지와 태도
• 학습자가 스스로 학습 목표를 설정하고 적절한 학습 전략을 선택하여 계획을 수립·실행하는 과정

탐구활동
• 어떤 대상에 대해 호기심을 가지고 깊고 폭넓게 탐구할 수 있는 능력

전공 적합성
지원 전공(계열)과 관련된 분야에 대한 관심과 이해, 노력과 준비 정도

학업 역량
학업을 충실히 수행할 수 있는 기초 수학 능력

학생부 종합전형 평가요소

인성
공동체의 일원으로서 필요한 바람직한 사고와 행동

발전 가능성
현재의 상황이나 수준보다 질적으로 더 높은 단계로 향상될 가능성

나눔과 배려
• 상대방을 존중하고 이해하여 원만한 관계를 형성하며, 타인을 위해 기꺼이 나누어 주고자 하는 태도와 행동

소통 능력
• 상대방의 의견을 경청하고 공감할 수 있으며, 자신의 정보와 생각을 효과적으로 전달할 수 있는 역량

도덕성
• 공동체의 기본 윤리와 원칙에 따라 행동하고, 부정 또는 부당한 행동을 하지 않는 태도

성실성
• 책임감을 바탕으로 꾸준히 노력하여 자신의 의무를 다하는 태도와 행동

자기 주도성	경험의 다양성	리더십	창의적 문제해결력
• 스스로 목표를 설정하고 적절한 전략을 선택하여 계획을 수립하고 실행하는 성향	• 학교 교육의 다양한 영역에서 직접 겪거나 활동하면서 얻은 성장 과정 및 결과	• 공동체의 목표 달성을 위해 구성원의 화합과 단결을 이끌어가는 역량	• 창조적이고 논리적인 사고로 문제를 해결하는 능력

– 출처: 건국대학교 외, '학생부종합전형 공통 평가요소 및 평가항목'. 2018, p.57

일례로 서울대학교에서도 단순히 반장, 부반장이라는 직책보다 공동체 활동이나 협동 학습 등에서 구성원을 배려하며 이끌기 위해 노력한 경험을 리더의 자질로 본다고 '2022학년도 서울대학교 학생부종합전형 안내'를 통해 다음과 같이 명시하고 있습니다.

- 수업 중 모둠 과제 수행을 성공적으로 이끌 수 있는 능력
- 토론활동에서 함께 결론을 이끌어가며 설득력 있게 자기 주장을 할 수 있는 능력
- 학교생활 내에서 구성원 간의 갈등을 조화롭게 해결할 수 있는 능력
- 동아리활동에서 부원들을 행복하게 만들 수 있는 능력
- 모두가 주저할 때 친구들을 독려하여 청소를 주도하는 능력

이 모든 것을 장차 글로벌 리더로 성장할 학생들이 갖춰야 할 자질로 보고, 입학사정관이 학교생활에 주목하고 있다는 점을 항상 생각해야 합니다.

✦ 21 ✦

창체 동아리와 자율 동아리가 어떻게 다른가요?

창체 동아리는 필수!
자율 동아리는 선택적으로 활동한다

창체 동아리는 학교의 일과 중 창의적 체험활동으로 분류된 수업시간에 운영되는 동아리입니다. 그리고 자율 동아리는 말 그대로 학생들이 자율적으로 조직한 동아리입니다. 창체 동아리는 총 이수 시간과 활동시간(주로 5~7교시 중)이 정해져 있습니다. 반면에 자율 동아리는 학생들이 계획한 시간에 자유롭게 모여서 활동합니다. 하지만 계획한 시간에 학생들이 모이지 않았더라도 딱히 교사가 확인할 방법이 없고, 확인하려고 하지 않습니다. 자율 동아리도 계획서와 보고서를 작성하지만, 학생들의 자율성을 더 강조하는 동아리입니다.

창체 동아리는 정규 동아리! 신중하게 선택하여 가입하자

생활기록부 관리 측면에서 볼 때, 학생이 더 비중 있게 생각해야 할 동아리는 '창체 동아리'입니다. 자율 동아리의 경우, 예전에는 어떤 활동을 했고, 또 어떤 행동 변화가 있었으며, 무엇을 깨달았는지에 관한 내용을 생활기록부에 기록했습니다. 또 동아리를 많이 가입한 학생은 여러 동아리활동을 기입할 수도 있었습니다. 그렇다 보니 일부 학생들이 자율 동아리활동을 '생기부 부풀리기'의 한 전략으로 이용하기도 했습니다. 즉 활동은 계획대로 하지 않으면서 동아리명만 그럴듯하게 본인 진로에 맞춰 3~4개씩 가입하여 기재하고, 어떤 활동을 써넣어야 할지 컨설팅까지 받는 사례도 있었습니다.

따라서 이 같은 생기부 부풀리기에 따른 부작용을 방지하고, 생기부의 신뢰도를 높이기 위해 자율 동아리는 한 개만 기재할 수 있도록 개편되었습니다(2024년부터는 미반영). 자율 동아리를 꼭 한 개만 가입해야 하는 것은 아니지만, 생기부 기재는 한 개만 할 수 있습니다. 게다가 글자 수도 축소되었습니다. 30자 이내로 동아리를 소개해야 하므로 '독서토론 동아리에서 책을 읽고 토론했음' 정도로 아주 간단한 소개 정도만 기록할 수 있습니다. 자율 동아리로 생기부에서 학생 자신을 드러낼 수 있는 부분이 많이 줄어든 것입니다. 학생들이 자율 동아리까지 가입해서 활동한다는 것은 시간적으로 부담스러울 수 있습니다. 하지만 자율 동아리활동 시간은 학생들 스스로 조절할 수 있다는 장점이 있습니다. 학종에서는 학생이 적극적으로 학교생활을 했는지를 봅니다. 즉 모든 동아리활동을 진로와 엮지 않아도 된다는 말입니다. 예를 들어 진로는 사회복지사인데 밴드부 활동을 열심히 하는 학생이 있다면, 그 자체로 다방면에 관심을 가지고 학교생활을 적극적으로 하는 학생이라는 인상을 줄 수 있는 것입니다.

학교생활에 활력을 불어넣어 주는 동아리활동

생기부 관리라는 이점을 떠나 동아리활동은 학교생활에 활력이 되기도 합니다. 동아리활동으로 실제 선후배 사이가 돈독해지고, 학교생활을 즐겁게 하는 학생들이 많습니다. 예를 들어 공부에 아무런 관심이 없고 춤추기를 좋아했던 C 학생이 있었습니다. C 학생은 수업시간에는 도통 생기가 없고 학교생활이 의미 없어 보였지만, 댄스 동아리활동을 할 때는 완전히 달랐습니다. 점심시간마다 동아리 친구들과 음악에 맞춰 춤을 추고, 방과 후에도 남아 춤 연습을 하면서 다른 학교 공연에도 참여하는 등 누구보다 열심이었습니다. C 학생이 공부에는 관심이 없어도 학교생활을 유지할 수 있던 이유는 순전히 동아리활동 때문이었습니다. 동아리 시간만큼은 숨통이 트이고 활력을 얻을 수 있었던 것입니다. 학급에서 친구들과 갈등이 있을 때면 댄스 동아리 친구들이 C 학생 편에서 오해를 풀어주고 힘을 실어주기도 했습니다. 이처럼 학급 친구들뿐만 아니라 다른 반 또는 다른 학년의 학생들과 교우 관계를 넓힐 수 있는 중요한 활동이 바로 동아리입니다.

다음은 '2022학년도 서울대학교 학생부종합전형 안내'에 수록된 글로, 서울대학교에 합격한 학생이 동아리활동에 대해 쓴 것입니다.

관악부 활동은 고등학교 1학년 2학기 막바지에 찾아온 슬럼프 기간에 큰 힘을 주었고, 이러한 버팀목 위에서 고등학교 3년의 생활을 잘 견뎌낼 수 있었습니다. 또한 내적으로 성장할 수 있는 기회가 되어주기도 했습니다. 관악부 활동 초기에 저는 합주를 하면서 단순히 '각 악기가 자신의 파트를 동시에 연주하는 것'으로만 보았습니다. 이는 평소에도 모둠활동을 '개인들이 모여 분담한 자신의 일을 하는 활동'으로 보았던 제 성격이 반영된 생각이었습니다. 하지만 차츰 관악부 활동을 하면서 개인보다는 공동체를 볼 수 있었습니다. (…) 이처럼 후배님들도 굳이 학습과 관련된 부분이 아니더라도 자신이 하고 싶은 활동, 즉 취미를 한번 가져보는 게 어떨까요? 스트레스를 해소하여 학업에 긍정적인 영향을 미칠 수 있고, 분명 그 활동에서도 스스로 성장할 수 있는 일들이 일어날 것입니다.

공과대학 조선해양공학과 ○○○

이 사례에서 볼 수 있듯이, 자신에게 맞는 동아리를 선택하여 즐겁게 활동하면 건강한 학교생활에 도움이 될 뿐만 아니라, 학생 자신의 성장을 위해서도 큰 도움이 된다는 것을 알 수 있습니다.

창체 동아리는 생기부의
동아리 특기사항에 기재된다

　　　　　　　창체 동아리는 정규 수업시간에 활동이 이루어지므로, 이수 시간뿐 아니라 동아리 시간에 구체적으로 어떤 활동을 했는지 모두 생기부의 동아리 특기사항에 기재됩니다. 학생이 동아리에 가입한 동기가 무엇이고, 동아리활동으로 어떤 행동 변화가 있었는지까지 비교적 자세하게 기록되기에, 애초에 동아리를 신중하게 가입해야 합니다. 즉 창체 동아리는 활동을 위해 학생이 별도로 시간을 내야 하는 것이 아니라, 정확하게 활동 시간을 보장받는 학교의 일과임을 기억해야 합니다. 동아리활동을 하는 그 시간이 마음에 들지 않거나, 관심이 없어도 활동을 해야만 합니다.

　담임교사는 학기 초에 1학년 학생들에게 원하는 동아리에 가입하라고 안내합니다. 안내 자료를 배부하고 유의할 점도 일러줍니다. 또 동아리 대표들이 학급마다 홍보도 열심히 합니다. 그런데도 1학년 학생들은 창체 동아리와 자율 동아리의 개념을 헷갈려서 우왕좌왕합니다. 심지어 자율 동아리에 가입해 놓고 창체 동아리에 가입했다고 착각하고 손을 놓고 있기도 합니다. 자율 동아리 가입이 선택이라면, 창체 동아리는 수업시간에 진행되므로 가입이 필수입니다. 나중에야 창체 동아리를 들지 않았다는 사실을 알게 되고, 모집 시기를 놓쳐 진로나 취미와는 아무 상관 없는 남아 있는 동아리에 가입하는 학생들도 있습니다. 창체 동아리 가입은 대부분 선착순 마감이 원칙이거나, 신청자를 받아 추첨하거나, 면접을 통해 선발하기 때문입니다. 모집 시기를 놓쳐 남는 동아리에 떠

밀리듯 가입하게 되면, 해당 학생들은 흥미를 느끼지 못하고 창체 동아리 시간 내내 무기력한 태도로 의미 없이 보냅니다. 그렇다 보니 동아리 활동도 원활하게 되지 않고, 동아리 특기사항을 좋은 내용으로 받기도 어렵습니다. 동아리 특기사항은 학생의 관심사를 보여줄 수 있는 중요한 영역인데, 이처럼 관심도 없는 동아리에 들어가 시간을 허비하는 학생들을 보면 안타깝습니다.

일례로 수학을 끔찍하게 싫어하던 D 학생은 창체 동아리로 수학탐구반에 가입하게 되었습니다. 동아리 신청 주간에 D 학생이 장염에 걸려 등교하지 못했기 때문입니다. 담임교사나 친구에게라도 의사를 밝히면 대신 가입할 수 있는 절차를 알려줄 수 있었을 텐데, 몸이 아프니 D 학생은 얘기하는 것조차 힘들어하고 번거로워했습니다. 결국 교사와 제대로 상의하지 못하고 미루다가 희망 동아리 신청 기간이 마감되었습니다. 그렇게 나중에 어쩔 수 없이 남아 있는 수학탐구반 동아리에 들어가게 된 것입니다. 싫어하는 수학 동아리에 참여해야 하니 D 학생은 몸이 쑤시고 힘들어서 3시간 내내 핸드폰만 하고 있다는 이야기를 전해 들었습니다. 다른 친구들이 관심사를 찾아 즐기는 동아리 시간이 그 학생에게는 1년 내내 괴로운 시간이었을 것입니다.

대다수 학교는 창체 동아리와 자율 동아리를 동시에 모집하면 혼선이 생길 수 있기에 중요한 창체 동아리를 먼저 모집합니다. 일단, 창체 동아리 모집이 끝난 후에 자율 동아리를 신청받는 경우가 일반적입니다. 하지만 담당자에 따라 동시에 모집을 진행하기도 하므로, 이런 경우 창체 동아리를 우선적으로 가입하도록 주의를 기울여야 합니다.

관심사가 같은 친구들과
동아리를 만들어보자

　　　　　　　　자율 동아리는 학생 본인이 활동하고 싶은 창체 동아리가 개설되지 않았을 때, 개인의 관심사에 따라 개설할 수 있습니다(창체 동아리도 지도 교사를 섭외하면 개설 가능). 앞에서 설명했듯이 자율 동아리는 마음이 맞는 소수의 학생들이 정규 수업시간 외에 원하는 시간을 맞추어 모이면 되기 때문에 활동 부담이 적습니다. 교사들도 창체 동아리는 생기부에 특기사항을 작성해야 하는 부담이 있어서 신중하게 동아리를 맡아 운영하지만, 자율 동아리는 비교적 부담 없이 학생들이 자유롭게 활동할 수 있도록 허용해줍니다. 비교적 세세하게 개입할 일이 적기 때문에 학생들이 찾아와서 지도 교사를 부탁할 경우, 자신의 교과와 관련이 있다면 대개 동아리 지도 교사를 수락해주는 편입니다. 다만 학생들이 개설하려는 자율 동아리가 운영 과정에서 종종 설비나 설치가 필요하고, 별도로 해야 할 일이 많은 경우 교사가 여러 동아리를 맡아 지도하기에 무리가 있습니다. 따라서 동아리 개설을 희망한다면 발 빠르게 움직여야 합니다. 우선 동아리와 관련 있는 교과목 교사에게 지도 교사를 부탁하고, 거절당하면 그다음에는 담임교사에게 부탁하고, 그래도 안 되면 새로 전근 오신 교사에게 부탁하면 맡아줄 확률이 높습니다. 한 학교에 오래 근무한 교사들은 친한 제자들이 많아서 이미 동아리 부탁을 많이 받기 때문입니다.

　자율 동아리와 관련하여 흔히 하는 오해는 동아리를 자율적으로 운영한다고 해서 개설도 아무 때나 할 수 있을 거라고 착각하는 것입니다.

예를 들어 2학기에 문학 토론 동아리를 개설하겠다고 제게 찾아온 학생들이 있었습니다. 세세하게 날짜별로 계획서까지 작성해서 동아리 인원도 7명이나 확보해 찾아왔지만 요구를 들어줄 수가 없었습니다. 자율 동아리도 개설 시기가 있기 때문입니다. 이 시기를 놓치면 개설이 어렵습니다. 학년 초 동아리를 개설하는 시기에 미리 계획을 세워 조직된 동아리만 학교의 정식 동아리로 등록됩니다. 교장 선생님까지 내부 결재를 맡아서 진행되는 일이므로 아무 때나 동아리를 개설할 수 있는 것이 아닙니다. 이렇게 등록되지 않은 동아리는 보고서를 가져와도 생활기록부에 기재할 수 없습니다.

한편 스스로 동아리를 개설하면 해당 동아리의 대표가 될 확률이 높습니다. 창체 동아리의 경우 동아리 대표로 활동한 내용까지 특기사항에 기재될 수 있습니다. 학급 회장이나 부회장이 되기 위해서는 약 30대 1의 경쟁을 뚫어야 한다면, 동아리는 15명 정도로 구성되기에 학생이 좀 더 관심을 가지고 적극성을 발휘한다면 대표가 될 수 있습니다. 학생회 활동이나 학급 임원 경력이 없다면 동아리 대표를 맡아 리더십을 배우고 보여줄 수 있는 기회로 삼는 것도 좋습니다. 동아리를 직접 개설하는 경우 동아리 대표를 원한다고 주장해도 됩니다. 단, 동아리 개설을 원하는 학생이 신청서를 작성하고, 부원을 모집하는 수고를 앞장서서 해야 합니다. 그 모든 과정을 부원들도 지켜보기 때문에 절차상 선거를 치러도 그대로 대표가 될 확률이 높습니다.

다음은 창체 동아리와 자율 동아리 활동이 생기부에 기재된 예시입니다. 이 내용만 보더라도 창체 동아리를 더욱 중요시해야 한다는 것을 알 수 있습니다. 자율 동아리는 예시처럼 한 줄 정도의 간략한 내용이 기재

되는데, 2021년 기준 고등학교 1학년부터는 이마저도 대입에 미반영되므로 자율 동아리 자체를 개설하지 않는 학교가 늘고 있습니다.

✦ 생활기록부에 기재된 창체 동아리와 자율 동아리 활동 내용(예시)

영역	시간	특기사항
동아리 활동	21시간	(창체 동아리: 국제교류 동아리)(34시간) 동아리 부장으로서 부원들과 적극적으로 소통하면서 각종 캠페인 활동을 기획하고 추진하는 데 중심적인 역할을 함. 한글 홍보 캠페인으로 외국인의 이름을 한글로 써주는 활동을 통해 자신의 장점인 글씨 쓰기를 살려 한글의 미를 알림. 또한 공정 무역 캠페인을 진행하면서 공정 무역 협정과 관련 법을 찾아보고 외국인 노동자들의 인권 개선을 위해 공정 무역의 중요성을 느낌. 교내 학생들에게 공정 무역 초콜릿을 나누어주며 학생들의 노동에 대한 인식 변화와 의식 향양을 도모함. 국제 이슈 토론을 위해 '홍콩 범죄자 인도법'에 대해 조사하면서 '정치와 법' 수업시간에 배운 국제법의 적용이 필요함을 깨닫고, 홍콩의 우산 시위와 우리나라의 민주화 운동을 비교하여 민주주의의 의미를 생각해봄. 또 범죄자 인도법에 대한 자신의 의견을 밝히며 국제적으로 이슈가 되는 법적 문제에 대해 심사숙고함.
		(자율 동아리: 코딩 지식 나눔) 소프트웨어 개발자를 꿈꾸는 활동

✦ 22 ✦

수상경력을 위해 학교 대회에 나가야 할까요?

교내 수상 실적은
학종에 도움이 된다

(2021년 기준 고2·3만 해당)

"엄마, 나 상 탔어!" 학교에서 아이가 상을 타면 부모로서 어깨가 으쓱하고 절로 기분이 좋아집니다. 그렇게나 아이가 기특할 수 없습니다. 학교마다 차이가 있겠지만, 요즘 초등학교에서는 예전만큼 상장을 많이 주지 않는 분위기입니다. 학생들이 서로 비교될 수 있고, 받지 못한 학생들이 소외감을 느끼지 않도록 하기 위해서일 것입니다. 한창 꿈꿔야 하는 초등학교 시기의 아이들을 위한 따뜻한 배려라고 생각됩니다. 그렇지만 중·고등학교에서는 교과 차원에서 대회를 반드시 치러야 합니다. 열심히 참여하는 학생들을 격려하는 차원도 있지만, 대회를 치르지 않으면 다른 학교 학생들의 생활기록부와 큰 차이가 나기 때문입니다. 즉 학교 간 형평성을 고려하여 대회를 치러야 합니다.

성적에 영향을 주지 않는 범위에서
대회를 준비하자

학교마다 학종에 유리하게 생기부를 만들어 줘야 한다는 강박감에 엄청나게 많은 대회를 치르던 시절이 있었습니다. 10년 전만 해도 각종 소논문대회, 탐구대회를 경쟁적으로 치렀습니다. 그렇다 보니 최우수상, 우수상, 장려상을 받는 학생들이 쏟아져 나오기도 했습니다. 수상 비율은 대회를 주최하는 교과에서 정할 수 있었는데, 대회 참가자의 50%까지 상장을 남발하기도 했습니다. 학교에서는 대회 참가자를 늘려서 한 명이라도 더 많은 학생에게 상장을 주기 위해 대회에 참가할 의사가 없는 학생까지 예선을 치르도록 유도하기도 했습니다. 예를 들어 토론대회가 있다면 예선을 수업시간에 전교생을 대상으로 치르는 것입니다. 실제 토론대회에 참가하고 싶은 학생들이 전교 30명 정도라면 수상자 수가 매우 적을 것입니다. 그래서 아예 수업시간에 토론 주제에 대한 글쓰기를 한 번 시키고, 한두 줄이라도 끄적거린 학생들은 모두 예선 참가자로 간주한 뒤 본선에서 정말 참여를 원하는 학생을 받아주는 식입니다. 이렇게만 해도 참가자가 전교생으로 바뀌어 더 많은 학생에게 상장을 줄 수 있었습니다.

그러나 대학에서 이런 꼼수를 모를 리가 없습니다. 대학 측에서는 이 같은 문제를 알아채고 발 빠르게 대처했습니다. 즉 학생을 선발할 때 해당 수상 비율이 너무 높으면 아예 수상실적을 인정하지 않는 것입니다. 지금은 교내상 수상 인원은 대회별 참가 인원의 20%로 권장하고 있습니다. 이러한 변화에 따라 고등학교에서도 수상 비율을 줄일 수밖에 없게 되었습니다. 그리고 모든 교외상(교외 수상실적)은 생기부 어떤 항목에도 입력하지 않습니다. '2020학년도 학교생활기록부 기재 요령'에 의하면, 교육정보 시스템의 교외상 수상 대장臺帳 입력 여부는 학교장이 정하나 생기부에는 반영하지 않습니다. 각종 교외상 관련 대회의 참가 내용은 생기부 어떤 항목에도 입력하지 않는 것으로 개편되었습니다. 교내 대회는 2021년 기준 고2·3에게는 의미가 있습니다. 이렇듯 작년에 있던 대회가 그대로 유지되는 것이 아니라 매해 새롭게 교과 협의를 통해 내용이 바뀌므로, 학교 홈페이지를 확인할 필요가 있습니다. 학교 홈페이지에는 구체적인 대회명과 대회 시기 등에 대한 정보를 제공합니다.

학종으로 대학에 진학하고 싶은 학생들의 경우 관심 있는 대회에 참가하는 것이 좋습니다. 종종 학생들이 "시험 기간과 대회가 맞물려서 대회 준비를 하면 시험을 못 볼 것 같아 걱정되는데, 이럴 때는 어떻게 해야 하나요?"라고 묻곤 합니다. 학사 일정과 대회 일정은 보통 학년 초에 공개되기 때문에 미리 대회 준비를 하거나, 시험공부를 해두어 두 마리 토끼를 다 잡을 수 있다면 가장 좋을 것입니다. 시험 기간 전에 잡혀 있는 대회는 참가 인원이 적어지기 때문입니다. 그러나 대회 준비를 미리 하지 못했고 하나를 포기해야 하는 상황이라면, 당연히 '내신'을 챙겨야 합니다. 생기부에서 수상실적도 중요하고, 교과세특과 인성을 보여주는 봉사활동도 중요하지만, 역시 가장 중요한 것은 교과 성적입니다. 많은 대회에 욕심을 내기보다 내신 성적에 지장을 받지 않는 범위에서 대회를 준비하는 것이 현명한 방법입니다.

학기 말 대회 참여는
수상 확률이 높다

학기 말에 대회 일정이 잡혀 있다면, 저는 학생들에게 무조건 대회에 참가하라고 권합니다. 학기 말은 성적 산출이 끝난 시기이고 방학만 손꼽아 기다리는 상황이라 학생들의 긴장감이 많이 떨어지기 마련입니다. 입시를 준비하며 고2, 고3으로 진학하는 학생들도 얼마나 해이해지는지 학기 말 교실 모습은 교사만 봐서 다행이라는 생각이 들 정도로 무엇인가 하는 학생을 찾아보기 힘듭니다. 아이들의 계획은 대부분 '방학부터 열심히 해야지', '2학년(또는 3학년)부터 열심히 해야지'라고 생각합니다. 지금 여유 있는 학기 말 시간에 찬찬히 공부해야 성적도 오르고, 대회에 참가해야 수상실적을 비교적 쉽게 올릴 수 있다는 사실을 아무리 말해줘도 귀찮게 생각합니다.

그래서 국어 교사로서 저는 학기 말에는 학생들에게 수능에 자주 나오는 한자성어 등을 공부할 거리로 제공합니다. 또 '우리말 겨루기 대회' 같은 국어과 대회를 열어 그 시기에 열심히 공부한 학생들을 시상합니다. 이 대회는 평소 어학 실력과 상관없이 나눠준 한자성어 자료만 잘 외워도 상을 받을 수 있는 대회입니다. 내신 국어나 수능 국어 영역에서도 한자성어가 한두 문제씩 출제되고, 사회생활을 할 때도 알아두면 좋은 상식이므로 아이들을 독려하면서 대회 준비를 시키지만 대회 참여율은 기대 이하입니다. '시험도 다 끝났는데 이건 해서 뭐해?'라는 식으로 공부하지 않고 자는 학생들이 수두룩합니다.

다른 교과에서도 굳이 학기 말에 대회를 치른다면, 교사 나름의 이유가 있기 때문입니다. 학기 말은 학생들에게는 숨통이 트이는 시기지만, 교사에게는 성적과 생기부를 마무리해야 하는 가장 바쁜 시기입니다. 이 시기에 대회도 준비하고 시상하려면 교사는 업무에 치이고 여간 힘이 드는 것이 아닙니다. 그럼에도 이런 대회를 학기 말에 실시하는 이유는 학생들이 시간을 흘려보내지 않고 좀 더 의미 있게 보냈으면 하는 바람 때문이고, 학기 중에는 내신 공부에 더 몰두하도록 배려하는 차원임을 기억해주었으면 좋겠습니다.

학생부교과전형이 뭐예요?

학생부교과전형은 생활기록부 교과 성적을 50% 이상 반영하는 전형을 의미합니다. 학생부종합전형이 비교과를 포함하는 정성평가라면, 학생부교과전형은 내신 성적 위주의 정량평가 비중이 높은 전형이라고 보면 됩니다. 즉 생활기록부의 비교과 관리가 다소 부족하더라도 성적이 좋은 학생들이 선택할 수 있는 또 다른 카드입니다.

학생부교과전형은 정량평가의 특성상 다른 전형에 비해 이전 합격 사례(입시 결과) 등을 바탕으로 합격 가능성을 예측하기가 쉽습니다. 경쟁률이 다른 전형에 비해 낮은 편이고, 중복으로 합격하는 지원자가 많아 추가 합격률도 높은 편입니다. 그러나 교과전형의 경우 주로 학교 내신 성적을 많이 보기 때문에 학업 수준이 낮은 학교에서 1등급을 받았더라도 확인하기가 어렵습니다. '고교 블라인드(고등학교 이름 미공개)' 정책으로 더욱 내신을 신뢰하지 못하기도 합니다. 따라서 많은 대학교에서는 '수능 최저등급'을 요구합니다. 여기서 수능 최저등급이란, 대학에서 요구하는 수능 최저학력 기준을 말합니다. 예를 들어 인문계의 경우 '2개 영역 등급 합 4~5 이내'의 기준을 충족해야 하는데, 이는 두 과목의 등급을 더했을 때 5등급 이

내의 성적이 나와야 한다는 뜻입니다.

수도권 대학에서는 그동안 학생부종합전형을 선호했지만, 생활기록부의 비교과 영역이 축소되고, 코로나19로 봉사나 온라인으로 이루어지는 출결 상황을 평가하기가 어려워지면서 학생부교과전형이 확대되는 추세입니다. 실제로 서강대학교와 성균관대학교 등에서 학생부교과전형이 신설되었습니다.

■ 학생부교과전형 세부 평가 방법 안내

1. 교과 성적 위주 전형(비교과 포함)

이 전형에는 '교과 성적 100%'를 반영하는 전형과 '교과 성적+비교과 영역'을 반영하는 전형이 있습니다. 비교과를 반영하는 경우 대부분 출결 상황이나 봉사활동 시간을 정량화하여 반영합니다. 대학별로 차이가 있지만, 출결은 무단결석 1~3일 이내, 봉사시간은 20시간 내외라면 대부분 만점을 주는 경우가 많습니다.

2. 교과전형+면접

면접이 있는 전형의 경우, 면접이 입시 당락에 영향을 미치는 경우가 많습니다. 지원자 대부분이 전년도 입시 결과를 바탕으로 지원하기 때문에 교과 성적이 비슷하기 때문입니다.

3. 교과 성적+서류

교과 성적 외에 서류가 반영됨에 따라 합격선이 다소 낮아지는 특징을 보입니다.

4. 교과 성적+수능 최저학력 기준 반영

수능 최저학력 기준을 통과할 수 있는 지원자는 교과 성적이 약간 낮더라도 학생부교과전형에 적극적으로 지원해볼 필요가 있습니다.

출처: 꿈과 꿈꾸미와 인터뷰, '꿈꾼', 제221호, 경기도교육청, 2021

Chapter

4

내신 성적 관리로
수시 전형
대비하기

✦ 23 ✦

내신 시험은 어떻게 대비해야 할까요?

고등학생 공부 계획표,
이렇게 짜보자

학교마다 지필평가를 보는 과목 수가 약간 달라 차이가 있지만, 고등학교에서는 보통 5일 동안 시험을 치릅니다. 중학교는 대개 하루에 세 과목의 시험을 치르지만, 고등학교 1학년의 경우는 하루에 두 과목 이상 시험을 보는 학교가 드물어서 시험 기간이 늘어나는 게 일반적입니다. 또한 1차 지필평가(중간고사)는 예체능 과목을 수행평가만으로 치르기도 하고, 2차 지필평가(기말고사)는 거의 모든 과목을 지필평가를 보니 중간고사보다 기말고사 기간이 더 길고 공부할 과목 수도 많습니다.

평가 일정표를
미리 확인하자

어느 인문계 고등학교의 '시험 기간 일정표'를 예로 들어 설명해보겠습니다(200쪽 표 참조). 이 일정표에 따르면, 지난 2020년에는 코로나19로 인해 감염 위험을 최소화하기 위해 학년 이동은 하지 않고, 오전·오후 2부제로 시험을 실시한 것을 알 수 있습니다. 2학년, 3학년의 경우 '빨간색'으로 표시된 과목은 별도의 이동 계획에 따라 선택자들만 시험을 실시하고, 미선택자는 하교한 것을 나타냅니다. 표에서 '노란색'으로 표시된 과목은 선택형 문제와 함께 논술형 문제도 있다는 의미입니다. 코로나19라는 변수와 기본적으로 과목이 여러 개다 보니, 교과목 교사들이 유의할 점을 알려주지만 학생들이 헷갈릴 수 있습니다. 시험 기간 일정표는 시험을 치르기 2~3주 전에 학교 홈페이지와 학급 게시판에 공지되므로 미리 확인하고 준비해야 합니다. 요즘은 e알리미 등과 같이 학교에서 활용하는 가정통신문 앱으로도 공지합니다.

2020학년도 1학기 2차		1학년	2학년			3학년		
			체육	미술	자유 수강	체육	미술	자유 수강
1일 차 7.29 (수)	1교시 09:20~10:10		자습		정치와 법 (82명)	사회문화 [2]		사회문화[3] (미술반+10/펑)
	2교시 10:30~11:20		영어 I [3]		영어 I [4]	영어독해와 작문[2]		영어독해와 작문[3]
	3교시 11:40~12:30		채점 후 귀가		생명과학 I (99명)	채점 후 귀가		한국지리(47명) /화학II(37명)
	채점시간							
	5교시 13:50~14:40	수학						
	6교시 15:00~15:50	한국사						
2일 차 7.30 (목)	1교시 09:20~10:10		자습		세계지리(71명)/지식재산 일반(42명)	자습		생명과학II (64명)
	2교시 10:30~11:20		수학 I [3]		수학 I [4]	확률과 통계/ 경제수학		미적분(3~6반)/ 경제수학(7~11반)/ 자습(12반)
	3교시 11:40~12:30		채점 후 귀가		화학 I (99명)	채점 후 귀가		심화영어독해 (32명)
	채점시간							
	5교시 13:50~14:40	영어						
	6교시 15:00~15:50	통합과학						
3일 차 7.31 (금)	1교시 09:20~10:10		생활과 윤리[2]		생활과 윤리[3](미술반+121명)	독서[5]		독서[3](213명)
	2교시 10:30~11:20		스포츠 개론	채점 후 귀가	기하/심화영어/고전 읽기	한문		
	3교시 11:40~12:30		채점 후 귀가		물리 I (75명)	채점 후 귀가		고급 생명과학(20명)/ 윤리와 사상(79명)
	채점시간							
	5교시 13:50~14:40	국어						
	6교시 15:00~15:50	기술과 가정						
	채점시간							
4일 차 8.3 (월)	1교시 09:20~10:10		지구과학 I [2]		생활과 과학 (103명)	정상 수업		지구과학 I (111명)
	2교시 10:30~11:20		문학[3]		문학[4]			기하/진로영어/심화국어
	3교시 11:40~12:30		채점 후 귀가		경제(27명)			프로그래밍(69명)
	채점시간							
	5교시 13:50~14:40	통합사회						
	6교시 15:00~15:50	채점 후 귀가						
	채점시간							

2020학년도 1학기 2차		1학년	2학년			3학년		
			체육	미술	자유 수강	체육	미술	자유 수강
5일 차 8.4 (화)	1교시 09:20~10:10	정상 수업 (온라인: 실시간)		중국어/스페인어				세계사(70명)/물리학 II(30명)
	2교시 10:30~11:20			채점 후 귀가	동아시아사 (47명)			화법과 작문
	3교시 11:40~12:30				채점 후 귀가			채점 후 귀가
	이후에는 수업시수 부족 과목에 대한 보강 수업으로 진행됩니다. 변경된 시간표는 추후 공지됩니다.							
	보강 수업(4~7교시 온라인: 단방향)							

－비고: 위 표는 특정 인문계고등학교이자 체육·미술 중점학교, 고교학점제 연구학교의 개별 교육과정 사례임을 밝힘. 표에서 '자유 수강'은 말 그대로 고교학점제에 따라 자유롭게 선택과목을 신청해서 수업을 듣는 반을 지칭함. 표에서 '[ ]' 기호는 일주일에 수업이 몇 번 있음을 나타냄. 예를 들어 [3]은 3단위로, 일주일에 3번 수업이 있다는 의미임.

고등학교는 하루에 시험 보는 과목이 적으므로 시간표만 보면 부담이 덜하다고 느낄 수 있지만 중학교 때보다 공부해야 할 양은 몇 배로 많습니다. 고등학교 시험은 하루에 두 과목을 보더라도 중학교처럼 전날에 벼락치기를 할 수 없습니다. 그래서 시험 전날까지 공부가 부족한 학생들은 아예 한 과목을 포기해 버리고, 남은 한 과목만 공부하기도 합니다. 이런 상황이 되지 않으려면 시험 전 최소한 3주부터는 시험공부 계획을 세워서 준비해야 합니다.

평소 열심히 공부하는 학생들도 지필고사에서는 유독 성적이 안 나오는 경우가 있습니다. 수업도 충실히 듣고, 수행평가 과제도 성실히 하는데 이상하게 성적이 기대만큼 나오지 않는 것입니다. 상담해보면 이런 학생들은 대체로 시험 기간 관리를 제대로 하지 않았기 때문이었습니다. 평소 공부가 자신의 페이스에 맞춰 뛰는 마라톤이라면, 시험 기간은 젖 먹던 힘까지 내야 하는 100미터 경주입니다. 평소 공부하던 것과 시

내신 성적 관리로 수시 전형 대비하기

험 대비 공부는 방법과 자세가 확연히 달라야 합니다. 공부하는 요령도 필요하고, 계속해서 내가 공부하고 있는 내용을 숙지한 것이 맞는지 점검하는 것이 필수입니다. 또한 선택형만 치르는 과목과 서술형까지 치르는 과목의 공부 방법도 달라야 합니다.

고등학생 공부 계획표
어떻게 짜야 할까?

고등학교 1학년 담임을 하면서 놀라는 일 중에 하나는 학생들이 기본적인 계획을 세우지 않고 무작정 공부하는 경우가 많다는 것입니다. 마음이 급하니 먼저 수학 문제를 풀고, 영어 단어를 외웁니다. 그리고 자고 나면 잊어먹을 것 같아 암기 공부를 먼저 하기도 합니다. 한마디로 원칙 없이 그냥 내키는 대로 공부하는 것입니다. 시험 기간 전에 공부 계획표를 짜서 실행하고, 어느 정도까지 학습했는지 스스로 점검하는 과정을 거치지 않는 학생들이 생각보다 훨씬 더 많다는 사실에 놀랐습니다. 중학교에 자유학기제가 생기고, 시험 횟수도 줄고 벼락치기가 통하니 공부하는 요령을 터득하지 못한 것 같습니다. 그러다 시험 직전에야 ○○과목은 공부를 시작도 못해서 포기한다느니, 분명 다 외웠는데 공부한 내용이 생각이 안 난다느니, 아침에 일찍 일어나서 공부하려고 했는데 못 일어났다느니 투덜거리는 아이들을 보면 담임으로서 애가 탑니다. '아니, 이런 것까지 알려줘야 하나?'라고 생각하다가, 요즘은 계획표 작성하는 방법까지 알려줍니다.

예를 들면 저희 반 학생들에게는 시험 보기 3주 전에 '공부 계획표'를 나눠줍니다. 먼저 계획표에 날짜마다 공부할 과목을 쓰라고 합니다. 학생들은 그날그날 계획한 공부를 실행하면 동그라미를 치고 검사를 받습니다. 공부 계획표를 제출하지 않으면 벌로 청소도 시키고, 종례 후에 남겨 공부를 마저 하고 검사를 받게 하면서 계획표만큼은 늦어도 2주 전까지 다 받아둡니다. 그리고 이 계획표대로 한 과목씩 끝낼 수 있도록 안내하고 격려합니다. 처음에 학생들은 공부 계획표를 받으면 어떤 과목을 써야 할지 몰라서 고민스러워합니다. "국어부터 할까요, 사회부터 할까요, 수학부터 할까요?" 하고 묻기도 합니다. 지필평가의 경우 어떤 과목부터 공부해야 좋을까요? 제가 작성한 공부 계획표를 참고로 설명해보겠습니다.

✦ 공부 계획표(예시)

목표 점수	전체 평균	점			번	이름:	
날짜별 공부 계획	일	월	화	수	목	금	토
1주	10일 영어	11일 영어	12일 영어	13일 수학	14일 수학	15일 수학	16일 국어
2주	17일 국어	18일 국어	19일 영어	20일 영어	21일 수학	22일 수학	23일 국어
3주	24일 국어 한국사	25일 D-7 한국사	26일 D-6 통합사회	27일 D-5 통합사회	28일 D-4 국어 과학실험	29일 D-3 통합과학 한국사	30일 D-2 통합사회 수학
1차 지필고사	1일 D-1 영어 기술가정	[2일 시험] 영어 기술가정	[3일 시험] 통합사회 수학	[4일 시험] 통합과학 한국사	[5일 시험] 국어 과학실험	6	7
과목별 목표 점수 및 공부 방법							
부모님 의견							

만약 '2~5일'까지 시험 기간이라면, 1일(D-1)에는 당연히 다음날 시험 볼 과목을 공부해야겠지요. 그 전날에는 3일에 시험 볼 과목을 공부하는

식으로 대칭이 되게 공부할 과목을 배치합니다. 앞 과목의 시험공부 간격을 줄여야 첫 이틀의 시험을 잘 볼 수 있기 때문입니다. 첫 시험부터 망치면 뒤로 갈수록 공부할 기운이 나지 않습니다.

공부 계획에서 1주와 2주는 대부분 공부 시간이 오래 걸리고 이해가 필요한 과목 위주로 배치하는 것이 좋습니다. 시간이 촉박할 때 국·영·수 과목을 공부하면 마음이 조급해져서 이해되던 것도 잘 되지 않습니다. 여유 있게 3일에 한 과목씩 끝낸다는 계산으로 해당 과목을 완벽하게 끝내는 것이 좋습니다. 그리고 마지막 3주 차(D-7)에 들어서는 암기가 많이 필요한 과목을 배치해야 암기한 내용을 시험 당일까지 기억할 수 있습니다. 이러한 요령 없이 손 가는 대로 공부하면 시간만 흐르고 급기야 허둥대다가 시험을 망칠 수도 있습니다. 알다시피 내신 시험은 단 한 번의 실수까지 모두 생활기록부에 남기 때문에 최대한 실수하지 않고 꼼꼼하게 준비하는 것이 중요합니다.

이렇게 과목에 대한 계획을 세우고 난 후에는 과목명만 적지 말고 공부 계획을 구체적으로 세워야 합니다. 그냥 '과학 공부'가 아니라, '과학 교과서 p. 34~67까지 요약하며 노트 정리', '문제집 3. (2) 소단원 형성평가 풀기', '인강 17번 강의 듣기' 등 실천 가능한 세부 계획을 세우고 실행 여부를 확인해야 합니다. 그래야 시간을 허투루 쓰지 않습니다.

많은 교사가 학생들이 긴장하고 사력을 다해서 공부해야 할 시험 3일 전부터는 교과 진도를 다 끝내고 자습을 시킵니다. 계속해서 진도를 나가봐야 시험 범위가 아니기에 학생들이 집중해서 듣지 않기 때문입니다. 차라리 스스로 공부하면서 모르는 부분을 개별 질문하고 답하는 것이 효율적이라고 생각해서, 저 역시 자습 시간을 주는 편입니다. 하지만 이렇게 공부 시간을 줘도 학급의 학생 절반은 시험 전날인데도 불구하고 어떤 공부를 해야 할지 몰라서 손을 놓고 있는 경우가 많습니다. 믿기지 않겠지만 한 학급이 25명이라면 15명은 공부하다가 30분도 못 버티고 잠이 듭니다. 그렇다 보니 담임 반 아이들에게는 교시별로 자습 계획을 세우고, 1교시에 무슨 공부를 어디까지 할지 페이지를 적고 세부 목표를 잡으라고 독려합니다. 이렇게만 해도 자습 태도가 확연히 달라지는 것을 볼 수 있습니다.

시험 대비를 하는 과정이야말로 자기 주도적 학습 능력에 따라 격차가 벌어집니다. 최근에 다큐멘터리 프로그램 〈SBS 스페셜〉에서 '혼공시대'라는 주제를 다루어 방영한 바 있습니다. 당시 이 다큐멘터리에서는 코로나 시대에 중위권 학생들이 몰락하는 것에 대한 수많은 보고가 제시되었습니다. 이제 혼자 공부할 수 없으면 성적을 올릴 수 없는 시대라는 의미입니다. 시험 기간은 공부한 내용을 자기 것으로 만들어야 하기 때문에 혼자 공부해야 하는 대표적인 기간입니다. 예를 들어 시험 직전에 학원에서 시험 대비 수업을 듣고 있다면 효율적으로 시험을 대비하지 못하고 있을 가능성이 큽니다. 사실 그 기간에는 듣는 수업을 모두 끝내고, 자신의 것으로 완전히 소화해야 하기 때문입니다. 메타인지, 쉽게 말해 내가 무엇을 알고 무엇을 모르는지 아는 것이 중요하다는 뜻입니다. 나에 대해서 정확하게 파악하고 점검하면서 스스로 공부해야 실수를 줄이고 성적도 향상시킬 수 있습니다.

✦ 24 ✦

고등학교 내신은 어떻게 평가되나요?

상대평가라는
내신 경쟁에 던져지다

고등학교 내신 등급은 1학년 때 배우는 공통과목과 예체능을 제외한 일반 선택과목은 '9등급'으로 등급이 매겨집니다. 대입에서 대체로 중요하게 반영되는 과목은 상대평가 과목입니다. '우리가 고기도 아닌데 왜 등급을 매기느냐'는 학생들의 불평이 들리는 것 같아 마음이 아픕니다. 교사로 일하면서 가장 속상할 때가 학생에게 성적으로 등급을 매기는 순간입니다. 한창 예민하고 불안한 시기, 성적을 받아 본 학생들은 대부분 충격에 빠지고 할 말을 잃습니다. 성적 등급일 뿐인데, 자신의 존재 자체가 8등급, 9등급의 가치로 떨어진 것처럼 여기는 학생도 많습니다.

고등학교 내신은
상대평가 과목이 중요

           1학년 여름 방학식 날 성적표를 받을 때 학생들은 더욱 괴로워합니다. 1차 지필고사까지는 점수가 나와도 등급까지 산출되지는 않습니다. 첫 등급을 받아 보는 시기는 2차 지필고사까지 끝난 후 수행평가 점수까지 더해져 학기가 마무리되는 시점입니다. 간혹 1차 지필고사가 끝나자마자 우리 아이가 몇 등급이냐고 묻는 부모님이 계십니다. 1학년 학생들도 중간고사가 끝나자마자 등급을 물어봅니다. 하지만 1차 지필평가만으로는 석차 등급을 알 수 없습니다. 성적 산출이 완전히 끝난 것이 아니기 때문입니다. 또 전체 과목의 등급을 묻는 학생들도 있는데, 등급은 과목별로 산출됩니다. 전체 등급으로 대학 합격 여부를 묻는 것은 편의상 말하는 것인데, 대학마다 반영하는 과목과 반영 비율이 다르므로 정확한 수치가 아닙니다.

  이렇게 방학식 날 성적표를 받으면 마음껏 기뻐할 수 있는 학생은 1등급을 받은 4%의 학생뿐입니다. 한 반에 4명이 아닙니다. 100명 중 4명이므로 각 학급의 학생으로 환산한다면, 반에서 단 한 명 정도만 1등급을 받는 것입니다.

  "중학교까지 우리 아이는 수학 A를 받았어요. 그런데 4등급이라니요?", "우리 아이는 중학교 내내 영어 A를 받았어요. 그런데 3등급이라니, 서울에서 대학은 갈 수 있는 건가요?" 학부모 상담 때 흔히 듣는 질문입니다. 성적표를 본 학부모님은 좌절하고, 학생은 더더욱 좌절합니다. 하지만 학생 대다수가 노력하지 않은 것도 잘못한 것도 아닙니다 중학교 때 A를 줄곧 받던 학생들이 비슷한 학군과 수준의 고등학교에서 1~2등급을 받지 못하는 이유는 간단합니다. 절대평가가 상대평가로 바뀌었고, 중학교 때 A등급이었더라도 11% 바깥에서 A를 받은 학생은 당연히 3등급 바깥으로 밀리는 것입니다.

우리 학급의 30명이 어떻게 등급을 나눠 받는지 다음의 상대평가 등급표를 보면 이해할 수 있을 것입니다. 왼쪽이 등급을 산출하는 기준을 나타낸 표이고, 이를 30명 학생에게 적용한 것이 오른쪽 표입니다.

✦ 학급 인원 기준 상대평가 등급(예시)

등급기준	등급
1%~4% 이하	1
4% 초과~11% 이하	2
11% 초과~23% 이하	3
23% 초과~40% 이하	4
40% 초과~60% 이하	5
60% 초과~77% 이하	6
77% 초과~89% 이하	7
89% 초과~96% 이하	8
96% 초과~100% 이하	9

학생 수	등수	등급비율(%)	등급
30	1	3.33	1
30	2	6.67	2
30	3	10.00	2
30	4	13.33	3
30	5	16.67	3
30	6	20.00	3
30	7	23.33	4
30	8	26.67	4
30	9	30.00	4
30	10	33.33	4
30	11	36.67	4
30	12	40.00	4
30	13	43.33	5
30	14	46.67	5
30	15	50.00	5
30	16	53.33	5
30	17	56.67	5
30	18	60.00	5
30	19	63.33	6
30	20	66.67	6
30	21	70.00	6
30	22	73.33	6
30	23	76.67	6
30	24	80.00	7
30	25	83.33	7
30	26	86.67	7
30	27	90.00	8
30	28	93.33	8
30	29	96.67	9
30	30	100.00	9

이 표를 보면 학급 30명 중 3등까지 2등급을 받습니다. 다른 27명의 학생은 3등급 아래의 등급을 받을 수밖에 없는 구조입니다. 평균 수준의 인문계 고등학교에서 3등급으로 서울의 상위권 대학에 진학하기 어렵다는 것은 학생들도 압니다. 물론 특목고는 다릅니다. 블라인드 전형을 하더라도 표준편차를 보면 일반고인지 특목고인지 구분이 가능합니다. 3~5등급 학생들은 대부분 열심히 공부하고 수행평가도 챙기는 성실한 학생들입니다. 2학년과 3학년이 남았으니 열심히 하면 괜찮은 'in 서울 대학'을 노려볼 수 있지만, 그렇다고 장담할 수 없는 애매한 등급입니다. 따라서 이 구간의 학생들은 공부 스트레스와 좌절감을 특별히 더 받습니다. 성적표를 보고 울음을 터뜨리거나, 시험 때마다 지나치게 긴장하는 학생들도 거의 3~5등급에 걸쳐 있는 학생들입니다.

내신 낮다고
자존감까지 잃는 아이들

학부모님도 마찬가지입니다. 내신 1~2등급을 받는 학생들은 보통 긴장 관리 능력이 있고, 자기 주도 학습이 잘되어 있어 학습 면에서 부모님 속을 크게 썩이는 일이 없습니다. 6등급 이하 학생들의 경우는 대개 공부 욕심이 없고, 공부를 위해 열심히 노력하지 않기 때문에 3~5등급 학생들만큼 스트레스를 받지는 않습니다(물론 예외도 있습니다. 6등급 학생들도 수행평가를 잘 챙기고 성실히 복습하면 5등급까지는 성적이 나옵니다). 이들 학생의 부모님도 이미 자녀가 공부 쪽으로 재능을 보이지 않는다고 판단해, 성적에 크게 관여하지 않고 다른 진로를 찾아보는 경우가 많습니다.

하지만 3~5등급 학생들의 부모님은 학생과 마찬가지로 조금만 더 공부하면 될 것 같은데 쉽게 성적이 오르지 않는 현실에 스트레스를 많이 받습니다. 어떤 아이는 1, 2등급을 받는다는데, 왜 우리 아이는 노력해도 3, 4등급일까 속상해서 아이를 계속 다그칩니다. 하지만 숨 쉴 틈 없이 밀어붙이는 것은 아이에게 도움이 되지 않습니다. 먼저, 학생 스스로 받는 스트레스를 이해하고 격려해야 합니다. 학생 본인도 성적 때문에 크게 스트레스를 받는데, 부모까지 맨날 성적 이야기를 하면 아이는 더 위축되고 긴장합니다. 포기하지 않고 열심히 공부하면 2, 3학년 때는 성적이 오를 것이라고 격려해주고, 성적이 안 오르더라도 낙심하지 말라고 위로해주어야 합니다. 너는 자체로 소중한 존재라며 응원해주어야 합니다. 때로는 당연하고 보편적인 위로가 아이에게 큰 힘이 될 수 있습니다. 부모님도 우리 아이의 존재가 비교할 수 없이 소중하고, 공부를 잘 하기보다 자존감 높고 행복한 아이로 자랐으면 하고 생각할 것입니다. 안타까운 점은 아이가 고등학교에 진학하는 순간, 대다수 부모님이 무엇보다 공부 잘하는 아이를 원한다는 것입니다. 하지만 공부에 지친 자녀를 격려하고 또 격려하는 것이 부모의 역할이라는 것을 기억해주시면 좋겠습니다.

내신 등급 중 3~5등급의 학생들은 외부 도움을 받으면 성적이 향상될 가능성이 있습니다. 특별히 취약한 과목을 보강하기 위해 학원을 보내는 것도 좋은 방법입니다. 3~5등급 학생들의 경우 학원 효과를 볼 수 있는 가장 적정한 수준이기 때문입니다. 1~2등급 학생들은 혼자 공부해도 됩니다. 모르는 내용만 인터넷 강의(이하 '인강'으로 칭함)로 확인하는 것이 더 효율적일 수 있습니다. 마음이 아프지만 6~9등급 학생들은 학원이 큰 도움이 되지 않습니다. 학원에 가도 수준별 수업이 아니라면 자리만 지키고 있을 가능성이 높습니다. 만약 학교에서도 학원에서도 열심히 공부했는데 6등급 이하의 성적을 받는다면 공부 방향이 크게 잘못된 것은 아닌지 점검해봐야 합니다. 이런 경우는 학생 수준에 맞게 기초 향상을 위한 과외 지도를 받거나, 학원보다는 학교에서 배운 수업 내용을 복습하는 편이 더 낫습니다. 우리나라의 경우 인강 시스템이 잘되어 있어서 누구나 원하는 경우 쉽게 접근해서 이용할 수 있습니다. 학습 의지가 있는 학생이라면 학원을 오가는 시간을 아껴 인강을 듣는 것이 더 효율적인 전략입니다.

학부모들 30명을 모아놓고 가장 훌륭한 부모 3명에게 표창한다고 상상해보면, 저는 결코 3명 안에 들지 못한다고 확신합니다. 30명을 가위바위보 시켜서 이긴 3명에게 선물을 준다고 해도 저는 그 안에 들지 못할 것입니다. 그만큼 입시라는 경쟁이 치열하고 어렵다는 뜻입니다. 우리 아이들은 이 냉혹한 현실에서 경쟁해야 하고, 내신이라는 잔인한 수치를 매 학기 받아야 합니다. 경쟁에 내몰린 자녀들의 현실을 당장 바꾸기는 어렵지만, 언제든 격려하고 위로할 수는 있습니다.

미국의 기업가 앤드루 카네기Andrew Carnegie는 '아홉 가지 잘못한 일을 꾸짖기보다 한 가지 잘한 일을 칭찬해주는 것이 그 사람을 개선하는 데 효과적이다.'라고 말했습니다. 입시 경쟁에 내몰린 아이들의 어려움을 학부모님이 좀 더 이해해주고, 아이만의 장점을 찾아 칭찬해줄 수 있기를 당부드립니다.

성취도 분할점수는 어떻게 보는 거에요?

기준 성취율로 아이의 학업 상태를
파악해보자

고등학교에서는 학기 초에 '지필평가 과목별 성취도 분할점수 안내'라
는 가정통신문을 배부합니다. 매 학년 학기 초에 필수로 안내하는 자료
입니다. 학부모님 대부분은 이 가정통신문을 받고 성적에 관련된 내용
이니 중요하다고 느끼지만 자세한 설명이 없어 답답해합니다. 학교 입
장에서 보면 변동분할 점수가 무엇인지, 성취도 A~E가 어떤 의미인지
통신문 지면에 모두 설명하기란 어렵기 때문입니다.

우리 아이 학업 성취도
올바로 분석하자

고등학교에서 고정비율로 과목별 성취도 분할점수(고정분할)를 산출한다는 것은, '90점 이상일 때는 A, 80점 이상 90점 미만일 때는 B, 70점 이상 80점 미만일 때는 C, 60점 이상 70점 미만일 때는 D, 60점 미만일 때는 E'로 평가한다는 뜻입니다. 학기 말 성적표에 고정비율로 성적을 매기는 교과는 A~E로 성취도가 표기됩니다.

하지만 어떤 지필평가는 쉽게 출제되어 90점 이상 A를 받는 학생이 무더기로 나오기도 하고, 어떤 지필평가는 너무 어렵게 출제되어 90점 이상 A를 받는 학생이 거의 나오지 않기도 합니다. 즉 A를 받았다고 너무 좋아하거나, A가 없다고 너무 실망하실 필요가 없다는 것입니다. 같은 A를 받아도 상대평가 등급에서는 3등급일 수 있고, B를 받아도 상대평가에서는 1등급이 나올 수 있다는 뜻입니다.

반면에 변동비율로 과목별 성취도 분할점수(변동분할)를 산출한다는 것은, 각 과목의 특성에 맞게 A~E등급의 점수 급간을 정한다는 것입니다. 따라서 문제 수준이 너무 높으면 절대평가 90점 이상 A급간이 아예 나오지 않을 수도 있습니다. 이럴 때는 변동비율로 미리 협의하여 80점 이상, 85점 이상 등으로 점수 급간을 정해서 A로 평가할 수 있습니다. 반대로 학력 수준이 낮은 학생이 많은 경우에 고정비율 성취도로 구분할 경우 60점 미만의 학생들 모두 성취도 E가 나올 수 있습니다.

✦ 과목별 성취도 '고정 분할점수'의 예

교과 \ 성취도	A	B	C	D	E
성취도 5단계 교과목	90점 이상	80점 이상 ~90점 미만	70점 이상 ~80점 미만	60점 이상 ~70점 미만	60점 미만

교과 \ 성취도	A	B	C
성취도 3단계 교과목	80점 이상	60점 이상 ~80점 미만	60점 미만

✦ 과목별 성취도 '변동 분할점수'의 예

교과 \ 성취도	A	B	C	D	E
수학	87점 이상	63점 이상 ~87점 미만	39점 이상 ~63점 미만	18점 이상 ~39점 미만	18점 미만
영어	85점 이상	61점 이상 ~85점 미만	42점 이상 ~61점 미만	12점 이상 ~42점 미만	12점 미만
통합과학	71점 이상	52점 이상 ~71점 미만	34점 이상 ~52점 미만	17점 이상 ~34점 미만	17점 미만

　　고등학교 지필고사는 과목별 학급 평균이 60점이 되지 않는 경우가 대다수인데, 고정비율로만 성적을 산출하면 성취도 미달 학생이 속출할 수 있습니다. 학생들의 편차가 큰 일반 고등학교에서는 1등급 학생을 변별해야 하기에 문제를 쉽게 출제할 수도 없습니다. 문제가 쉬우면 만점자가 4% 이상이 나오므로 1등급이 아예 안 나오기도 하고, 한두 문제만 틀려도 등급이 뚝 떨어진다는 부담감 때문입니다. 이런 경우 문제의 수준은 유지하되 60점이 아니라 변동비율로 20점 미만만 E를 주는 등 급 간을 달리 잡아 성취도를 평가하는 것이 합리적입니다.

학기 말 성적표는 등급보다 A~E 성취도 점수가 앞에 제공되기 때문에, 학부모는 보통 이 성취도 점수에 큰 의미를 두지만 사실 크게 중요한 정보는 아닙니다. 고정비율일 경우 절대평가에 의한 점수이기 때문에 상대적 위치를 확인할 수 없으며, 변동비율로 점수를 산출한 경우에도 학생의 정확한 성적 위계를 알기는 어렵습니다. 성적표의 알파벳으로 매겨지는 성취도보다 학생의 과목별 등급, 과목별 석차 등을 보는 것이 현재 자녀의 성적을 보다 더 정확하게 알 수 있는 지표라는 뜻입니다. 학종에서도 과목별 성취도는 대학에 제공하지 않습니다. 따라서 앞으로 성적표를 볼 때 성취도 등급이 A라고 너무 좋아하거나 B라고 실망할 필요가 없습니다.

성취도 평가는 학생의 학업 상태를 확인하는 참고 자료

그렇다면 '성취도 등급'은 왜 필요할까요? 쉽게 말해서 성취도 미달인 E 등급 학생의 보충수업을 위해 필요하다고 할 수 있습니다. 교사는 개인 지도나 특정 프로그램을 통해서라도 학생들의 학업 실력을 끌어올려야 합니다. 성취도 미달 학생을 어떻게 지도했느냐 하는 것은 교육청에 공문으로 보고해야 하는 중요한 문제입니다. 따라서 방과 후나 방학 때 보충수업 등과 같이 기초 실력을 향상하기 위한 수업 기회를 해당 학생에게 별도로 제공합니다. 물론 성취도 미달 학생을 강압적으로 교실에 남길 수는 없고, 학생의 동의를 구해 수업을 진행합니다. 대부분 이런 보충수업은 학생의 자비로 진행되는 것이 아니라, 교육청에서 기초 실력 미달 학생을 위한 예산을 지원받아 수업을 운영합니다.

따라서 학부모님은 자녀가 성취도 등급 E를 받은 과목이 있다면 부끄러워하지 말고, 자녀가 보충수업을 듣고 부진한 과목의 실력을 향상시킬 수 있도록 수업을 권하는 것이 좋습니다. 제가 근무했던 학교에서는 국어, 영어, 수학 성취도 미달 학생을 대상으로 기초반 수업을 열었습니다. 성취도 미달 학생만 수업을 듣도록 하면 부끄러워하기 때문에 기초 실력이 부족하다고 생각되는 학생을 추가로 모집하여 그룹식 과외처럼 수업을 진행했습니다. 즉 중학교 영어와 수학 과정이 자신 없는 학생 중 공부하고 싶다는 열의가 생긴 학생들이 자원하여 수업에 참여했습니다. 이 학생들을 위한 교육청 예산이 마련되어 있어 개인별 수준에 맞는 교재를 예산 내에서 지원하고, 수업 중에는 간식도 제공하면서 즐겁게 수업했습니다. 한 반에 3~4명 정도 비슷한 수준의 소수 학생들이 모여 공부하니 모르는 문제도 부끄러워하지 않고 질문하는 긍정적인 효과가 있었습니다. 이 중에서 국어 독해 실력도 올리고 싶은 학생들은 중학교 수준의 독해 문제집을 꾸준히 풀도록 했습니다. 처음에는 중학교 1학년 수준의 독해 지문 해석도 어려워하던 학생들에게 학습지 방문 수업처럼 매주 독해 지문을 숙제로 내주고 검사하며 실력을 점검했습니다. 이런 과정으로 공부하여 1년이 지나서는 중학교 3학년 독해까지 수준을 끌어올릴 수 있었습니다.

이와 같이 성취도 점수는 자녀가 학교에서 어떤 과목이 부족하고 어떤 수준인지 학업 상태를 확인하는 참고 자료 정도로 생각하고 크게 의미를 부여하지 않아도 됩니다. 특히 자녀가 기초 실력 미달 과목이 있는지 확인하는 지표로 활용하면 좋겠습니다. 만약 아이의 기초 실력이 많이 부족하다면, 기초 실력 향상을 위한 특정 프로그램이 있는지 학교에 문의하여 과외식 기초 수업을 받도록 권합니다.

✦ 26 ✦

성적에 이의를 제기할 수 있나요?

성적에 명확한 오류가 있다면
이의신청 기간에 바로잡자

학교에서는 지필평가가 끝나면 '성적 이의신청' 기간을 두어 성적 처리에 문제가 있을 경우 학생이 이의를 제기할 수 있게끔 하고 있습니다. 학교 사정에 따라 다르지만, 보통은 지필평가 후 일주일 정도 이의신청 기간을 둡니다. 유의할 점은 이의신청 기간에는 학생이 본인의 점수를 확인해야 하므로, 원칙상 '현장 체험학습'을 허가하지 않습니다.

특히 2학기에 학기말 시험이 끝나면, 학년도 종료되고 모처럼 여유로운 마음에 가족 여행을 계획하는 가정이 많은데, 이런 사항을 꼭 미리 확인하고 계획을 잡아야 합니다. 학교에 체험학습 불허 기간이 있다는 것을 모른 채 여행을 예약해두었다가, 체험학습이 허가되지 않아 곤혹스러워하는 가정의 사례가 종종 발생하기 때문입니다. 성적에 대한 어떤 불만도 제기하지 않겠다는 서약을 하면 여행을 허가하는 학교도 있는데, 이렇게까지 여행을 강행하는 경우는 드뭅니다. 학생에게 혹시 모를 성적의 불이익을 감수하라고 하는 것은 위험천만한 일이기 때문입니다. 따라서 시험이 끝났다고 곧바로 여행 계획을 잡지 말고, 최소한 이의신청 기간이 끝나고 나서 체험학습을 신청하는 것이 좋습니다.

이의신청은 채점 오류나 명확한 사유가 있어야 한다

이의신청 기간에 성적에 대해 정정하는 경우는 보통 주관식 점수의 처리에 관한 것이 대부분입니다. 사실 주관식 채점도 교사 한 명이 하는 것이 아니라 같은 교과 선생님이 교차 채점을 하는 과정을 거치므로 오류가 발생하는 경우는 드뭅니다. 그러나 사람이 하는 일이기에 점수 합산을 잘못했거나, 답안지 뒷면에 작성한 답안을 보지 못했거나 나이스에 성적을 입력하면서 숫자를 잘못 기입하는 등 예상치 못한 실수가 발생하는 일도 있습니다. 여러 명의 답안지를 확인해야 하니 교사도 의도하지 않은 실수를 저지를 수 있어 학생 한 명한 명에게 답안지를 보여주고 이상 유무를 확인한 후 서명을 받습니다. 그런데 학생을 불러 점수 확인을 하면 본인 점수가 창피하다고 보지도 않고 서명하는 학생이 많습니다. 확인하지 않고 바로 서명하는 경우 교사 입장에서는 일 처리가 빨라 좋을 수 있지만, 학생 자신이 손해를 볼 수 있으므로 반드시 함께 확인해야 합니다.

만약 이 과정에서 성적에 대해 받아들이기 어려운 부분이나 명백한 출제 오류 등이 있다면 이의신청을 할 수 있습니다. 지필평가 시험 전에 서술형 평가가 마무리되므로 서술형 평가에 대해서도 학생 확인을 받습니다. 보통 서술형 평가는 문제 시비가 있더라도 부분 점수를 줄 수 있고, 서술형의 특성상 답이 딱 떨어지는 것이 아니라면 협의를 통해 인정 답안을 추가할 수 있어서 오히려 큰 시비는 없는 편입니다. 그러나 지필평가 객관식 문제는 이야기가 다릅니다. 1번이 답이면 나머지는 모두 0점 처리가 되기 때문에 문제 시비에 크게 휘말릴 수 있습니다. 이처럼 교사는 문제 시비가 있는 경우 교과 협의를 통해 해당 문제를 꼼꼼히 재검토합니다. 학업성적관리위원회를 거쳐 복수 정답을 인정하거나, 해당 문제에 대한 재시험을 치르기도 합니다.

그런데 문제에 이상이 없는데도 계속해서 학생이 뜻을 굽히지 않는 경우도 있습니다. 이런 경우 학업성적관리위원회까지 안건이 올라가더라도 전문가들의 검토를 통해 '이상 없음'으로 결론이 나고, 당연히 성적 수정도 되지 않습니다. 보통 국어나 영어 교과의 경우 해석의 여지가 있고 출제자의 의도가 반영될 수 있기에 학업성적관리위원회에서 결과가 바뀌는 일은 드뭅니다.

문학을 예로 들면 하나의 작품을 놓고도 작품을 해석하는 관점에 따라 두 가지 이상의 해석이 가능합니다. 정지용의 〈향수鄕愁〉라는 시에서 교사는 '얼룩백이 황소가 해설피 금빛 게으른 울음을 우는 곳'을 '화자가 그리는 이상적인 농촌의 여유로움'이라고 해석했는데, 이 시의 같은 부분을 놓고 '일제시대 농촌에서 생산의 주체인 황소마저 일이 없는 농촌의 궁핍한 상황'이라고 전혀 다른 해석을 하기도 합니다. 앞의 해석에서 짚 베개를 베고 조는 아버지가 평화롭고 여유로워 보인다면, 뒤의 해석에서는 병약하고 생산성이 떨어지는 가장으로 여겨집니다. 이렇게 해석의 여지가 많은 부분을 묻는 문제는 대체로 출제하지 않습니다. 하지만 교사용 지도서에 따라 A의 해석을 수업시간에 가르쳤다면 내신 문제는 수업자, 곧 출제자의 견해에 따라 A로 해석해야 합니다. 아무리 학원이나 전공서에 A와 B에 대한 해석이 모두 가능하다고 했더라도, 교과의 특성상 '내신' 시험은 해당 출판사의 견해와 교사의 관점을 따라 문제를 풀어야 인정될 수 있습니다. 국어의 경우 특정 출판사가 같은 작품에 대해 독특한 해석을 할 때가 있는데, 이런 경우 출판사에 문의하면 집필자도 내신 시험문제는 출제자의 설명을 따르라고 안내합니다.

'막무가내식' 이의신청은 받아들여지지 않는다

특히 수학이나 과학처럼 답이 딱 떨어지는 경우 학업성적관리위원회에서 명백한 오류가 입증된다면 성적 이의신청이 받아들여집니다. 정답이냐 아니냐가 비교적 명백하기 때문입니다. 그래서 담당 과목 교사들은 시험문제를 출제하고 나서 오류가 없는지 검토하고 또 검토합니다. 교사들은 시험이 끝나기까지 마음을 졸이고 긴장의 끈을 놓을 수 없습니다. 문제 오류가 자주 발생하면 교사로서 전문성을 의심받을 수 있기 때문입니다. 또 학업성적관리위원회의 심의를 거쳐 오류를 정정하거나 재시험을 봐야 하는데 관련하여 부작용이 따르기도 해서 긴장을 놓을 수 없습니다. 한번 이의신청이 받아들여지면 본인의 답도 인정해달라는 학생들이 계속해서 생기기 때문입니다.

하지만 학생들의 경우 '일단 우기고 보자'라는 태도로 문제에 대한 이의신청을 계속해서 하는 것은 좋지 않습니다. 문제에 명백한 오류가 있는 것이 아니라면 아무리 민원을 넣고, 서명을 하지 않고 버티다가 학업성적관리위원회까지 가더라도 점수가 바뀌지 않습니다. 오히려 이런 과정에서 교사와 감정적인 대립의 골만 깊어집니다.

일례로 제가 근무했던 학교에서 거의 모든 과목의 시험문제나 수행평가에 딴지를 거는 A 학생이 있었습니다. 수업을 열심히 들은 학생들은 수업한 교사와 출제자가 일치하기 때문에, 같은 맥락에서 상호작용하며 내용을 이해하고 문제를 풀어 딴지를 걸 일이 거의 생기지 않습니다. 그런데 A 학생은 수업시간에 성실히 공부하거나 주의를 기울이지도 않다가, 시험 기간만 되면 나름대로 내신 준비를 했습니다. 시험이 끝난 후에는 수업시간에 언급하지도 않은 내용을 어디선가 가지고 와서 "이런 해석은 왜 안 되나요?", "제 답도 정답으로 인정해주세요."라는 항의를 수시로 했습니다. 학생이 이의를 제기하다가 안 되면 학부모가 제기하고, 학교에 인정이 안 되면 교육청에 민원을 제기하는 식의 연속이었습니다. 완벽한 사람은 없듯이, 교사도 평범한 사람입니다. 모든 교과에서 그렇게 행동하다 보니, 담당 교사들은 A 학생에 대해 지치고 노이로제에 걸릴 정도였습니다. 중요한 점은 A 학생의 '막무가내식' 이의신청으로 성적이 바뀐 적은 한 번도 없다는 점입니다. 처음에는 본인도 틀린 문제여서 정답 처리가 될까 기대하는 심리에서 A 학생 편을 들던 다른 친구들마저 나중에는 그만 좀 할 수 없겠냐며 말리는 지경이 되었습니다.

서술형 평가가 끝나면 내 1점이 어디서, 왜 깎였는지 무조건 따지고 보는 학생들이 있습니다. 미리 평가계획에 평가 항목을 안내하고, 학급에 공지해도 전혀 읽지 않다가 스스로 만족스럽게 치른 서술형 평가에서 왜 감점이 되었는지 궁금하다며 찾아오는 학생들이 적지 않습니다. 어떤 결과를 두고 다른 의견이 있을 때 이의를 제기하고 조정하는 과정 자체도 교육입니다. 막무가내로 자기 주장만 펼칠 것이 아니라, 이의 제기하러 교사를 찾아가기 전에는 미리 평가 항목도 읽어보고, 자신의 답안과 대조하며 찬찬히 살펴봐야 합니다. 찾아오는 학생들에게 평가 항목을 다시 한번 확인시켜주고 이런 점이 부족하다고 알려주는 것만으로도 '아하!' 하고 수긍하고 돌아가는 학생들이 대다수입니다. 만약 평가에 명백한 오류가 있고, 객관적인 증거(수업시간에 가르친 내용과 평가 방향이 다르거나, 이과 과목에서 명백히 답이 아니라고 입증할 수 있는 자료)를 제시할 수 있다면 담당 교사에게 말씀드려 정식 절차를 진행하면 됩니다. 문제 오류가 발견되었다면 상식적인 교사는 당연히 절차를 거쳐 학생이 불이익을 받지 않도록 해결합니다.

이렇게 입시에서 내신 관리가 중요해진 시점에서는 자신의 실수를 인정할 수 있는 자세와 상대에 대한 신뢰가 학생과 교사 모두에게 요구되는 중요한 덕목이라고 생각합니다.

✦ 27 ✦

수시에서는 비교과 활동이 더 중요한가요?

학종에서도 결국
교과 성적이 열쇠다

수시에서 비교과 활동이 중요한 경우는 '학생부종합전형'으로 대학을 진학하고자 할 때입니다. 상위권 대학에서는 여전히 학종으로 학생을 선발하는 비율이 크기 때문에 학생들은 교과와 비교과 활동 모두를 열심히 챙깁니다. 하지만 내신 성적보다 모의고사 등급이 훨씬 좋은 학생 (정시로 진학할 계획이 있는 학생)이나, 학종 중에서 교과 전형을 노리는 학생은 비교과 활동이 크게 중요하다고 보기는 어렵습니다.

비교과 활동은
양보다 질이다

'비교과'는 성적 산출이 되는 교과 이외의 모든 것을 의미합니다. 즉 학종이 성적으로 줄 세우는 정량평가가 아니라 모든 부분을 참고하는 정성평가이기 때문에 비교과 영역을 소홀히 할 수 없는 것입니다. '자율활동, 동아리활동, 봉사활동, 진로활동과 수상실적, 독서 등'이 비교적 중요한 비교과 영역으로 볼 수 있습니다. 생활기록부의 두께를 결정하는 것이 바로 이 비교과 부분에 채워지는 내용입니다. 물론 비교과 영역의 내용을 많이 채웠다고 꼭 좋은 평가를 받을 수 있는 것은 아닙니다. 양보다 '질'이 절대적으로 중요합니다.

예를 들어 자율활동의 경우 학교에서 전교생을 대상으로 한 내용이 공통으로 들어가 있는 생기부는 의미가 없습니다. 교사들은 자율활동 특기사항만 보더라도 학생이 적극적으로 학교 행사에 참여했는지, 소극적이었는지 알 수 있습니다. 하물며 입학사정관이 이런 점을 모를 리가 없습니다. 그렇지만 학생이 특별히 참여한 부분이 없어서 써줄 내용이 없으면, 학교에서 자율활동 시간에 했던 공통적인 내용이더라도 적어줍니다. '흡연 예방 교육에 참여하여 흡연의 피해와 심각성에 대해 깨닫고 활동지를 작성함', '아동폭력 예방 교육에 참여하여 가정 폭력의 심각성을 깨닫고 대처 방법에 대해 진지하게 고민하는 글을 작성함' 등의 일반적인 내용을 기입해주는 식입니다.

반면에 활동한 내용이 많은 학생은 이런 공통 행사까지 적을 칸이 남아 있지 않습니다. 개인적인 활동 내용만 적어도 정해진 글자 수가 넘치기에 충분히 고민해서 진로와 관련된 중요한 내용은 남기고, 덜 중요한 내용은 제하는 식으로 자율활동 내용을 채워갑니다. 이렇듯 전체적인 활동을 의미 없게 나열한 것과 고르고 골라 의미 있는 내용만 남긴 자율활동은 누가 봐도 큰 차이가 납니다.

진로활동이나 동아리활동의 특기사항도 마찬가지입니다. 전체 학교 행사로 실시된 진로활동이나, 동아리에서 공통으로 참여한 프로그램만 나열되어 있으면 좋은 평가를 받을 수 없습니다. 같은 프로그램이더라도 학생 개인이 특정 프로그램에서 어떤 역할을 맡아 어떤 활동을 하고, 어떤 결과를 내었는지가 구체적으로 작성되어야 의미 있습니다.

학생 혼자 비교과 영역을 고루 챙기기 어렵다면, 학교에서 학생들을 모집해서 진행하는 활동에 적극적으로 참여해야 합니다. 각 학교에는 입시 실적을 내기 위해서 소수의 학생들을 모집하여 생활기록부를 관리해주는 프로그램이 있습니다. 물론 성적이 좋은 학생들만 따로 관리하는 것은 지양하는 추세지만, 학종의 입시 실적이 곧 상위권 대학의 입시 결과로 이어지는 상황에서 이런 노력을 전혀 하지 않는 학교는 드뭅니다. 성적이 좋은 학생만 따로 관리해주면 형평성에 어긋난다는 지적에 공감하여, 요즘은 열심히 하고자 하는 학생들을 관리합니다. 의욕적인 학생들이 참여할 만한 다양한 프로그램을 운영하는 것입니다. 심화 독서토론을 하고, 다양한 실험을 통해 보고서를 작성하고, 개인의 진로와 맞는 체험활동을 하는 식입니다. 이런 프로그램에 성실히 참여만 해도 비교과 영역은 순조롭게 채워나갈 수 있습니다.

학종이더라도
'교과 성적'이 더 중요하다

　　　　　　우려되는 점은 학종에서 비교과가 여전히 중요한 것은 맞지만, 공부는 뒤로한 채 비교과 영역 챙기기에만 지나치게 욕심을 내는 학생들이 있다는 것입니다. 각종 대회에 참가하느라 정작 내신 공부는 소홀히 하는 것입니다. 실제로 방과 후 프로그램을 참여하다가 지쳐서 자기 주도 학습 시간을 확보하지 못해 내신 성적이 떨어지는 학생도 많습니다. 두 가지를 다 잘하기는 어렵습니다. 선택과 집중이 필요하다는 뜻입니다. 단순하게 입시에서 교과와 비교과 중에 어떤 것이 더 중요하냐고 묻는다면 고민할 것도 없이 '교과 성적'이 더 중요하다고 답할 수 있습니다.

　학종이 도입되던 초기만 하더라도 성적이 뛰어나지 않았던 어떤 학생이 화려한 비교과 영역의 활동으로 상위권 대학에 합격했다는 소식이 종종 들렸습니다. 이런 소식은 본인의 성적으로 상위권 대학을 진학할 가능성이 없는 학생들에게는 일종의 희망 고문이었습니다. 어른들이 당첨 가능성이 거의 없다는 것을 알면서도 로또를 사기 위해 줄을 서듯이, 학생들도 혹시나 하는 기대심리에 비교과 전형에 욕심을 내는 것입니다. 성적이 좋지 않은데 비교과 특기사항이 워낙 특출나서 좋은 대학에 합격할 확률은 매우 희박합니다. 어쩌다 비교과가 우수해서 상위권 대학에 붙었다는 사례는 전설에 가까운 이야기입니다. 우선은 성적이 좋은 학생이어야 비교과 영역도 도움이 된다는 것입니다. 아주 미미한 성적의 차이가 있을 때 비교과 활동으로 당락 여부에 영향을 끼칠 수는 있지만, 비교과 영역이 행운을 불러오는 역전 카드는 될 수 없다는 뜻입니다. 그럼에도 불구하고 학종에서 성적이 비슷한 두 명의 학생이 있다면 비교과 영역도 당락의 변수로 작용하기 때문에 상위권 학생들은 적정 수준에서 비교과 활동을 챙겨야 합니다.

학생 입장에서 비교과 영역의 '적정 수준'이란 어느 정도인지 알기 어렵기 때문에 예를 들어본다면 다음과 같습니다. 공부할 시간이 부족해서 교내 방과 후 프로그램에 따로 시간을 내는 것이 부담스러울 경우, 일과 내에서 진행하는 프로그램에서 자신이 할 수 있는 역할을 찾는 것도 좋은 방법입니다. 만약 방과 후 독서토론 모임에 참여하지 못하면 과학축제에서 도우미 활동은 할 수 있을 것입니다. 보통 이런 '진행 도우미'는 학교 교육계획이 세워져 있다면 봉사 시간도 받을 수 있고, 자율 활동이나 행동발달 사항의 특기사항도 챙길 수 있어서 일석이조입니다. 외부로 시간을 내서 봉사활동을 하러 가기 힘들다면, 학교 청소 시간에 봉사 시간을 인정해주는 '분리수거 도우미'로 참여할 수도 있습니다. 모두가 싫어하는 쓰레기 분리수거의 경우 다른 친구들이 가볍게 교실 청소를 할 때 좀 더 수고해야 하는 활동입니다. 이런 경우 담임교사는 '행동특성 및 발달사항'에 학생의 희생정신과 봉사심을 강조해서 아이의 인성을 평가해주고 기록할 수밖에 없습니다. 학급에서 1년에 두 번 모범 학생을 추천할 때 분리수거를 하는 학생들이 모범상의 봉사상 영역으로 추천되기도 합니다. 또 학급 회의를 할 때 대중의 하나로 앉아 있지만 말고 손을 들어 '서기' 역할을 맡는다거나, 학급 임원 선거에서 '선거관리인'으로 활동하는 것도 추천합니다. 체육대회에서 안무를 지도하는 역할을 해보거나, 계주 종목에서 나가 뛰어보는 것 등등 적극성만 있으면 학교 일정 내에서도 얼마든지 자신만의 개성이 돋보이는 활동을 할 기회가 많습니다.

별것 아닌 것 같지만
아주 중요한 시험 준비 노하우

대학에서는 시험을 망쳐서 F 학점을 받은 과목의 경우 재시험을 치를 수 있어 최종 시험점수만 성적표에 남게 되지만, 고등학교는 재시험도 재수강도 할 수 없는 구조입니다. 따라서 가능하면 어떤 변수로든 시험을 크게 망치지 않도록 관리하는 요령이 필요합니다. 고등학교에서는 단순히 시험이 너무 어려워서 못 보는 것이 아니라, 아주 안타깝고 당황스러운 이유로 못 보는 사례도 많습니다. 학부모님도 아래 사례들을 미리 알아두어 자녀의 내신 관리에 참고하기를 바랍니다.

■ 내신 시험은 이전 시험의 난이도를 체크하자

중간고사에서 국어 100점을 맞은 B 학생은 고등학교 시험에서 점수가 잘 나오자 자신감이 생겼고, 자신이 공부했던 방법 그대로 기말시험을 준비했습니다. 그런데 기말 시험점수가 50점으로 뚝 떨어지고 말았습니다. B 학생은 같은 수준으로 공부했는데 왜 갑자기 성적이 떨어졌는지 몰라 속상해서 그만 울음을 터뜨리고 말았습니다. 보통 고등학교 1학년 첫 중간고사는 문제를 쉽게 출제하는 경향이 있습니다. 중학교에서 고등학교로 갓 입학했기에 시험 유형에 적응하라는 의미도 있고, 교사들도 아직 학생들의 수준을 파악하지 못했기에 난이도를 조절하다가 쉽게 출제하는 일이 생기곤 합니다. 중간고사에서 등급이 갈리지 않더라도 기말고사와 수행평가가 남아 있기 때문에 무리해서 어려운 문제를 출제할 이유도 없습니다.

또한 요즘은 코로나19로 전면 등교 수업이 어렵고, 온·오프라인 수업을 병행하고 있기에 더 쉽게 출제되는 경향이 있습니다. 온라인 수업에서는 깊이 있는 내용까지 다루는 어렵기에 실제로 대다수 학교에서 시험문제를 쉽게 출제했습니다. 과목마다 만점자가 여럿 속출하고, 80점 이상인 학생이 학급의 절반이 될 만큼 많은 학생이 시험을 잘 본 사례도 있습니다.

그렇다면 기말시험은 어떻게 출제될까요? 이렇게 80점 이상의 학생들이 많이 나온 과목의 경우 기말시험은 당연히 어렵게 출제됩니다. 1등급은 전체 상위 4%, 2등급은 상위 11%의 학생들만 받을 수 있습니다. 그런데 만점자가 4%를 넘어버리면, 그 과목에서 1등급은 아무도 받지 못합니다. 규정에 맞춰 평가해야 하는 교사로서는 아주 골치 아픈 상황이 된 것입니다. 이처럼 때로 문제를 어렵게 출제해야만 하는 절실한 이유가 생기기도 합니다.

학생들은 당연히 이런 상황을 생각하지 못합니다. 그래서 중간고사에서 시험을 잘 봤다는 자신감으로 기말고사도 같은 수준으로 공부하다가 달라진 난이도에 적응하지 못하고 시험을 망치는 경우가 생깁니다. 물론 난이도가 비슷한 문항이 좋은 평가인 것은 맞습니다. 하지만 1학년이나 학기 초처럼 성적 예측이 어려운 경우는 난이도를 조절하기가 쉽지 않습니다. 따라서 학생들은 시험을 대비할 때, 이전 시험의 난이도를 생각해서 다음 시험의 난이도를 예측하고 공부하는 요령을 익혀야 합니다.

내신 성적 관리로 수시 전형 대비하기

■ 시험을 앞두고 늦잠 자지 않도록 주의하자

시험 시간을 놓친다는 게 말도 안 된다고 생각하겠지만, 실제 고등학교에서는 매 시험, 거의 모든 학년에서 지각 사태가 발생합니다. 일례로 C 학생은 평소에는 밤 12시쯤 잠자리에 드는데, 시험 준비를 한다고 늦게까지 공부하느라 새벽 4시에 취침했습니다. 아침에 부모님은 출근하면서 아이를 깨워 씻는 것까지 확인하고 나갔습니다. 그런데 C 학생은 너무 피곤한 나머지 10분만 침대에서 쉬어야 하다가 '잠깐' 침대에 눕고 말았습니다. 그다음 상황은 예상되시죠? 공부를 안 하는 학생이 아니라 밤늦게까지 열심히 하는 학생들이 시험을 망치는 대표적인 사례입니다. 담임교사는 입실 시간이 지나도 오지 않는 모범생 C 학생의 빈자리를 보고 당황할 수밖에 없습니다. 매번 늦는 학생이면 그러려니 하는데, 담임을 맡을 때마다 겪는 일이라 아주 서늘한 느낌이 드는 것입니다. 학생에게 아무리 전화해도 연락이 안 되고, 어머니는 분명 깨우고 나왔다며 사색이 됩니다. 심지어 아이가 늦잠을 자서 시험 시간에 늦은 것을 알게 된 어머니가 울먹이며 집에서 챙겨주지 못한 걸 자책하는 경우도 적지 않습니다.

이미 시험지가 배부된 교실에 헐레벌떡 뛰어들어와 숨도 고르지 못한 채, 떨리는 손과 울고 온 듯한 빨간 눈으로 시험을 치르는 학생을 보면 너무 속이 상합니다. 수학처럼 1분 1초가 아쉬운 시험에서는 이런 실수가 더욱더 뼈아픕니다. 시험 기간에는 이렇게 예상치 못한 일이 종종 발생합니다. 물론 고등학생이니 스스로 하도록 믿고 맡기는 것은 좋습니다. 하지만 시험이라는 특별한 상황에서는 부모님께서 한 번 더 챙겨주기를 바랍니다. 아이를 깨우고 바로 출근하지 말고, 알람 몇 개를 더 맞추거나 전화 연락을 해서 깨우는 등 아이가 실수하지 않도록 도와주면 좋겠습니다.

■ 시험장 반입 금지 물품을 확인하고 시험 준비물을 챙기자

고등학교 1학년 첫 시험 때마다 교실에서는 시계 전쟁이 벌어집니다. 고등학교는 수학능력시험에 준해서 벽시계를 떼는 것을 원칙으로 하는 학교도 많습니다. 벽시계가 갑자기 멈췄을 때 그로 인해 발생하는 일들을 책임질 수 없기 때문입니다. 중학교 때는 보통 시계가 잘 보이는 곳에 놓여 있기에, 학생들에게 원칙을 알려줘도 벽시계 정도는 허용해줄 것이라고 착각합니다. '아날로그 시계'를 챙겨오라고 말해줘도, 시험 당일에 학급마다 전자시계를 떡하니 차고 오는 학생들이 네댓 명씩 나옵니다. 시계를 압수당한 학생들은 벽시계를 놔달라고 계속 교사들을 조르거나, 손목시계 좀 빌려달라며 감독 업무가 없는 교사들을 찾아 헤매기도 합니다. 안 그래도 긴장되는 시험 직전 시간에 마음을 가라앉히고 준비하기는커녕 시계 때문에 더 조급해합니다. 시험을 마치고서는 시계가 없어서 시간 조절에 실패했다며 울상입니다.

담임교사로서 이런 장면을 목격할 때면 안타깝기만 합니다. 수정테이프 사용이 가능하니 챙겨오라고 해도 가져오지 않아서 답을 고칠 때마다 감독관에게 빌리는 학생도 있습니다. 학생 본인의 수정테이프를 사용하면 몇 초면 할 수 있는 일을 감독관에게 손을 들어 빌리고, 사용 후에 반납하는 과정에서 아까운 시험 시간을 허비합니다. 답안지에 샤프를 사용하지 말라고 해도, 굳이 샤프로 답안을 작성하다가 다 써놓은 답을 감독관 지시에 따라 볼펜으로 고치는 데 시간을 빼앗기기도 합니다(그나마 담당 감독관이 볼펜을 사용해서 고칠 수 있게 해주었다면 다행입니다. 아예 별도 답안지에 샤프로 적은 답은 인정하지 않는 경우도 있습니다).

준비물을 대수롭지 않게 생각할 수도 있지만, 시험장에서는 사소한 것 때문에 당황하고 불안해지므로 안정감 있게 시험을 치르기가 어렵습니다. 따라서 1학년 첫 시험만큼은 시험장에 반입해서는 안 되는 물품이 무엇인지, 그리고 시험을 치르기 위해 준비할 물건은 무엇인지 학부모님도 학생과 같이 확인하면 좋겠습니다. 고등학교는 내신 시험도 수능 기준에 맞춰 고사장을 준비하는 것이 일반적입니다. 수능 시험에서 반입 금지되는 물품과 반입 가능 물품을 소개하면 다음과 같습니다.

대부분의 고등학교는 수능에 준해서 시험장 반입 가능 물품과 금지 물품을 안내합니다. 단, 학교 규정에 따라 내신 평가 시 준비물은 다를 수 있으니 확인하기 바랍니다.

| 수학능력시험 준비물 및 유의 사항

- 필수 물품(수능시험에서만 요구): 수험표와 주민등록증 또는 본인임을 입증할 수 있는 신분증을 반드시 지참
- 시험장 반입 금지 물품: 휴대전화, 스마트 기기(스마트워치 등), 디지털카메라, 전자사전, MP3 플레이어, 카메라펜, 전자계산기, 라디오, 휴대용 미디어 플레이어, 결제·통신 기능(블루투스 등)이나 전자식 화면 표시기(LED 등)가 있는 시계, 전자담배, 통신 기능(블루투스)이 있는 이어폰 등 모든 전자 기기
- 휴대 가능 물품: 신분증, 수험표, 흑색 연필, 지우개, 샤프심(0.5㎜ 흑색), 흰색 수정테이프, 검은색 컴퓨터용 사인펜, 통신·결제 기능(블루투스 등)이나 전자식 화면 표시기(LCD, LED)가 모두 없는 시침·분침(초침)이 있는 아날로그 시계 등
- 필기구 지침: 흑색 연필, 검은색 컴퓨터용 사인펜 외의 필기구는 개인 휴대 불가(학교의 내신 시험에서는 개인 필기구 사용 가능)

기회의 문 '논술전형', 어떻게 준비할까?

꿈진집필위원단, '꿈진', 제 224호, 경기도교육청, 2021

논술전형은 논술고사의 반영 비율이 커서 이 시험을 잘 보면 합격 가능성이 높아지기에 내신 3등급 이하인 학생들도 주요 대학에 도전해볼 수 있는 기회가 되기도 합니다. 그렇지만 단지 글쓰기 솜씨가 좋거나 논술만 잘한다고 합격할 수 있는 것은 아닙니다. 논술전형은 경쟁률이 높아서 이 전형만을 지원하는 모험을 하는 학생은 극히 드뭅니다. 따라서 3학년이 되어 논술전형으로 수시를 하나 지원해봐야겠다고 생각한다면 '그냥 한번 해보자'는 식이 아닌 철저한 준비가 필요합니다. 예를 들면 대학별로 공개하는 기출문제를 분석해보며 자신이 도전할 수 있는 대학을 신중하게 결정해야 합니다. 물론 꾸준한 글쓰기 연습은 논리적인 사고를 요구하는 논술고사에 도움이 됩니다. 하지만 논술전형을 노리고 일찍이 초등학교 때부터 논술학원을 보낼 필요는 없습니다. 오히려 학창 시절에 폭넓은 독서를 하는 것이 제시문을 분석하고 학생 자신만의 사고를 논리적으로 전개해나가는 데 더욱 큰 도움이 됩니다.

■ 논술전형 핵심 가이드

2022학년도 수시에서도 논술의 비중을 높이는 대학이 늘었으며, 논술만 100% 반
영하는 대학들(건국대, 연세대, 연세대 미래캠퍼스, 한국항공대 등)도 있습니다. 논술전형
의 전형 요소는 '논술'과 '교과 성적'인데, 논술전형을 준비하는 학생들은 대학별
논술 문제를 익히는 것과 함께 수능 최저학력 기준을 충족할 수 있도록 공부도 꾸
준히 해야 합니다. 2022학년도에 수능 최저학력 기준을 적용하는 대학은 81.83%
이므로, 교과 성적이 다소 낮더라도 수능 최저를 맞출 수 있고 논술 실력이 있는 학
생이라면 지원해보는 것이 좋습니다. 경쟁률이 70:1 이상으로 높은 경우에도 수능
최저를 맞춘 학생들은 의외로 적어서 실경쟁률은 20:1 이하인 경우도 많습니다.

2022학년도에 생기부 반영 비율을 낮추고 논술 반영 비율을 높이는 대학은 동국
대(60%→70%), 서울시립대(60%→70%), 한국항공대(70%→100%)입니다. 인문계열 수
험생은 출제 경향이 그대로 유지될 것으로 보이지만, 선택형 수능에 따라 자연계
열 수험생은 2021학년도에 비해 기하 범위에서 출제가 가능하므로 이에 대한 대
비가 필요합니다. 또 2022학년도부터 약학대학이 학부 신입생을 선발하면서 논술
전형을 통해 선발하는 대학이 추가되었습니다. 약학대학은 대체로 타 모집 단위에
비해 수능 최저학력 기준을 높게 설정하고 있습니다. 적성고사에서 논술고사로 변
경한 대학도 있습니다. 적성고사가 폐지됨에 따라 가천대(919명), 고려대 세종캠퍼

| 2022학년도 인문계열 논술전형 실시 대학

지역	대학
서울	건국대, 경기대, 경희대, 광운대, 덕성여대, 동국대, 서강대, 서울대, 성균관대, 성신여대, 세종대, 숙명여대, 숭실대, 연세대, 이화여대, 중앙대, 한국외대, 한양대, 홍익대
경기·인천	가천대, 가톨릭대, 경기대, 단국대, 수원대, 아주대, 인하대, 한국산업기술대, 한국항공대, 한양대 에리카(ERICA)캠퍼스
강원	연세대 미래캠퍼스
세종	고려대 세종캠퍼스
충남	한국기술교육대
경북	경북대
부산	부산대

– 출처: 한국대학교육협의회, '2022학년도 대입정보 119', 2020, p.129

스(417명), 수원대(480명)가 논술전형을 새로 도입했습니다.

| 수능 최저학력 기준 미적용 대학(인문계열)

대학(12개교)
가톨릭대(인문), 경기대, 광운대, 단국대, 수원대, 연세대, 아주대(인문) 인하대(인문), 한국기술교육대, 한국산업기술대, 한국외대 글로벌캠퍼스, 한양대

– 출처: 한국대학교육협의회, '2022학년도 대입정보 119', 2020, p.130

| 2022학년도 자연계열 논술전형 실시 대학

지역	대학
서울	가톨릭대(의예, 간호), 건국대, 경희대, 광운대, 덕성여대, 동국대, 서강대, 서울과학기술대, 서울시립대, 서울여대, 성신여대, 성균관대, 세종대, 숙명여대, 숭실대, 연세대, 이화여대, 중앙대, 한양대, 홍익대
경기·인천	가천대, 가톨릭대(자연), 단국대, 아주대, 인하대, 중앙대(안성), 한국산업기술대, 한국항공대, 한양대 에리카캠퍼스
강원	연세대 미래캠퍼스
세종	고려대 세종캠퍼스
충남	한국기술교육대
대구	경북대
부산	부산대
울산	울산대(의예)

– 출처: 한국대학교육협의회, '2022학년도 대입정보 119', 2020, p.142

| 수능 최저학력 기준 미적용 대학(자연계열)

대학(13개교)
가톨릭대(자연), 광운대, 단국대, 서울과학기술대, 서울시립대, 수원대, 아주대(자연), 연세대, 인하대(자연), 한국기술교육대, 한국산업기술대, 한양대, 한양대 에리카캠퍼스

– 출처: 한국대학교육협의회, '2022학년도 대입정보 119', 2020, p.145

Chapter

5

멀리 보고
큰 그림 그리기,

정시 대비법

✦ 28 ✦

모의고사 준비 어떻게 해야 하나요?

모의고사는 실전 수능처럼
최선을 다해 치르자

'연습은 실전처럼, 실전은 연습처럼!' 상투적인 말이지만 모의고사는 실전처럼 치러야 합니다. 고등학교에서 모의고사란 '전국연합학력평가'를 말합니다. 이 모의고사는 수능시험과 똑같이 치르는데, 입실 시간부터 쉬는 시간, 점심시간 등 모든 시험 일과를 수능에 맞춰 실시합니다. 중학교에서 갓 입학한 고등학교 1학년 학생들은 첫 모의고사를 보면 넋이 나갑니다. 그렇게 긴 시간 동안 평가문제를 풀어본 적이 없기 때문입니다. 평소 등교 시간과 달리 일찌감치 학교에 와서 덩그러니 30분 이상을 시험지만 기다리며 침묵을 지키는 상황도 익숙하지 않습니다. 다음은 몇 년 전 제가 1학년 학생들의 모의고사 감독을 하면서 너무 안쓰러워 남긴 글입니다.

아침 8시에 교실로 구겨 넣어진 잠도 덜 깬 아이들이 오후 4시가 지나도록 모의고사를 치르고 있다. 고등학교에서의 첫 시험이라는 긴장감과 불안감, 지루함…. 온갖 힘든 감정을 몸 전체로 느끼면서 하루를 견디고 있는 아이들을 바라보는 게 너무나 괴롭다.

각종 수행평가와 지필평가를 치르며 내신 관리하느라 새벽까지 밤잠을 설치는 아이들에게 수능 최저 등급까지 요구하는 학창 시절이 과연 행복할 수 있을까. 이런 생활을 견딘다고 해서 장밋빛 미래가 보장되는 것도 아닌데 말이다. 출구 없는 터널 속을 뛰어야 하는 불쌍한 10대들의 행렬에 내 아이를 밀어 넣을 자신이 정말로 없다. 예전에 아이를 낳기 전, 시험 감독하는 날은 수업을 잠시 쉴 수 있어 좋았던 때가 있었다. 그런데 아이를 낳고 아이가 자랄수록 가슴이 답답해진다.

위의 글을 쓴 시점은 육아휴직을 했다가 막 복직한 해였습니다. 이전에는 무심코 넘어갔던 아이들의 고통이 그제야 보였습니다. 안쓰럽지만 고등학교 3학년은 그래도 성인이 되는 시점이니까 통과의례처럼 하루쯤 온종일 집중해서 시험을 보는 것도 훈련일 수 있다고 생각했습니다. 하지만 어린 티도 벗지 못한 1학년 학생들이 종일토록 시험지를 붙잡고 씨름하는 모습은 그저 안타깝기만 했습니다.

멀리 보고 큰 그림 그리기, 정시 대비법

시험을 보는 태도가
곧 능력이다

1학년 학생들은 대부분 이렇게 긴 시간동안 (08:40~16:32) 시험을 치르는 것 자체를 견디지 못합니다. 1교시 국어 영역은 학생 모두가 긴장해서 깨어 있는 상태로 시험을 보지만, 2교시 수학 시간이 되면 100분의 시험 시간을 견디지 못하고 어지간히 문제를 풀고는 한 명 두 명 잠을 자기 시작합니다. 3교시는 점심을 먹고 졸음이 몰려와 영어 듣기평가가 끝나는 시점이 지나면 3분의 1에 달하는 학생이 엎드려 잠을 자기 시작합니다. 4교시쯤 되면 한국사와 사회탐구·과학탐구까지 102분이라는 시험 시간에 지쳐서 문제를 얼추 풀고 나머지 문제는 포기하고 학급의 절반 정도에 이르는 학생이 엎드려 잠을 잡니다. 2, 3학년의 경우는 제2외국어까지 시험을 치르면 다음 시간표처럼 오후

✦ 전국연합학력평가 및 수학능력시험 영역 및 시험 시간

교시	시험 영역	시험 시간		문항 수	비고
1	국어	08:40~10:00	80분	45	
2	수학	10:30~12:10	100분	30	• 가형, 나형 중 택1 • 단답형 30% 포함
3	영어	13:10~14:20	70분	45	• 듣기평가 17개 포함 (13:10부터 25분 이내)
4	한국사, 사회탐구/과학탐구/직업탐구	14:50~16:32	102분		
	한국사	14:50~15:20	30분	20	• 필수 영역
	한국사 영역 문제지 회수, 탐구 영역 문제지 배부	15:20~15:30	10분		
	사회탐구/과학탐구/직업탐구 시험: 2과목 선택자	15:30~16:00	30분	20	• 선택과목 응시 순서는 p. 3의 탐구 영역별 과목의 순서에 따라야 함
	시험 본 과목 문제지 회수	16:00~16:02	2분		
	사회탐구/과학탐구/직업탐구 시험: 1~2과목 선택자	16:02~16:32	30분	20	• 문제지 회수 시간은 2분임
5	제2외국어/한문	17:00~17:40	40분	30	• 9개 과목 중 택1

5시 40분이 되어서야 모의고사가 끝납니다.

최종적으로 시험 중간에 엎드려 잠을 자지 않고, 끝까지 집중력을 발휘해서 시험을 치르는 학생은 한 학급의 절반도 되지 않습니다. 시험을 집중해서 치르는 것 자체가 엄청난 일입니다. 문제는 이렇게 시험을 치르는 패턴은 한 번으로 끝나지 않고, 중간에 잠들었던 학생은 다음번 모의고사를 볼 때도 어김없이 잠이 든다는 것입니다. 긴 시간 동안 긴장감을 유지하고 시험을 치르는 학생이 많지 않다는 것을 모의고사를 치를 때마다 느낍니다.

2학년 담임이 되어 상담할 때마다 학생들이 공통으로 하는 말이 있습니다. 모의고사 성적은 학생 자신의 실력이 발휘된 점수가 아니라는 것입니다. 그 이유는 아직까지 제대로 시험을 치러본 적이 없고, 만약 집중해서 열심히 시험을 본다면 지금 이 등급보다는 당연히 좋은 등급을 받을 수 있다는 주장입니다. 하지만 저는 시험을 보는 태도도 능력이라고 생각합니다.

힘들지만 끈기 있게 문제를 붙들고 씨름할 수 있는 능력, 오랫동안 집중해서 자기를 조절할 수 있는 능력만큼 중요한 것은 없습니다. 믿기 어렵겠지만 모의고사를 볼 때 자던 학생들은 나중에 수능 시험장에서도 잠이 듭니다. 학부모의 학창 시절과 비교하면 정시의 영향력이 줄었기 때문에 요즘은 수능장에서의 긴장감도 예전 같지 않습니다. 고사장 분위기에 따라 다르지만, 수학능력시험을 치르는 그 중요한 순간에도 집중하지 못하고 잠드는 학생이 많이 있습니다.

따라서 모의고사는 무조건 수능처럼 '실전'이라고 생각하고 시험을 봐야 합니다. 귀찮더라도 수능처럼 시험지에도 학번과 이름을 쓰고, 시험장 유의 사항도 지켜가면서 긴장감을 유지한 채 시험을 치러야, 수능 당일에도 습관대로 집중력을 발휘할 수 있습니다.

그래서 저는 모의고사 전날 1학년 학생들에게도 늦게까지 공부하지 말고, 늦어도 밤 11시 전에는 잠자리에 들라고 조언합니다. 아침에 헐레벌떡 오지 말고, 아침밥을 먹고 등교해서 머리가 가장 맑은 상태에서 시험을 치르라고 합니다. 그렇게 최선을 다해 받은 등급이라야 신뢰할 수 있습니다. 자신의 실력을 정확하게 아는 것은 입시 전략을 세우기 위해서도 중요합니다. 2학년이 되었는데도 모의고사를 끝까지 열심히 본 적이 없어서 수시가 유리한지 정시가 유리한지조차 파악이 안 되는 학생들이 의외로 많습니다. 전략도 결과가 있어야 세울 수 있습니다.

모의고사 기출문제로
실전 감각을 익히자

재차 강조하지만, 모의고사는 항상 실전처럼 치르고 자신의 정확한 실력을 파악해야 합니다. 그것이 바로 모의고사를 보는 취지입니다. 'EBSi 국가대표 고교강의' 홈페이지(http://www.ebsi.co.kr)에 들어가면 정확한 시험 일정과 시험 범위 등을 확인할 수 있습니다. 최소 2년 정도 해당 월의 모의고사 기출문제를 출력해서 풀어보고, 오답은 동영상 수업을 들으면서 체크하고 시험에 임해야 합니다. 모의고사는 단기간에 공부한다고 성적이 오르는 시험이 아니고, 전년도 문제가 반복해서 나오지도 않습니다. 하지만 문제 유형을 익히고 시간 배분을 연습하기 위해서 기출문제는 꼭 풀어봐야 합니다. 이런 연습 없이 시험을 치르는 것은 초행길을 떠나는 것과 같습니다. 익숙한 길을 가는 사람은 중간에 예상치 못한 일을 맞닥뜨리고 날씨가 흐려도 크게 긴장하지 않습니다. 그러나 초행길을 갈 때는 약간의 변수만 있어도 당황하고 길을 잘못 들 확률이 높습니다. 학생들이 어려운 문제를 만나거나 새로운 유형의 문제를 접하거나, 또는 시간에 쫓길 때 이런 심정일 것입니다. 시험은 모험과는 다릅니다. 최대한 많은 시뮬레이션을 돌려보는 것이 좋습니다. 바로 기출문제를 푸는 것입니다.

그러나 내신 시험과 겹치는 학기 중에는 모의고사 문제를 풀어볼 시간이 많지 않습니다. 당장 제출할 숙제도 있고, 내신 공부도 버겁고, 내일 치러야 할 수행평가도 많습니다. 따라서 방학 동안 수능을 위한 공부 시간을 반드시 확보해야 합니다. 수능 공부는 결국 개념을 익히는 공부이므로 내신 대비에도 도움이 됩니다. 수능 과목은 내신에서도 모두 중요하게 평가하는 과목이기 때문입니다.

✦ 29 ✦

모의고사 성적을 수능 성적으로 생각해도 되나요?

모의고사 성적에
'숨은' 의미를 잘 읽자

자녀의 고등학교 첫 모의고사 성적표를 받으면, 학부모님들은 "이 정도 점수면 정시에 올인 하는 게 나을까요, 아니면 수시도 챙겨야 할까요?"라거나 "이 성적이면 어느 대학에 갈 수 있을까요?" 하고 묻곤 합니다.

제가 근무하던 학교에는 고등학교 3학년 부장으로서 오랜 기간 직무를 담당해온 진학지도의 베테랑 선생님이 있었습니다. 그분은 1학년 모의고사 성적에서 3학년 때 변화가 있는 학생은 소수에 불과하다고 말씀하셨습니다. 이미 1학년 때 어느 정도 정시 합격에 대한 예측이 가능하다는 말을 자주 하셨습니다. 1학년 모의고사 때 1등급이 나오면 3학년 모의고사에서도 1등급이 나오고, 1학년 모의고사 때 3등급이 나오면 3학년 모의고사도 3등급이 나올 확률이 크다는 것입니다. 저도 교사로서 이런 예측에 어느 정도 동의합니다. 왜냐하면 학년이 올라갈수록 상위권에서 자신의 등급을 쉽게 내어주는 학생이 없고, 정말 치열하게 공부하며 학습 태도 및 습관, 공부 방법까지 바꾼 친구들만 등급을 올릴 수 있기 때문입니다.

하지만 그렇다고 낙담해서는 안 됩니다. 점차 의미 있는 등급의 변화를 보이는 학생들은 여전히 있습니다. 재수생처럼 극적으로 모의고사 등급의 변화가 있는 사례는 드물지만, 재학생 중에도 1학기 모의고사가 4등급이었다가 2학기에는 1~2등급 오르는 학생들이 간혹 있습니다. 즉 5등급 이하 하위권 학생들은 성적 변화의 폭이 큰 편이지만, 상위권에서는 변화의 폭이 매우 적은 편입니다. 학부모들이 선호하는 수도권 대학에 진학하고자 하는 상위권 학생의 경우 등급을 올린다는 것이 쉬운 일이 아닙니다.

첫 모의고사 성적이 수능의 지표가 될 수 있을까?

따라서 1학년 때 모의고사를 몇 번 치르면 자녀가 수도권 대학에 진학할 수 있는 학생인지, 수능 최저 등급이 필요 없는 대학이나 전형을 노려야 하는지, 정시 점수가 내신보다 훨씬 좋아서 정시 공부 비중을 늘리는 것이 나을지 정도는 참고할 수 있습니다. 중·상위권에서는 한 학급에 한두 명 정도만 3등급이 1등급으로, 4등급이 2등급으로 오르는 변화를 보입니다. 하지만 안타깝게도 1학년 때 뒤늦게 사춘기가 온 학생의 경우 1등급이 5등급으로 되는 사례도 있습니다. 격렬한 사춘기를 초등학교나 중학교 1~2학년 때 보내고 있다면 오히려 박수를 칠 일입니다.

그러나 1학년 모의고사 성적은 자신의 과목별 실력을 참고할 수 있는 수단일 뿐 대학수학능력시험에서의 등급을 섣불리 예측할 수는 없습니다. 특히 1, 2학년의 경우는 1년에 총 네 번의 모의고사가 있지만, 학사 일정이 빡빡하여 보통 두세 번만 시험을 치릅니다. 이런 경우 6월과 9월 모의고사는 공통으로 치르지만, 서울 학생들은 서울특별시교육청 주관의 3월 모의고사만 치르고, 경기도 학생들은 경기도교육청 주관의 4월 모의고사만 보는 식입니다. 이렇게 시험을 치르면 경기도 학생들의 경우 4월 시험이 첫 모의고사가 되는 셈입니다. 경기 지역 학생들의 첫 모의고사는 정시에 강한 서울 학생들이 모두 빠진 결과이므로 6월 모의고사에서 성적이 떨어질 가능성이 높습니다.

고3이라면 모의고사 성적이 N수생이 응시하지 않은 결과라는 것을 알아야 합니다. 상위권 학생이라면 이때 받은 자신의 등급에서 실제는 한 단계 정도 아래로 밀릴 수 있다고 생각해야 합니다. 대체로 N수생은 모의고사를 공식적으로 응시하지 않고 문제만 출력해 풀어봅니다. 반면 학교에서는 시험 볼 의사가 없는 학생까지 전체가 응시하도록 합니다. 이렇게 시험을 치르면 정시를 아예 생각하지 않고 수학능력시험을 치르지 않을 하위권 학생도 등급 산출에 포함됩니다. 따라서 첫 모의고사 등급이 1등급이 나왔다고 해서 자신의 실력이 최상위라고 생각하면 안 됩니다. 막상 수능시험을 보면 모의고사 성적과 다르게 등급이 내려가는 경우가 많습니다.

게다가 3월 모의고사는 시험을 주관하는 기관도 수능을 출제하는 한국교육과정평가원이 아닙니다. 따라서 재수생이 더 많이 응시하고, 신뢰도가 더 높은 평가는 한국교육과정평가원이 주관하는 6월과 9월의 학력평가입니다.

3학년 3월 모의고사 성적의 의미

이러한 사실을 모른 채 1학년 첫 모의고사의 모든 과목에서 전부 1등급을 받았다는 학생의 어머니께서 학교에 수시로 전화해 우리 딸이 서울대를 갈 수 있는지를 계속 문의하곤 했습니다. 담임교사와 교과목 교사, 성적 담당 교사에게까지 전화해서 평균 등급 계산을 해달라, 모두 1등급을 받은 학생의 숫자를 알려달라, 어떤 대학에 갈 수 있는지 유니브(입시 프로그램)로 뽑아달라고까지 했습니다. 1학년 첫 모의고사 성적에 이렇게 흥분하고 좋아할 이유는 없습니다. 이 시기 학부모님들은 오히려 묵묵히 자녀를 격려해주며 학교를 믿고 기다려주셔야 합니다.

다음의 표는 3학년의 3월 모의고사 성적이 실제 수능시험에서 어떻게 달라졌는지 변화를 보여줍니다. 당연히 1학년 모의고사와 수능시험을 비교한다면 변화의 폭이 더 크다는 것을 예측할 수 있습니다. 이 표를 분석해보면 인문계의 경우, 최상위권 학생 가운데 약 14%만 성적이 상승하고, 약 80%는 성적이 하락했습니다. 중·상위권 학생도 마찬가지

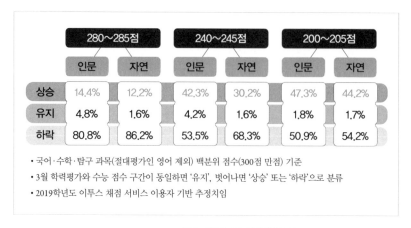

✦ 3학년 3월 학력평가 vs 수능시험 (3월 학력평가 대비 수능 성적 향상 비율 변화)

	280~285점		240~245점		200~205점	
	인문	자연	인문	자연	인문	자연
상승	14.4%	12.2%	42.3%	30.2%	47.3%	44.2%
유지	4.8%	1.6%	4.2%	1.6%	1.8%	1.7%
하락	80.8%	86.2%	53.5%	68.3%	50.9%	54.2%

- 국어·수학·탐구 과목(절대평가인 영어 제외) 백분위 점수(300점 만점) 기준
- 3월 학력평가와 수능 점수 구간이 동일하면 '유지', 벗어나면 '상승' 또는 '하락'으로 분류
- 2019학년도 이투스 채점 서비스 이용자 기반 추정치임

– 출처: 이투스 교육평가연구소, https://www.etoos.com/report/

입니다. 이들 학생 가운데 약 42%가 성적이 상승하고, 절반이 넘은 약 53%는 성적이 하락했습니다. 이처럼 3월 모의고사 성적에 비해 수능시험 성적이 하락하는 것이 일반적입니다. 따라서 학생들은 내가 어떻게 약점을 보완하여 성적 상승의 구간으로 진입할 수 있을지 고민하고, 긍정적인 마음으로 최선을 다하는 것이 바른 태도입니다.

3학년 3월 모의고사 성적에서 점수가 향상되는 학생의 비율이 10%가 넘는다고 하면 좌절할 이유가 없습니다. 아주 적은 확률이라고 속단할 수도 없습니다. 마지막 역전의 기회를 노릴 수 있는 것이 바로 정시입니다. 그러므로 학부모님도 최종 수능 시험에서 자녀가 좋은 결과를 얻을 수 있게끔 좀 더 멀리 보고 자녀가 공부에 집중할 수 있도록 믿고 지지해주면 좋겠습니다.

✦ 30 ✦

수능 선택과목은 언제 결정해야 할까요?

학년이 올라갈 때마다
선택을 좁혀나가자

수능 선택과목을 결정하기 위해서는 우선 관심 있는 교과의 수업을 들어보고 자신에게 어떤 과목이 잘 맞는지를 파악해야 합니다. 학교 수업을 듣고 내신 공부를 하면서 수능 과목을 같이 공부해야 효율적이기 때문에, 1학년 때 2학년 과목 선택을 하면서 고민은 이미 시작됩니다. 보통 학교 교육과정에서는 수능 선택과목의 약 두 배 정도의 과목을 배웁니다. 예를 들어 문과 학생이 사회탐구 두 과목을 수능에서 선택해야 한다면, 2~3학년 교육과정에서 네 과목 정도는 배우고 시험을 칠 기회가 있는 것입니다. 그렇다면 네 과목을 심사숙고해서 선택하여 2~3학년 때 수업을 들어보고, 그중에서 자신에게 잘 맞는 과목 두 개를 골라 수능을 치르면 됩니다.

	문항 수	출제 범위(선택과목)
국어	45	• 공통과목: 독서, 문학 • 선택과목(택1): 화법과 작문, 언어와 매체
수학	30	• 공통과목: 수학Ⅰ, 수학Ⅱ • 선택과목(택1): 확률과 통계, 미적분, 기하
영어	45	• 영어Ⅰ, 영어Ⅱ를 바탕으로 다양한 소재의 지문과 자료를 활용하여 출제
한국사(필수)	20	• 한국사를 바탕으로 우리 역사에 대한 기본 소양을 평가하기 위한 핵심 내용을 중심으로 출제
탐구 (택1)	사회탐구 과목당 20	• 생활과 윤리, 윤리와 사상, 한국지리, 세계지리, 동아시아사, 세계사, 경제, 정치와 법, 사회·문화
	과학탐구 과목당 20	• 물리학Ⅰ, 화학Ⅰ, 생명과학Ⅰ, 지구과학Ⅰ, 물리학Ⅱ, 화학Ⅱ, 생명과학Ⅱ, 지구과학Ⅱ ※17개 과목 중 최대 택2
	직업탐구 과목당 20	• 1과목 선택: 농업 기초 기술, 공업 일반, 상업 경제, 수산·해운 산업의 기초, 인간 발달 중 택1 • 2과목 선택: 위 5개 과목 중 택1 + 성공적인 직업생활
제2외국어/한문	과목당 30	• 독일어Ⅰ, 프랑스어Ⅰ, 스페인어Ⅰ, 중국어Ⅰ, 일본어Ⅰ, 러시아어Ⅰ, 아랍어Ⅰ, 베트남어Ⅰ, 한문Ⅰ ※9개 과목 중 택1

따라서 수능 선택과목을 1학년 때 2학년 과목 선택을 하면서 한 번 좁혀나가고 2학년 수업을 들으면서 다시 한 번 좁혀나가는 것이 효율적입니다. 이렇게 과목을 좁혀나가다 보면, 2학년 말 정도에 수능 선택과목이 완전히 결정됩니다. 적어도 3학년 첫 모의고사 전까지는 과목이 결정되어야 우왕좌왕하지 않고 정시 대비를 잘 할 수 있습니다.

1학년 공통과목의
내신 점수를 파악해보자

2~3학년 과목 선택을 할 때 1학년 '공통과

목'의 내신 시험 결과를 참고하면 좋습니다. 보통 2~3학년 선택과목은 1학년 공통 과정에서 간단하게 다루어집니다. 국어의 경우, 1학년 때 공통으로 배우는 국어 과정에 '화법과 작문'에 해당하는 단원이 있고, '언어와 매체'에 해당하는 문법 단원이 있습니다. 어떤 단원을 공부할 때 더 흥미가 있는지, 내신 시험을 보면 어떤 단원에서 점수가 잘 나오는지를 파악했다가 결정하면 됩니다.

따라서 1학년 내신 시험이 끝난 후에 홀가분한 마음으로 시험지를 던져버려서는 안 됩니다. 1학년 시험은 단순히 시험 성적 결과만 보는 것이 아니라 문항별로 분석해봐야 자신에게 유리한 영역과 취약한 영역을 정확히 알아낼 수 있습니다. 학구열이 높은 지역에서는 1등급을 변별해야 하므로 1학년 내신 시험문제 수준이 수능의 수준과 크게 다르지 않습니다. 2~3학년 선택과목으로 '언어와 매체'에서 다룰 문법적인 내용을 대부분 1학년 때 배우고 수능 문제 유형의 평가를 치르기 때문에, 내신 결과가 수능의 유불리를 알려주는 소중한 정보를 담고 있는 것입니다.

이와 같이 2학년 선택과목을 결정하고, 2학년 수업을 듣는다고 해봅시다. 1학년 때 문법에 흥미를 느끼고 2학년 때 '언어와 매체' 수업을 들었더니 문법 점수가 잘 나옵니다. 그러면 수능 과목에서 '언어와 매체'를 선택하면 되는 것입니다. 이런 경우 내신 과목 선택을 잘했기 때문에 고민 없이 수능과 내신 준비를 동시에 할 수 있어서 가장 이상적이고 효율적입니다. 하지만 2학년 선택과목을 들어보니, 오히려 흥미가 떨어지고 점수도 잘 나오지 않는다면 어떻게 해야 할까요? 사회나 과학의 경우 교육과정에서 수능 선택과목을 두 과목만 배우는 것이 아니라 적어도 세 과목에서 다섯 과목까지 다루기 때문에, 그중에서 학생 자신에게 맞지 않는 과목은 수능 선택에서 제외하면 간단합니다.

가장 곤란한 경우는 학교 교육과정에서 배우지 않은 과목을 갑자기 수능 선택과목으로 결정하는 것입니다. 이런 경우 학교 수업은 내신 준비를 위해 따로 듣고(학생들은 보통 '버린다'고 말하는데, 이 수업시간에는 엎드려 잠만 자기도 합니다), 수능 공부는 인터넷 강의를 듣거나 학원을 다니면서 따로 해야 합니다. 이렇게 공부를 병행하는 것은 쉽지 않기에 학교 수업을 등한시하고 정시만 노리면서 사교육에 의지하는 경향이 있는데, 솔직히 결과는 좋지 않습니다. 상식적으로 생각해봐도 수많은 N수생이 아침부터 밤까지 수능 공부만 하는데, 학교에서는 다른 공부를 하다가 하교 후에 정시 준비를 한다면 승산이 있을 리 없습니다. 따라서 과목 선택을 신중히 결정하고, 2학년 때는 선택한 모든 과목의 수업에 충실해야 합니다.

과목 선택, 요령 피우다 낭패 본다

2학년이 되면서부터 수능 과목을 선택해 특정 과목만 집중했다가 낭패를 보는 사례도 있습니다. 2학년 때 A 학생은 '생활과 윤리, 정치와 법, 경제' 세 과목의 사회 수업을 선택하고, 자신은 '경제'를 수능 선택에서 제외하겠다며 그 시간에는 다른 과목 숙제를 하거나 수업을 듣지 않았습니다. 그런데 2학년 말쯤 A 학생은 꿈이 바뀌었는데, 경제 과목을 이수해야 유리한 학과였습니다. 하지만 A 학생은 내신 점수가 좋지 않았고, 수능 과목으로 선택하기에도 기본 지식이 너무 없었습니다. 결국 A 학생은 혼자 경제를 다시 공부해야 할지, 희망 전공을 바꿔야 할지 난감한 상황에 부딪혔습니다. A 학생과 같은 사례로 갈등하는 학생은 의외로 많습니다.

내신에서 '선택과 집중'을 하겠다는 학생들이 많은데, 이렇게 요령을 피우는 것보다 주어진 과목 모두에 최선을 다하는 것이 오히려 좋은 결과를 가져옵니다. 자신이 선택한 과목에 최선을 다하고, 2학년 때는 여러 과목을 충분히 탐색해야 3학년 때 후회하지 않습니다. 수능 선택과목을 3학년 때 급히 바꿔야 하는 경우가 생기더라도, 2학년 때 골고루 공부해둔 내용이 있으면 선택의 폭도 넓어집니다.

따라서 최종 과목 선택은 3학년 첫 모의고사 전까지 한다는 여유 있는 마음으로 주어진 공부에 최선을 다하는 것이 좋겠습니다. 수능 선택에서 최종적으로 제외되는 과목이더라도 열심히 해놓으면 다른 영역에서 도움이 될 수 있습니다. 과목 하나하나가 별개로 존재하는 것이 아니기 때문입니다. 정치, 경제, 지리, 지구과학 그 어떤 내용도 국어, 영어 영역의 지문으로 나올 수 있고, 배경지식은 내용 이해에 도움이 됩니다.

필요 없는 공부를 하는 것만큼 괴로운 것은 없습니다. 하지만 모든 공부가 꼭 수능을 위해 존재하는 것은 아닙니다. 혹시라도 지금 하는 공부가 수능에 도움이 되지 않더라도 고등학교 과정에서 공부한 것은 대학에서 공부할 때, 그리고 인생을 살아갈 때 언젠가 필요할지 모르는 내용입니다. '지금 공부하는 내용을 써먹을 기회가 있을 것이다, 내 인생에 자산이 되고 도움이 될 것이다'라고 긍정적인 마음으로 최선을 다해야 좋은 결과가 따라올 것입니다.

대입 전형 일정이 궁금해요!

대입 전형은 다음에 제시한 '2022학년도 대입 전형 일정' 표(258쪽 참조)와 같이 수시 전형을 먼저 시작합니다. 따라서 수시 모집은 고등학교 3학년 1학기까지 성적과 결과만 대입에 반영됩니다. 8월 말에 생활기록부가 마감되고, 9월 원서 접수를 시작으로 11월부터 합격자가 발표됩니다. 수시 지원은 수험자 1인당 최대 6회의 기회를 가질 수 있습니다. 6회의 기회를 최대한 활용하기 위해 수험생은 '① 수능 최저 충족 가능성, ② 대학별 고사 일정, ③ 지원 분야 모집 규모, ④ 졸업년도 지원 자격, ⑤ 수시 6회 지원 제한을 벗어나는 대학, ⑥ 한 대학 복수 지원, ⑦ 접수 테크닉 등'을 체크해야 합니다.

평소 모의고사 점수가 잘 나오는 학생은 '상향 지원'을 과감하게 해볼 필요가 있습니다. 수시 모집에 합격한 학생은 정시를 잘봤더라도 학교를 옮겨 갈 수 없어서 이른바 '수시 납치'를 당할 수 있기 때문입니다. 만약 수시 모집에 두 개 이상의 학교에 합격했다면 한 학교에 지원해야만 합니다. 어떤 학생은 수시를 안정 지원했다가 수능에서 점수가 크게 올라 국어, 영어, 수학 모두 1등급을 받고 얼마나 후회했는지 모릅니다. 합격해도 다닐지 말지를 고민할 대학이라면 수시에서 지원하지 않는 것이 좋습니다.

수시를 위한 생활기록부 작성 기준일이 8월 말이다 보니, 일부 3학년 학생들은 2학기 생활을 엉망으로 보내곤 합니다. 그러나 재수를 하더라도 수시 지원이 가능한 대학과 전형이 있고, 3학년 2학기 내신 성적까지 활용하는 경우가 있습니다. 반영 비율이 높지는 않지만, 혹시 재수하게 될 가능성도 염두에 두고 수능 이후에 치르게 될 기말고사도 성실히 치르는 것이 좋습니다. 한편 12월에 수시 합격을 한 학생들은 정시를 지원하는 친구들과 달리 1, 2월에는 예비 대학생 신분으로 편안하게 여행도 하고 취미생활도 하면서 즐겁게 보내곤 합니다.

반면에 정시 지원 시기는 1, 2월입니다. 정시 지원은 4년제 대학의 경우 3회의 지원 횟수 제한이 있습니다(단, 사관학교나 KAIST, UNIST 등의 특수대학은 지원 제한에 해당하지 않아 추가 지원할 수 있습니다). 만약 정시 합격자 발표 때 불합격하더라도 예비 번호를 받았다면, 이 시기에 언제 추가 합격 연락이 올지 몰라 가슴을 졸이고 지내야 합니다.

참고로, 지인이 수험생이라면 이때 어느 학교에 붙었느냐는 질문을 하는 것은 금물입니다. 아직 수험생을 두지 않은 학부모는 분위기를 잘 몰라서 이때쯤 결과가 나왔을 것으로 생각하여 지인에게 단순한 호기심으로 물어보기도 합니다. 하지만 수험생 학부모와 학생에게는 매우 예민한 질문이기에, 이 시기에는 따로 연락하거나 모임 약속조차 잡지 않는 것이 수험생 엄마들 간의 암묵적인 룰이자 배려입니다. 전년도 입시 결과는 5월 이후에 각 대학의 홈페이지와 '대입정보포털 어디가 (http://www.adiga.kr)' 등을 통해 확인할 수 있으니 기본 사항을 알고 준비하는 것이 좋습니다.

구분		2022학년도	2021학년도*
수시 모집	원서 접수	2021.9.10.(금요일)~9.14.(화요일) 중 3일 이상 ※재외국인과 외국인 특별전형: 2021.7.5.(월요일)~7.9.(금요일)	2020.9.7.(월요일)~9.11.(금요일) 중 3일 이상 ※재외국인과 외국인 특별전형: 2020.7.6.(월요일)~7.10.(금요일) 중 3일 이상
	전형 기간	2021.9.15.(수요일)~12.15.(수요일): 92일	2020.9.12.(토요일)~12.14.(월요일): 94일 ※재외국인과 외국인 특별전형: 대학이 자유롭게 선택할 수 있으나, 7~8월 중 전형 실시 권장
	합격자 발표	2021.12.16.(목요일)까지	2020.12.15.(화요일)까지
	합격자 등록	2021.12.17.(금요일)~12.20.(월요일): 4일	2020.12.16.(수요일)~12.18.(금요일): 3일
	수시 미등록 충원 합격 통보 마감	2021.12.27.(월요일) 21:00까지 ※홈페이지 발표는 20시까지, 20~21시까지는 개별 통보만 가능	2020.12.23.(수요일), 합격자 발표 21시까지 ※홈페이지 발표는 20시까지, 20~21시까지는 개별 통보만 가능
정시 모집	원서 접수	2021.12.30.(목요일)~2022.1.3.(월요일) 중 3일 이상	2020.12.26.(토요일)~12.30.(수요일) 중 3일 이상
	전형 기간 가군	2022.1.6.(목요일)~1.13.(목요일): 8일	2021.1.2.(토요일)~1.10.(일요일): 9일
	전형 기간 나군	2022.1.14.(금요일)~1.21.(금요일): 8일	2021.1.11.(월요일)~1.19.(화요일): 9일
	전형 기간 다군	2022.1.22.(토요일)~1.29.(토요일): 8일	2021.1.20.(수요일)~1.28.(목요일): 9일
	합격자 발표	2022.2.8.(화요일)까지	2021.2.1.(월요일)까지
	합격자 등록	2022.2.9.(수요일)~2.11.(금요일): 3일	2021.2.2.(화요일)~2.4.(목요일): 3일
	정시 미등록 충원 합격 통보 마감	2022.2.20.(일요일) 21시까지 ※홈페이지 발표는 20시까지, 20~21시까지는 개별 통보만 가능	2021.2.16.(화요일), 합격자 발표 21시까지 ※홈페이지 발표는 20시까지, 20~21시까지는 개별 통보만 가능
	정시 미등록 충원 등록 마감	2022.2.21.(월요일)	2021.2.17.(수요일)
추가 모집	원서 접수, 전형일, 합격자 발표·등록	2022.2.22.(화요일)~2.28.(월요일) ※합격 통보 마감은 2022.2.27.(일요일) 21시까지 ※홈페이지 발표는 20시까지, 20~21시까지는 개별 통보만 가능	2021.2.19.(목요일)~2.25.(목요일) 21시까지 ※홈페이지 발표는 20시까지, 20~21시까지는 개별 통보만 가능
	등록 기간	2022.2.28.(월요일)	2022.2.26.(금요일)
수능 시행일		2021.11.18.(목요일)	2020.11.19.(목요일)
수능 성적 통지일		2021.12.10.(금요일)	2020.12.9.(수요일)
수시 학생부 작성 기준일		2021.8.31.(화요일)	2020.8.31.(월요일)
정시 학생부 작성 기준일		2021.11.30.(화요일)	2020.11.30.(월요일)

*코로나19로 인해 2021학년도 대학수학능력시험일이 2020.11.19.(목요일)에서 12.3.(목요일)로 연기됨에 따라 수시 모집 등 대입 일정이 2주가량 연기됨. 예외적인 상황으로 전형 일정 비교를 위해 최초 발표된 일정표를 제시함.

31

정시 전형에 어떤 변화가 있나요?

정시 확대되어도
생활기록부를 챙겨야 한다

교육부는 2023학년도 입시에서 정시 확대 기조를 유지한다고 밝혔습니다. 대입 공정화 방안으로 정시 모집이 확대되고 비교과 영향력이 줄어들다 보니, 학생들은 이제 생활기록부를 관리하지 않아도 된다고 생각하는 분위기입니다. 수시 모집에서 대입 전형 유형을 비교해보면 학종보다 교과 전형의 비율이 압도적으로 높아서, 앞으로 내신 성적 관리만 하거나 수능만 잘 보면 된다고 생각하는 학생이 많습니다. 그러나 학부모들과 학생들이 선호하는 서울 소재 16개 대학의 전형 유형별 모집 비율을 살펴보면 여전히 학종의 영향력이 적지 않습니다.

수능 위주의 정시 전형이 40%까지 확대된다고 하더라도 서울 소재 주요 대학들은 단순히 내신 성적 위주의 교과 전형보다는 학종이 30% 이상을 차지하는 학교가 많습니다. 서울대는 2023년도에도 무려 59.8%를 학종으로 선발합니다. 수능 위주의 선발과 더불어 학종은 수도권 대학을 진학하려는 학생들에게는 양대 산맥인 셈입니다. 따라서 입시의 좁은 문을 통과하기 위해서는 생활기록부도 관리하면서 정시 준비도 동시에 하는 것이 유리합니다.

수능 확대로
교실 붕괴가 우려된다

교육부는 대입제도 공정성 강화 방안에 따라 2023년까지 학종과 논술 위주 전형으로 쏠림이 있는 서울 소재 16개 대학을 대상으로, 2023학년도까지 수능 위주 전형 40% 이상을 완성하도록 하는 방안을 발표했습니다. 교육부의 이 발표안은 대학 여건을 감안하여 2022학년도까지 정시 40% 선발을 조기 달성하도록 추진하는 내용을 담고 있습니다. 이러한 지침으로 현재 대학들은 학생들을 어떻게 선발해야 할지 고민이 깊어 보입니다.

자녀의 입시 과정을 지켜본 학부모님은 수능시험의 성격을 이해할 것입니다. 수능 시험은 5지선다의 선택형 문제 중 가장 적절한 답안을 고르는 형식의 문제입니다. 미래 사회가 지향하는 인재를 육성하는 데 적절하지 않은 평가 방식이라는 지적이 여전히 끊임없이 제기되고 있습니다. 수능 강화는 입시의 '공정성' 때문에 창의적 인재를 육성하기 위한 미래 가치를 달성하기 어려운 문제가 있습니다. 수능을 강조하다 보면 학교 수업을 등한시하게 되고, 자유로운 토론이나 발표 등의 창의적인 수업을 하기가 어렵습니다.

저는 수능 비중이 절대적으로 높았던 시기에 고등학교를 다녔습니다. 서울에서 사교육을 비교적 많이 받던 송파구 지역에서 교실 붕괴도 실제로 경험했습니다. 수능시험 당일만 시험을 잘 보면 되었기에 다들 학교에서는 학원에서 나눠준 수많은 문제를 풀거나, 부족한 잠을 보충하며 배움의 즐거움을 누리지 못했습니다. 자유로운 토론이나 발표 수업은 기대할 수 없었고, 지루한 강의와 끝없는 문제 풀이에 시달렸습니다. 이러한 경험에 비춰볼 때 '생기부 노예(학종을 준비하는 학생의 고달픔을 자조하는 말)' 현상도 문제지만, 교실 붕괴는 더 큰 문제라고 생각합니다.

서울대는 정시에 내신 반영한다는데, 다른 대학들은?

객관식 평가와 주입식 수업의 대표 격인 일본에서조차 '교육평가 혁명'이 일어나고 있습니다. 일본의 경우 2020학년도부터 객관식·선택형 시험문제를 줄이거나 폐지하고 있고, 서술형·논술형 평가를 시도한다고 합니다. 4차 산업혁명 시대를 살아갈 학생들에게 객관식 시험은 적합하지 않다고 판단한 것입니다. 즉 논술형 시험으로 평가 방법을 바꿔 학생들의 사고력과 창의력을 키워주고 교실 수업을 질적으로 향상하겠다는 움직임입니다. 그런데 이런 시대 흐름과 달리 한국은 거꾸로 가고 있으니 대학에서 자구책을 마련하고 있는 실정입니다.

교육부에서 정시를 40%까지 확대하라고 하니, 대학은 이 입시 전형 안에 '교육과정 이수 충실도를 반영하는 교과평가'를 도입하겠다는 것입 니다. 서울대학교는 2023학년도 대학 신입학생 입학전형 예고사항에서 이런 취지를 포함한 내용을 발표했습니다. 정시 전형이 지금까지 수능 위주의 전형이었다면, 앞으로는 정시 전형에서도 수능 성적 외에 생기 부의 교과학습 발달을 반영하여, 관련 학문 분야에 필요한 교과 이수 및 학업 충실도를 평가하겠다는 뜻입니다. 지금까지의 정시 전형은 수능 100%를 활용하여 선발하는 대학이 대다수였습니다. 그러나 서울대학교 는 이번 발표에서 아래와 같이 교과평가를 반영하겠다고 밝혔습니다.

✦ 서울대학교의 교과평가 지침(2020년 10월 28일 발표)

지역 균형 전형		일반 전형		
수능	교과평가	1단계	2단계	
		수능 점수	1단계 수능 성적	교과평가
60점	40점	100%	80점	20점

또한 서울대학교는 수시 모집에서만 실시한 지역균형 전형을 정시 모 집에서도 실시하고, 수시 모집 지역균형 전형의 수능 최저학력 기준도 완화했습니다. 4개 영역(국어, 수학, 영어, 탐구) 중 3개 영역 이상이 2등급 이내였던 수능 최저학력 기준을 2023학년도부터는 4개 영역 중 3개 영 역의 등급 합이 7등급 이내로 변경됩니다. 서울대학교의 선발 기준은 다 른 대학의 학생 선발에도 분명 영향을 미칠 것입니다. 이러한 변화는 교 육계에 던지는 메시지가 크다고 생각합니다. 이는 정시가 확대되더라도

생활기록부와 내신의 영향력이 크게 축소되지 않을 것이라는 의미입니다.

이번 서울대학교의 발표 이후 '과거 교육'으로 역행하는 교육부의 행태에 개별 대학이 제동을 걸었다, 학교 교육 정상화 메시지를 던졌다는 호평이 나오고 있습니다. 한편 학교에서 지역균형 전형에 학생을 추천할 때 재학생 위주로 추천하므로, 3학년 학생에게 유리하고 N수생에게 불리해질 것이라는 전망도 제기되고 있습니다. 이러한 변화는 문제 풀이에만 뛰어나 좋은 성적을 보이는 학생보다는 '충실한 학교생활'을 바탕으로 학업 역량을 키운 학생을 뽑겠다는 의지를 보여준다고 할 수 있습니다. 이미 1학년 학생들이 한 학기 내신 시험을 치른 시점에서 정시 전형의 큰 변화가 발표된 것이 아쉽기는 하지만, 대학 나름의 자구책을 고민하는 시간이 필요했을 것입니다. 미래 지향적인 교육 방향에 대해 대학이 진지하게 고민하고 책임감 있게 변화하려는 움직임이 반갑습니다. 무엇보다 이런 변화가 내신을 포기하고 정시 전형만 노려 자퇴하는 학생을 방지하고, 학교가 교육기관으로서 충실히 제 역할을 다할 수 있기를 기대합니다.

수학능력시험장에서
제발 이런 실수 하지 말자!

다음 사례는 수학능력시험장 안에서 벌어지는 안타까운 일들을 시험 감독관의 눈으로 관찰한 모습입니다. 아시다시피 이 별난 수능 시험은 대한민국에 입국하려는 비행기도 착륙하지 못하고 하늘을 빙빙 맴돌게 할 정도이지요. 듣기평가에 혹시 방해가 될까 봐 이런 진풍경이 벌어지는 것입니다. 그러면 요즘 수험장 안의 열기와 긴장감은 어떨까요? 평가가 주요 업무인 교사들은 매년 수능 시험장에서 극도로 긴장한 수험생들을 마주합니다. 제 경우 재작년에도 작년에도 감독관 명찰을 달고 차가운 새벽바람을 가르며 컴컴한 수험장으로 향한 바 있습니다. 해도 뜨기 전인 시각에 아침밥도 거르고 감독관 교육을 받고 나면 엄청난 강도의 감독 업무가 이어집니다. 이렇게 시험 감독을 마치고 나서 가벼운 마음으로 시험장을 나설 수 있으면 좋으련만, 고사장마다 씁쓸하고 안타까운 일들이 속출해서 마음 편히 귀가한 적 없었던 수능 시험 당일의 몇몇 사례를 소개해보고자 합니다.

또 휴대전화! 제발 미리 제출하세요

부정행위를 위해 휴대전화를 제출하지 않았다면 당연히 책임질 일이지만 의도치 않게 휴대전화를 제출하지 않는 사례가 끊임없이 발생합니다. 휴대전화 미제출 사례는 지각과 관련하여 일어나는 일이 많습니다. 차가 막힌다거나, 전날 긴장한 탓에 잠을 못 이루다가 새벽에 잠이 들거나 등등 그 이유도 다양한 수능시험 당일의 지각생 영상은 예나 지금이나 반복되는 뉴스거리입니다. 이토록 중요한 수능 시험에 경찰차나 오토바이를 타고 나타나는 학생이 매년 있다는 게 신기하고, 또 고사장마다 헐레벌떡 마감 직전에 들어오는 학생들도 꼭 있습니다.

지각한 학생들은 혼이 쏙 나간 것처럼 정신이 없어 보입니다. 이미 전자 기기를 모두 제출하고 앉아 차분하게 대기하는 다른 수험생들과 달리, 뒤늦게 들어와 숨 가쁘게 소지품을 꺼내고 자리를 찾아 앉기에 바쁩니다. 시험이 시작되기 전에 준비하는 시간은 감독관도 정신이 없는 때입니다. 결시자 파악을 해야 하고, 수험생 유의 사항을 안내하고, 시험지 수량을 확인하는 등 초긴장 상태입니다. 경험이 많은 감독관은 지각생을 발견하는 순간 전자 기기부터 제출하고 자리에 앉으라고 안내하지만, 이 역시 사람이 하는 일이라 다른 일이 분주하여 미처 챙기지 못할 때가 있습니다. 즉 이미 전자 기기 수거가 끝난 시점에 지각생이 착석할 경우 서로 모르고 지나가는 아찔한 일이 종종 발생하곤 합니다. 수험생 본인도 주머니 속에 휴대전화가 있다는 사실을 깜박한 채 정신없이 시험을 보는 것입니다. 한참 시험을 보다가 '아뿔싸! 휴대전화를 제출하지 않았구나!' 뒤늦게 인지하고 제출하는 순간, 혹은 진동이 올려 적발되는 순간 부정행위로 처리되는 것입니다. 요즘은 무선 이어폰처럼 블루투스 기능이 있는 전자 기기를 주머니에 넣어놓고 잊고 있다가 적발되는 사례도 늘고 있습니다. 학생들은 대부분 이런 사실을 뒤늦게 인지하면 '지금이라도 제출해야겠다'라고 생각해서 스스로 휴대전화를 꺼내놓습니다. 이처럼 착한 고해성사 때문에 부정행위로 처리되는 사례를 볼 때면 너무 마음 아프고 속이 상합니다.

시험장 책상 서랍에 책을 넣어두지 마세요

학교 내신 시험을 치를 때는 학생들이 공부하던 문제집이나 책을 책상 서랍 안에 넣는 경우가 종종 있습니다. 내신 시험도 수능과 똑같이 시험장 반입 물품을 규정하고 유의 사항을 따르기는 하지만, 서랍에 책이 있다는 이유로 학교에서 부정행위로 간주하는 경우는 거의 없습니다. 그러나 수능은 다릅니다. 부정행위의 의도가 없더라도 시험장 반입 불가 물품이 서랍에 있으면 절대로 안 됩니다. 그런데 수험생 중에 점심시간에 보던 문제집이나 책을 별생각 없이 서랍에 넣는 경우가 있습니다.

작년에 감독하던 시험장에서 있던 일입니다. 외고 3학년이었으니 정시가 매우 중요한 학생이었을 것입니다. 긴장을 달래려고 그랬는지, 책이 정말 읽고 싶었는지 수능과 아무런 관련 없는 소설책을 점심시간에 읽은 모양입니다. 부정행위의 의도도 없어 보였습니다. 읽던 소설책을 복도로 걸어나가 제출하기가 번거로워서 책을 서랍에 넣은 것인지, 아니면 학교에서처럼 시험이 시작되니 습관적으로 그랬는지 아무튼 책을 읽은 후 서랍에 넣은 채로 시험을 보았습니다. 그런데 시험이 끝난 후, 그 학생의 뒷자리에 앉아 시험을 보던 수험생이 감독관에게 이 학생을 신고했습니다. 시험장 반입 불가 물품을 소지한 채 시험을 보았다고 민원을 넣은 것입니다. 감독관이 자리를 확인하자 정말로 소설책 한 권이 서랍 안에 있었고, 그 학생은 점심시간에 읽던 책을 넣어두었다고 말했습니다. 규정상으로는 부정행위였기에, 학생은 고사본부로 인계되어 부정행위를 인정하는 서류를 작성했습니다. 서류를 쓰고 돌아와 엉엉 울고 있는 학생을 보았는데, 덩치도 큰 남학생이 소리 내어 우는 모습에 마음이 무너질 듯 아팠습니다. 물론 기회는 또 있지만, 그동안 고생한 것이 어이없는 실수 때문에 물거품이 된 것을 보고 마음이 미어졌습니다. '이 학생 어쩌나, 내신 성적은 괜찮으려나, 신고한 수험생은 이 학생을 경쟁자라고 여긴 걸까.' 생각이 끊이지 않았습니다. 물론 학생 자신의 부주의한 행동으로 인한 받아들여야 하는 결과였지만, 정말 수험생 탓으로 돌리기에는 너무 가슴 아픈 일이었습니다.

4교시 탐구 과목 시험지, 네가 왜 거기서 나와!

4교시 탐구 과목 시간은 부정행위가 가장 많이 적발되는 교시입니다. 탐구 영역 시험을 볼 때는 반드시 '응시 과목'의 시험지만 꺼내야 합니다. 나머지 문제지는 모두 문제지 봉투에 넣어 의자 아래에 두었다가, 다음 과목의 시험을 치를 때 2분 동안 시험지를 교체하여 시험을 보도록 되어 있습니다. 이 연습을 모의고사 때도 여러 번 합니다. 절대 다른 과목의 시험지를 꺼내 놓지 말라고 확인하고 또 확인합니다. 그런데도 수험생들은 긴장한 탓에 시험지를 잘못 꺼내는 사례가 종종 발생합니다. 과목을 잘못 선택하는 것이 아니라, 본인 과목의 시험지 뒤에 다른 과목의 시험지가 딸려 나오는 경우가 발생하는 것입니다. 감독관은 돌아다니면서 학생의 선택과목과 시험지가 일치하는지 확인합니다. 하지만 학생의 선택과목 시험지가 책상 위에 놓여 있어서 제대로 꺼냈다고 생각하고 지나치는 경우가 생길 수 있습니다.

그런데 한창 시험을 보는 와중에 수험생이 손을 들고 해맑게 "선생님, 제가 시험지를 꺼낼 때 이 시험지가 딸려 나왔나 봐요. 지금 내려놓을까요?"라고 고백하는 학생들이 종종 있습니다. 정말 너무 안타까운 일이 아닐 수 없습니다(솔직히 마음속에서는 속상한 나머지 '중간에 알았다면 그냥 시험을 보다가 시험지 교체할 때 집어넣지'라는 말을 하기도 합니다). 학생이 선택하지 않은 과목의 시험지가 책상에 있었다는 것을 감독관이 인지한 순간 그것은 부정행위로 간주됩니다. 감독관도 학부모이고 학생들이 안타깝기에 4교시에 이런 질문을 하려고 손을 번쩍 든 학생을 미리 발견하여 감독관이 기겁을 하고 그 학생의 다른 과목 시험지를 아래로 대신 던져줬다는 교사의 이야기도 들은 적이 있습니다. 해당 교사는 다른 수험생이 혹시나 그 장면을 보지 않았을까, 감독관인 자신을 신고하면 어쩌나 시험 후에도 밤잠을 이루지 못했다고 합니다. 학교에서는 다른 학생들이 모두 듣고 있는 교실이라도 이 같은 실수는 서로 간에 용서가 됩니다. 하지만 수능 시험장은 다릅니다. 그 학생의 실수를 봐주는 순간, 걷잡을 수 없이 일이 커져 버립니다. 시험의 공정성 측면에서 봐줄 수 없는 일입니다.

작년 한 해만 해도 수능 시험장에서 250건이 넘는 부정행위가 적발되었다고 합니다. 물론 고의적으로 대리시험을 본다든가, 커닝하는 사례는 무조건 제대로 적발해야겠지만, 위와 같은 안타까운 부정행위 사례는 제발 발생하지 않았으면 합니다. 덧붙이건대 수험생들 모두 이런 실수 없이 좋은 결과가 있기를 응원합니다.

Chapter

6

공부의 기술!
과목별 성적
관리법

32

쌤이 콕! 짚어주는 국어 독해 비법, 이대로만 따라 하자

국어 공부에 대한 흔한 오해 중 하나는 '공부해도 안 해도 성적이 비슷하다'는 얘기입니다. 하지만 실제 최상위권 입시에서 승패를 가르는 영역은 영어도 수학도 아닌 국어입니다. 영어는 절대평가로 전환되었고, 수학은 과학고와 영재고 출신 학생들이나 각종 올림피아드 문제까지 수상 경력이 화려한 최상위권 학생들이 킬러 문제까지 척척 풀어냅니다. 한편 국어는 선행 학습의 개념도 비교적 없을뿐더러 다루는 범위가 워낙 광범위하기에 비문학 복합지문 부분은 손도 대지 못하고 틀리는 학생들이 많습니다.

중위권 학생은 목표하는 점수까지 국어 성적을 끌어올리는 것을 더욱 어려워합니다. 무작정 문제를 많이 풀어볼 수도 없고, 무턱대고 독서

할 수도 없어서 답답함을 호소하는 학생들이 많습니다. 국어는 공부해도 성적이 잘 오르지 않고, 공부를 안 해도 성적이 확 떨어지지 않는다는 오해는 이처럼 '독해력'에 의해 시험 성적이 좌우되고, 독해력은 짧은 시간에 길러지지 않기 때문입니다.

그렇다 보니 "국어 과목은 어떻게 공부해야 할지 감도 못 잡겠어요."라고 호소하는 학생들을 종종 만나게 됩니다. 그럴 때마다 제가 해주는 조언은 거의 변함이 없습니다. "조금씩이라도 매일매일 꾸준히 해라." 거의 모든 과목에 해당하는 식상한 대답일 수 있지만, 국어 같은 언어 과목은 정말 매일매일 공부해야 합니다.

독해 감각을 잃지 않도록
비문학 독해 문제집을 매일 풀자

저는 학창 시절에도 독서를 즐기는 편이었고, 책 읽는 속도가 빨랐기 공부하지 않아도 국어 성적이 웬만큼 나왔습니다. 그런데 한동안 육아 휴직을 하면서 아이들을 키우느라 독서를 멀리하다가, 어느 날 모의고사 문제를 풀게 되었는데 큰 충격에 빠졌습니다. 국어 교사로서 부끄러운 고백이지만 지문이 무슨 내용인지 몇 번을 읽어도 머릿속에 정리가 되지 않는 것입니다. 어려운 경제나 과학 등의 지문은 이른바 '매력적인 오답(정답과 혼동되는 답)'에 자꾸 답을 체크하는 지경에 이르러 자괴감에 빠졌습니다. '이래서야 학생들을 가르칠 수 있을까. 이러다 실력 없는 나이 든 교사가 되겠구나' 싶어서 정신이 번쩍 들었습니다.

그래서 저는 비문학 독해 문제집(매일 3개의 지문을 풀어보는 구성으로 되어 있는 것)을 구입하여 학생처럼 매일 3개씩 지문을 읽으면서 문제를 풀기 시작했습니다. 수험생이 문제를 풀 듯이 아침에 일어나면 3개의 지문을 매일 풀어나갔습니다. 처음에는 국문학을 전공하고, 어렵다는 임용고시까지 패스한 사람이 고등학교 수준의 문제를 갖고 씨름한다는 게 부끄러웠지만, 육아로 쉬었던 기간만큼 노력해야겠다는 생각에 꾸준히 실천했습니다. 그렇게 공부한 지 2주쯤 되니 오답을 피해가기 시작했고, 한 달쯤 지나 독해하는 감이 회복되었습니다. 국어 전공자도 독서를 하지 않으면 독해의 감을 잃을 수 있고, 이를 회복하는 데 시간이 걸린다는 뜻입니다. 하물며 학생들이 영어와 수학 공부에 치우쳐 독해를 놓게 된다면 어떤 일이 벌어질지 불 보듯 뻔합니다.

입시 전략과 관련하여 '국어는 감感이 아니다'라는 말을 많이 합니다. 정확하게 독해를 해야 한다는 의미에서는 이 말에 어느 정도 동의하지만, 독해의 감은 유지되어야 한다는 것이 저의 경험입니다. 그럼 어떻게 독해의 감을 유지할 수 있을까요? 제 경험과 같이 꾸준한 '비문학 독해'가 답입니다. 비문학 독해는 고등학교 2, 3학년의 경우 기출문제 중심의 비문학 독해 문제집으로 공부하는 것이 가장 효과적입니다. 기출문제는 실전 문제 유형을 파악하기도 쉽고, 다양한 분야의 지문을 많이 읽어볼 수 있어 짧은 시간에 독해 실력을 키우는 데 매우 효율적입니다.

아직 고등학교에 입학하지 않은 중학생이나 고등학교 1학년이라면 신문기사를 꾸준히 읽으며 독해력을 쌓는 것을 권합니다. 신문에는 다양한 소재의 글이 실려 있고, 시사 문제까지 반영되어 있어서 나중에 면접이나 논술을 볼 때도 많은 도움이 됩니다. 신문기사나 사설을 읽는 것이 중요하다는 이야기는 굳이 지면을 할애해서 설명하지 않더라도 수많은 논문과 사례에서 그 중요성이 입증되었습니다. 그래서 저는 고등학교 1학년 논술 시간에 '신문 활용 수업NIE, Newspaper In Education'을 꾸준히 하는 편입니다. 예를 들면 학생들은 자신의 진로와 관련된 신문기사를 스크랩하고, 기사에 대한 자신의 생각을 적습니다. 학생들은 그 과정에서 사회적 이슈 속 희망 직업군의 모습을 보며 자신의 진로에 대해 더욱 관심을 갖게 되고, 자신의 생각을 정리할 기회를 갖습니다. 또 논술 교과세특에 학생 자신의 진로에 대한 관심을 시사 문제와 엮어 생각해본 경험을 반영할 수 있기에, 입학사정관이 강조하는 진로 연계형 생기부에 도움이 됩니다.

이와 같은 활동은 수업시간이 아니어도 가정에서 쉽게 시도해볼 수 있습니다. 신문을 구독하지 않아도 인터넷 기사를 검색해서 출력한 후 스크랩하고, 기사를 읽고 자신의 생각을 써보는 것입니다. 이렇게 기사문을 읽으며 독해력을 키우는 것은 초등학교, 중학교 수준에서 굳이 논술학원을 다니지 않고 시도해볼 수 있는 활동입니다. 아이만 시키기보다는 아이와 부모가 함께 신문을 읽고 나서 관련 주제에 대해 서로 대화해본다면, 자녀와 소통할 수 있는 좋은 기회도 될 수 있습니다. 하지만 시간이 부족한 고등학교 2, 3학년 학생들에게는 기사를 찾아 스크랩하고, 가위로 자르고, 풀로 붙이는 식의 신문 활용 수업은 추천하지 않습니다. 이들 학생은 앞에서 설명했듯이 기출문제 중심의 비문학 독해 문제집을 꾸준히 풀어보는 것이 더 도움이 됩니다. 신문 활용 수업은 차근차근 독해력과 어휘력을 쌓아야 할 학생들이 시간적 여유가 있을 때(초등학교 고학년부터 고등학교 1학년까지) 독서와 함께 진행할 수 있는 학습 활동입니다.

늦어도 고1 겨울방학부터는 기출문제를 풀면서 문제 풀이에 적용할 수 있는 독해력을 쌓아야 합니다. 비문학 독해의 갈피를 못잡는 진구들은《국어의 기술》(이해황)같이 기출문제를 바탕으로 독해 기술을 알려주는 참고서가 도움이 됩니다. 단기간에 국어 성적을 올리기 위해 기출문제 풀이와 국어 이론 공부, 그리고 다음에 설명하는 문학 공부를 병행하는 것이 필수적입니다.

방대한 문학,
작품 정리 쉽게 하는 법

제 경우 문학은 별로 좋아하는 영역이 아니었습니다. 대학 시절에도 문학 수업 대신에 문법 수업을 골라 들었고, 소설보다는 에세이나 정보 서적을 주로 읽었습니다. 그래서 교사 임용고시 공부할 때 방대한 분량의 문학을 어디부터 어떻게 공부해야 할지 몰라 고생을 많이 했습니다. 그러나 문학 공부에도 '비법'이 있다는 것을 알게 되었습니다. 저를 고생시켰던 문학을 어떻게 공부해서 극복할 수 있었는지 그 비법에 대해 이야기해보겠습니다.

일단, 문학 공부를 처음 시작하는 학생이라면 현대문학보다 고전문학을 먼저 보는 것이 좋습니다. 현대문학은 고등학교 과정에서 출제될 수 있는 작품의 수가 고전문학보다 10배 이상 많습니다. 따라서 공부해야 할 양의 압박감 때문에 어디서부터 손대야 할지도 모르고, 공부한다 한들 해당 작품이 수능에 출제될 확률이 매우 낮기에 동기부여가 잘 되지 않습니다.

알고 보면 쉬운 고전문학, 이렇게 공부하자!

고전문학은 범위가 정해져 있고, 마음먹고 본다면 방학 동안 고전 시가와 산문의 주요 작품을 한번 전체적으로 다 볼 수 있을 만큼 범위가 한정적입니다. 이렇게 고전문학을 공부하면 단기간에 모의고사 점수가 오르기도 해서 신이 납니다. 간혹 고전문학의 단어 때문에 어려워하는 학생들이 있는데, 고전에 자주 나오는 단어를 따로 정리해서 공부하면 도움이 됩니다. 철자까지 외워야 하는 영어 단어 암기보다 훨씬 쉽습니다.

예를 들면 '녀다'는 '가다', '괴다'는 '사랑하다'라는 뜻을 영어 단어 외우듯 공부하는 것입니다. 아래와 같이 단어의 용례가 함께 정리된 자료를 보면 이해가 더 쉽습니다. 다 옮겨 적지는 말고, 가장 짧은 문장 하나 정도만 함께 적으면서 정리하면 됩니다. 이처럼 손 필기를 한 노트는 두고 두고 활용도가 높습니다. 굳이 고전문학 어휘 노트를 따로 마련할 필요는 없고, 개념어 정리 노트나 고전문학을 정리한 노트에 하나의 장으로 구분하여 작성하면 됩니다.

(1) 하다 – 많다, 크다 / ᄒ다 – ~하다(do)
원근창애에 머문 짓도 하도 할샤(멀고 가까이에 있는 푸른 절벽에 머문 것도 많기도 많구나)
어와 동량재롤 뎌디 ᄒ야 어이 ᄒ고(어와 동량재를 저리 하여 어이 할까)
헐뜯어 기운 집의 의논도 하도 할샤(헐뜯어 기운 집에 의논이 많기도 많다)
화살 ᄒ 수하상직 뉘랴셔 힘써 ᄒ고(화살 찬 상직군은 누가 힘써 할 것인가)
조정을 바라보니 무신도 하 만하라(조정을 바라보니 무신들이 많기도 많구나)
신고ᄒ 화친을 누를 두고 ᄒ 것이고(힘든 화친을 누를 두고 한 것인가)

(2) 시름 – 걱정, 근심
낫 시름 밤 근심 혼자 맛다 계시거니(낮과 밤의 시름과 근심을 혼자 맡고 계시거니)
널라와 시름 한 나도 자고 니러 우니로라(너보다 근심이 많은 나도 자고 일어나 울고 있구나)
노래 삼긴 스람 시름도 하도 할샤(노래 만든 사람의 근심이 많기도 많구나)

– 출처: '[3등급 목표달성] 조효준의 '문학'이 쉽다 학습자료실', http://www.ebsi.co.kr

고전문학의 경우 아주 생소한 단어라면 문제 출제 시 지문 맨 아래에 별표(*) 표시를 하고 단어의 의미를 친절히 풀어서 설명해줍니다. 따라서 겁먹지 말고 공부한다면 가장 쉽게 단기간에 정복할 수 있는 영역이 '고전문학'입니다. 향가나 시조, 가사 부문은 전반적인 갈래의 특징과 작자의 특징을 잘 공부해두면 생소한 작품이 나온다고 하더라도 크게 새로운 개념이나 문제의 유형이 출제되기 어렵습니다. 고전문학 공부를 위해서는 'EBS' 인터넷 강의 중 자신에게 잘 맞는 강사의 작품 해설을 매주 1~2강씩 택해 들어보거나, 진로 선택과목으로 '고전 읽기' 수업을 들으면 도움이 됩니다. 고전 읽기 수업은 교과서가 따로 없이 진행되어, 다양한 교재를 활용해 다른 교과와 융합 수업을 하는 등 학교 여건에 따라 다르게 진행됩니다. 하지만 융합 수업이 쉽지 않고, 수업을 위한 구체적 지침이나 교과서 및 지도서가 없습니다. 따라서 평범한 인문계 고등학교 교사라면 입시 현실에 맞춰 수능 국어 영역에 출제될 만한 고전문학 작품을 공부합니다.

과거 학부모의 고등학교 시절에는 문과 학생들이 문학을 한 학기에 4시간씩 1, 2학기에 걸쳐 배웠습니다. 하지만 요즘은 한 학기에만 '문학' 과목이 개설되어 있습니다. 학교 교육과정에서 다룰 수 있는 문학작품의 수는 매우 제한적이어서 수능에 출제될 수 있는 작품 범위의 10%도 다루지 못하는 것이 정규 수업의 실정입니다. 문학작품의 갈래를 설명하고, 갈래에 속하는 수많은 작품 중 대표작품 한두 편 정도를 맛보기로 공부하는 것입니다. 물론 모든 작품을 다 볼 필요도 없고, 다 보는 것은 불가능하므로 몇 작품만 봐도 된다고 주장하는 교사들도 많습니다. 하지만 제 경험상 작품의 주제를 아는 상태에서 본문을 보는 것과 전혀 낯선 본문을 보는 것은 이해의 정도가 확연히 다릅니다. 모든 작품을 볼 수 없어도 EBS 교재에 실린 작품이나 주요 작품은 훑어보기라도 해야 합니다(특히 국어 영역 중 EBS에서 연계율이 가장 높은 부분이 고전문학입니다. 3학년은 수능특강과 수능완성에 나오는 모든 작품을 꼼꼼히 해석해봐야 합니다).

그렇다면 나머지 작품들은 어떻게 공부해야 할까요? 마찬가지로 온라인 강의를 듣거나 교과서의 주요 작품을 모아 놓은 자습서를 참고하여 스스로 공부해야 합니다. 이때 작품부터 보는 것이 아니라 갈래별, 작가별 특징을 정확하게 공부하는 것이 중요합니다. 당대 작가들의 경우 작품 성향이 크게 바뀌지는 않습니다. 황진이가 임을 그리워하는 마음을, 윤선도의 자연 친화적인 삶을, 사대부가 임금에 대한 충절을 표현하는 시조는 작품이 바뀐다고 해서 크게 성향이 변하지 않습니다. 시조의 형식과 작가만 보더라도 시대를 구분할 수 있고, 내용을 어느 정도 추측해 낼 수 있다는 뜻입니다.

그렇다면 어떤 자습서로 공부해야 좋을까요? 부모님의 고등학교 시절과 달리 지금은 참고서가 매우 다종다양해서 어떤 자습서를 골라야 할지부터 난관에 빠질 것입니다. 하지만 그 어떤 자습서보다 가장 좋은 자습서는 자녀가 고른 자습서입니다. 공부할 학생이 직접 디자인과 내용을 보고 고른 책이라야 공부가 잘됩니다.

그래도 교사로서 추천해야 한다면, 《해법교육(천재교육)》과 《국어는 꿈틀(꿈을담는틀)》 시리즈가 구성이 괜찮습니다. 내용이 너무 많다는 것이 단점이긴 하지만, 한 권에 각종 교과서의 모든 작품이 수록되어 있고 설명이 쉽고 간결해서 교사들이 많이 참고하는 자습서이기도 합니다. 내용이 너무 많다면 순서대로 보지 않고, 공부하고 싶은 작품이 있을 때마다 찾아서 참고하면 도움이 됩니다. 마치 부모님 세대의 초등학교 전과처럼 필요할 때 곁에 있으면 국어 공부에 유용하게 활용할 수 있습니다.

방대한 현대문학 공부, 딱 3가지 전략만 실천해보자

현대문학은 너무 광범위해서 시험 범위를 논하기가 어렵습니다. 주요 작가와 작품만 해도 공부할 분량이 지나치게 방대합니다. 그래서 문학 시험의 경우 EBS 연계율이 높은 편입니다. 교과서에 실리지도 않았고, EBS에서도 다루지 않은 낯선 작품을 출제하면 고등학생 수준에서 풀기가 너무 어렵기 때문입니다. 하지만 반대로 생각하면 여전히 연계율이 100%가 아니기 때문에, 전혀 접해보지 않은 낯선 작품이 수능에 출제될 수밖에 없습니다. 이것이 수학능력시험의 본래 취지이기도 합니다. 학생은 시험장에서 처음 보는 작품을 감상할 겨를도 없이 촉박한 시간 내에 풀어야 합니다. 따라서 현대문학의 경우 요령 있게 공부할 필요가 있습니다.

첫째, 낯선 작품도 읽어낼 수 있도록 개념 정리를 해둡니다. 현대문학은 크게 '시·소설·극·수필' 네 가지 영역으로 분류됩니다. 해당 영역에서 필수적인 개념을 알고 있으면 낯선 작품이 나오더라도 아는 지식을 적용해서 문제를 풀어낼 수 있습니다. 예를 들어 시 문제일 경우, 표현 기법 이론을 알고 있으면 해당 질문을 어떤 작품을 통해서 하든 맞힐 수 있습니다. 소설도 마찬가지입니다. '직접 제시와 간접제시' 같은 개념을 알고 있으면 소설이 낯설더라도 해당 개념을 묻는 문제에서 쉽게 답을 찾을 수 있습니다.

이런 설명을 잘 해주는 강의는 〈EBS 윤혜정의 나비효과〉 같은 개념 강의입니다. '나비효과'는 초기 조건의 사소한 변화가 전체에 막대한 영향을 미칠 수 있음을 이르는 말입니다. 이 강의가 인기가 많은 이유는, 하나의 개념을 배워서 그 개념을 수많은 낯선 작품에 적용시킬 수 있기 때문입니다. 개념 하나를 A~Z까지 다루고 있고, 실제 이 수업을 듣고 문학의 감感을 잡은 선배들이 많아 입소문까지 더해져 인기가 있습니다. 사교육까지 경쟁이 치열한 시장에서 학생들에게 장기간에 걸쳐 사랑받는 강의는 그럴 만한 이유가 있습니다. 아직 문학의 기초가 없는 학생이나 중학교 3학년 학생들의 경우 이렇게 개념을 잘 정리해주는 강의를 듣기를 추천합니다.

둘째, 시기별·작가별 특징을 파악합니다. 제가 임용고시 공부할 때

현대문학을 정복한 방법입니다. 작품의 시대적 배경은 모두가 강조하는 것처럼 꼭 공부해야 하는 부분이지만, 개별 작품에 드러난 시·공간 배경지식을 공부하는 것에 너무 주력하지는 않아도 됩니다. 개별 작품은 아무리 공부해도 나 보기가 어렵습니다. 현대문학의 시기별 특성을 먼저 정리해서 계속 반복적으로 보는 것이 좋습니다. 현대문학은 시기별로 특징이 뚜렷합니다. 예를 들어 우리나라 근현대사는 아주 굵직한 사건들로 구분되고, 그런 시대적 현실이 작품 안에 잘 반영되어 주제를 드러냅니다. 개화기, 일제강점기(1910~1945년이므로 1920년대, 1930년대, 1940년대 시기별 특징을 살펴봄), 광복 직후, 한국전쟁, 산업화 시대까지 문학에 나타난 일반적인 특징을 잘 알아두면 낯선 작품이 나왔더라도 내용을 추측하기가 쉽습니다. 따라서 주요 작가의 경우 어떤 시대에 작품 활동을 많이 했는지 알아두면 좋습니다. 이육사와 윤동주 같은 시인의 경우 일제강점기를 살던 시인이라는 배경지식 정도만 알고 있어도 작가의 수많은 작품을 해석하기가 쉬울 것입니다.

셋째, 문학 스터디를 하거나 유튜브를 활용합니다. 고전문학에서 작가의 작품 세계가 거의 변하지 않는 것에 비하면, 현대문학은 한 명의 작가가 매우 다양한 작품 세계를 보일 수 있어 주요 작가의 대표작은 보는 것이 좋습니다. "그 많은 작품을 언제, 어떻게 다 보나요?"라는 학생들의 볼멘소리가 들리는 듯합니다. 주요 작품을 훑어보는 방법은 다음과 같습니다.

먼저, 방학 기간에 친구와 함께 '문학 스터디'를 하는 방법이 있습니다. 제가 임용고시 문학 공부를 할 때 이 방법을 활용해서 도움을 많이 받았습니다. 혼자 방대한 문학을 훑어본다는 것이 보통 의지로 되는 일이 아닙니다. 고전문학까지는 혼자 힘으로 어떻게든 해보는데, 현대로 넘어오는 순간 그 방대함에 공부를 포기하게 되는 것입니다. 그래서 저는 네 명의 수험생과 같이 문학 스터디를 주말마다 했습니다. 주말까지 다섯 작품 정도씩 차례에 맞춰 공부해 오고, 구성원 각자가 돌아가며 핵심적인 부분만 설명하는 것입니다. 이때 좋은 점은 본인이 설명해야 하니 책임감을 갖고 공부하게 된다는 것이고, 설명하면서 내용이 다시 한번 정리된다는 점입니다. 또한 친구들이 요약해서 정리를 해주면 같은 학생 수준에서 설명하고 들으니, 선생님이 설명해주는 것보다 이해가 잘되고 기억에 오래 남습니다. 당시 임용고시 합격률이 5%도 안 되던 때 우리 네 명 중 세 명이 합격했습니다. 다른 한 친구도 문학 성적이 나쁘지 않았습니다. 문학작품을 보는 양이 많을수록(꼭 전체 지문을 읽지 않아도 됩니다) 실제 작품을 보는 눈도 길러집니다. 저는 문학에 매우 취약한 학생이었지만, 이렇게 문학 스터디를 하면서 핵심 요약 정리와 줄거리로 열심히 공부한 결과, 전체 응시생 4,000여 명 중에서 10등 이내의 좋은 성적으로 합격할 수 있었습니다. 우리 학생들도 할 수 있다는 뜻입니다. 수능도 마찬가지입니다. 방대한 문학 영역은 문학을 좋아하는 학생이 점수를 잘 받는 것이 아닙니다. 문학 시험은 성실함도 중요하지만 기술적 요령도 필요한 시험입니다.

문학 스터디로 공부할 여건이 안 된다면, 유튜브 채널을 활용하는 것도 좋은 방법입니다. 〈10분의 문학〉이라는 유튜브 채널을 추천할 만한데, 매일 10분씩 문학작품을 설명해주는 영상입니다. 따로 시간을 내지 않고도 잠시 쉬고 싶을 때나, 자투리 시간이 남을 때마다 시청하기에 좋습니다. 문학 캐스터의 목소리가 듣기 좋고, 이야기도 재미있어서 취미로 시청하는 사람도 많습니다. 이 채널의 좋은 점은 수험생을 염두에 두고 EBS 수록 작품을 다룬다는 것입니다. 따로 신청하지 않아도 EBS 작품을 다루어주니 10분 동안 한 작품씩 훑어보기에 매우 효과적입니다. 혹시 더 듣고 싶은 작품이 있다면 개인적으로 신정할 수도 있습니다. 물론 이렇게 영상으로 내용을 파악하는 것은 깊이 있는 공부라고 보기는 어렵습니다. 말 그대로 방대한 문학의 범위를 손쉽게 훑어보는 정도로 활용하면 됩니다. 공부하기 싫은 날은 그냥 놀지만 말고 이런 채널이라도 틀어놓고 보는 것이 문학 공부의 시간을 단축하는 비결입니다.

✦ 33 ✦

절대평가인 영어에서 1등급을 받는 비결이 있을까요?

No Pain, No Gain! 영어는 단계별·등급별· 수준별 학습이 핵심이다

평택여자고등학교 영어 교사 김지은 작성

'No Pain, No Gain'이라는 말은 세상 모든 일에 해당하겠지만, 특히 고등학교 영어 학습에 필요한 기본 마인드를 가장 잘 나타낸 말이라고 볼 수 있습니다. 고등학생들은 내신도 공부해야 하고, 수능도 준비해야 하며, 비교과도 챙겨야 하는 등 이것저것 할 게 많습니다. 그래도 영어 공부는 매일 일정 시간을 꾸준히 투자해야만 합니다. 다행인 것은 이렇게 공부에 투자한 시간만큼 정직하게 영어 실력을 쌓고, 한번 만들어진 영어 실력은 다른 과목보다 꽤 유지가 잘 되는 편이라는 것입니다.

가끔 학부모님들이 '우리 아이는 영어 유치원 출신에 초등학교, 중학교 때 해외 어학연수도 다녀왔는데, 왜 내신과 모의고사 점수가 안 나오는지 모르겠어요'라며 질문하곤 합니다. 사실, 영어 유치원과 해외 연수는 영어를 공부하는 본질적인 목표인 '의사소통 능력 향상' 측면에서 보면 분명 가치 있는 시간입니다. 그러나 (큰 틀에서는 같은 목표를 추구하고 있지만) 좀 더 독해 실력에 초점이 맞추어진 고등학교 영어 성적에 큰 효과가 있다고 보기는 어렵습니다. 수능 영어 듣기평가에서 그런 교육 경험이 어느 정도 효과가 있다는 것은 위로가 될 수 있겠지만, 그 이상으로 효과가 있다고 말하기는 힘듭니다. 수능시험에 대비하기 위한 고등학교 영어를 위해서는 반드시 적절한 학습이 필요합니다. 특히 '어휘, 구문, 독해' 순서로 단계별 학습이 필요하고, 내신과 모의고사에 따른 등급별, 수준별 학습을 꾸준히 실천해야 합니다.

어휘, 구문, 독해 순서로
단계별 학습한다

어휘는 매일 '반복 학습'한다

내신과 수능 영어에서 가장 중요한 것 중 하나는 '어휘'입니다. 어휘 실력만 좋아도 중간 등급 이상의 성적을 거둘 수 있다고 말할 수 있습니다. 하지만 의외로 아이들이 가장 싫어하고 어려워하고 힘들어하는 부분이 어휘 학습입니다. 생전 처음 보는 새로운 어휘를 머릿속에 넣기 위해 정말 순수한 의미로 시간과 노력을 투자해서 공부해야 하기 때문입니다. 물론 영어 선생님이 공부 요령을 가르쳐주기는 하지만, 사실 어휘 학습은 누가 옆에서 도와줄 수 있는 영역이 아닙니다. 완전한 자기 주도 학습, 즉 자율 학습으로 성취가 가능한 영역입니다. 따라서 영어 어휘 실력을 높이고 싶다면 계획을 세워 매일 꾸준히 어휘를 암기해야 합니다. 암기는 '반복'입니다. 정말 끊임없이 반복해야 합니다. 그럼 얼마나, 언제까지 반복해야 할까요? 사람의 기억은 한계가 있고 노력의 개인차가 있으므로, 어휘의 암기 내용이 장기 기억이 될 때까지 스스로 공부하면서 암기 횟수를 판단하는 것이 좋습니다.

고등학교 영어 어휘를 암기하는 방법은 크게 두 가지를 꼽을 수 있습니다. 첫째는 고등학교 영어 어휘를 정리해 놓은 '어휘 교재'로 암기하는 방법입니다. 둘째는 '수능 기출 독해 지문'을 학습하면서 지문에 나온 어휘를 문맥과 함께 암기하는 방법입니다. 실질적으로 어휘의 문맥적 의미와 쓰임 형태까지 함께 효율적으로 외우는 방법은 후자지만 시간이 오래 걸린다는 단점이 있습니다. 고등학교 수준의 영어 지문을 이해할 정도의 어휘 학습을 위해서는 매일 일정 개수 이상의 지문을 학습해야만 충분한 어휘를 외울 수 있기 때문입니다. 이 방법은 고등학교 입학 전에 시간적 여유가 있을 때 활용하면 좋은 방법이지만 바쁜 학생들에게 쉬운 방법은 아닙니다. 따라서 시간과 노력을 효율적으로 쓰기 위해 개인적으로 추천하는 것은 첫 번째 방법입니다.

고등학생이 암기해야 할 어휘는 교육과정에 정해져 있으므로 시중에 판매되는 어휘 교재에 수록된 어휘의 내용과 범위는 거의 같다고 보면 됩니다. 따라서 어휘 책을 선택하는 기준은 학생들이 가장 많이 보는 책이나 자신이 보기에 구성이 좋은 책으로 선택하는 것이 좋습니다. 어휘 교재를 한 권 정하면 최소한 '3회독回讀' 이상은 해야 합니다. 학생 대부분이 어휘 책을 1회 정도 다 보고 어휘 학습이 끝났다고 생각하는 경향이 있습니다. 하지만 이렇게 1회로 끝내면 독해 지문을 볼 때 어디서 본 단어 같은데 의미가 생각이 나지 않게 됩니다. 어떤 어휘를 자신이 알고 있다고 말하려면 단어를 보자마자 5초 안에 생각이 떠올라야 합니다. 이를 위해서는 3회독 이상의 반복 학습이 꼭 필요합니다.

어휘 학습을 할 때는 한꺼번에 왕창 시간을 투자하여 암기하는 것보다 시간을 쪼개어 반복적으로 외우는 것이 효과적입니다. 이는 과학적으로 이미 여러 번 증명된 사실입니다. 예를 들어 3시간 동안 계속 암기하는 것보다는 3시간을 여섯 번으로 나누어 30분씩 여섯 번 암기하는 것이 장기 기억을 위해 효과적입니다. 분량은 개인마다 조절하는 것이 좋지만, 하루에 최소 30개에서 최대 100개까지 외우는 것이 좋습니다. 어휘 암기는 아침 시간이나 등·하굣길, 쉬는 시간, 점심시간 등 자투리 시간을 활용하기에 가장 좋은 학습 내용입니다. 짧고 굵은 집중력이 필요하므로 애매한 시간에 공부해도 충분히 좋은 효과를 거둘 수 있습니다.

1회차 어휘 학습 방법

- 30개의 어휘를 확인해서 5초 안에 의미가 생각나지 않으면 모르는 어휘로 체크한다.
- 체크한 어휘를 정한 횟수만큼 머릿속으로 되뇌거나, 스펠링과 의미를 직접 써본다(써보는 것은 처음 암기할 때만 해도 좋음).

2회차~N회차 학습 방법

- 자투리 시간이나 혹은 쉬는 시간, 점심시간 등에 어휘를 다시 확인한다. 이때는 직접 써보는 것보다 눈으로, 입으로, 귀로 확인하

며 스펠링과 의미를 계속 반복하여 기억하는 것이 중요하다.

1회차 어휘 학습에 가장 많은 시간과 노력이 필요하지만, 다음 회차부터는 시간을 줄일 수 있습니다. 그리고 2회차부터 몇 회를 반복하여 암기할지는 학생 개인마다 다를 수 있으므로 스스로 판단하여 정하는 것이 좋습니다. 어떤 학생은 암기가 빠를 수도 있고, 덜 빠를 수도 있기 때문입니다. 암기 능력에 따라 좌절감이 들 수도 있지만 좌절할 필요가 없습니다. 다른 친구들은 세 번 만에 외우는데 자신은 여섯 번 해야 외워진다면 여섯 번 외우면 되는 것입니다. 여섯 번 외우고 나면 그만큼 더 오랫동안 외울 수 있을 것입니다. 능력의 차이는 있을 수 있겠지만 꾸준함이라는 노력으로 자신이 원하는 것을 만들어갈 수 있습니다. 배우는 데 시간이 조금 더 걸리는 것뿐 자책할 필요가 전혀 없습니다.

한 가지 덧붙이고 싶은 것은, 영어 어휘를 암기할 때 우리말 의미를 제대로 알고 외워야 한다는 것입니다. 우리말로 의미가 무엇인지 알아보지도 않고 그냥 어휘만 외우는 학생들이 있기 때문입니다. 예를 들어 'wage'의 의미가 단어장에 '임금'이라고 나와 있는데, 임금賃金(근로자가 노동의 대가로 사용자에게 받는 보수. 급료, 봉급, 수당, 상여금 따위가 있으며 현물 급여도 포함된다)이란 개념이 무엇인지 모르고 무작정 어휘만 암기할 경우, 그 암기는 의미가 없어집니다. 실제로 'wage'를 무작정 '임금'이라는 단어 그대로 암기한 학생들이 '임금님, 왕'이라고 생각해서, 왕이라고 해석하는 것을 여러 번 경험했습니다. 따라서 의미에 대한 이해도 꼭 필요합니다.

구문 교재를 이용하여 매일 어법을 학습한다

지금 고등학생들은 어법 위주의 영어 교육을 지양하는 환경에서 영어를 공부했기 때문에 어법을 깊이 있게 배우지 않았습니다. 만약 모르는 어휘가 별로 없는데도 해석이 잘 안 된다면 어법을 모르기 때문인 경우가 많습니다. 물론 영어 어법을 차근차근 학습하는 것이 좋은 방법이지만, 어휘와 마찬가지로 영어 어법도 완전히 새로운 지식을 학습해야 해서 학생들에게 힘들고 어려운 과정입니다. 또한 어법 교재에 자세한 설명이 있어도 책 내용만으로 학생 혼자서 이해하기 힘든 부분도 많습니다.

따라서 어법을 따로 공부하기보다는 이 어법이 실제 문장에서 어떻게 적용되고 해석되는지 공부할 수 있는 구문 교재를 활용해서 구문 독해를 공부하는 것이 좀 더 효율적입니다. 살펴보면 이와 관련된 교재와 강의도 많습니다. 어법 파트별로 1001개의 문장을 제시하여 구문 연습을 할 수 있는 교재를 공부해도 좋고, 인터넷 강의 중에서도 영어 문장의 구조를 파악해주는 신택스Syntax 강의로 잘 알려진 유명 강사의 공부법을 학습해보는 것도 좋습니다. 실제 수능 문항은 어휘의 의미만 알아서 조합한 해석으로 문제를 해결하는 것이 불가능합니다. 복잡한 구조의 긴 문장을 정확히 해석할 수 있는 실력을 갖추기 위해서는 구문 독해 학습을 통한 정확한 해석 연습이 필요합니다.

구문 학습 방법

· 어법 포인트를 학습하고 이해한다. 예를 들어 'to부정사' 구문을 학습할 경우, to부정사와 관련된 어법 포인트를 먼저 이해한 후

암기한다.

- 그다음에는 to부정사가 사용된 문장을 직접 해석해본다. 이때 해석을 직접 써보는 것이 가장 좋다(머릿속으로만 해석하는 것과 직접 해석을 써보는 것은 큰 차이가 있음).
- 자신이 해석한 것과 해설지의 해석을 비교해본다. 해석의 차이가 있다면 그 이유를 꼭 확인하고, 틀린 부분을 다른 색상의 펜으로 고쳐가며 학습한다.
- 틀린 부분과 관련된 어법 포인트는 다시 한번 확인하고 암기한다.
- 구문 교재를 1회독 한 후, 자신의 해석 중 틀린 부분을 다시 한번 확인하는 과정을 거치며 2회독 한다.

독해 '기출문제집'을 활용하여 지문 학습과 어휘·구문을 학습한다

입시를 준비하는 과정에서 고등학교 영어 학습은 시간 대비 최대의 효율을 얻는 방법이 최선입니다. 이런 점에서 볼 때 어휘와 어법에 대해 일정량 이상으로 학습된 상태에서 독해를 공부해야 학습의 효율성을 가장 높일 수 있습니다. 그런데 학생들이 영어 공부를 시작할 때, 어휘와 어법 학습에 대한 부담으로 독해부터 공부를 시작하는 경우가 많습니다. 이것은 모래사장 위에 집을 짓는 것과 같습니다. 건축물을 짓는 과정을 살펴보면, 땅을 파고 건물의 기본 골격을 잡는 기초 공사가 전체 공사 기간에 반 이상을 차지한다고 합니다. 만약에 기초 공사가 제대로 되지 않고 집이 지어졌을 경우, 집의 형태는 그럴듯해 보이지만 그 집은 작은 충격에도 무너질 것입니다. 영어 학습에서 어휘와 어법은 기초 공사와 같은 개념입니다. 어휘와 어법 학습이 충분히 되어 있지 않은 상태에서 독해 공부를 계속할 경우, 내신이나 수능 지문과 같은 형태의 지문을 공부하기 때문에 공부를 제대로 하고 있다고 느낄 수 있지만 실제 시험에서는 좋은 성적을 거두기 어렵습니다. 따라서 독해 학습은 반드시 어휘와 어법을 학습한 후에 시작하는 것이 좋습니다.

학생들이 독해할 때, 또 한 가지 주의할 점은 독해 학습 방식입니다. 학생들이 독해 지문을 학습할 때 대개 다음과 같이 공부하곤 합니다. 우선 지문을 읽으면서 해석하고, 답을 선택하고 채점합니다. 그리고 틀린 문제만 답안지를 보고 우리말 해설지를 대충 읽습니다. 그렇게 우리말 해설지를 읽은 후에 정답을 찾아보고, 다음 문제로 넘어갑니다. 이 과정은 학습의 과정이 아니라 '학습하는 척하는' 과정이라고 볼 수 있습니다. 지문에 나오는 어휘와 문장을 눈으로 구경할 뿐 우리말 해설지를 보며 우리말을 읽을 뿐입니다. 그저 답을 정정하는 것뿐입니다. 이 과정에서 빠진 것은 정확한 배움입니다. 독해 풀이에서 가장 중요한 우선순위는 신속과 정확이 아니라, '정확과 신속'입니다. 정확한 해석을 바탕으로 문제의 의도에 따라 신속하게 문제를 풀어야 합니다. 정확한 해석 연습을 통해 실력을 쌓아 나가면 신속함, 즉 정해진 시간 안에 정해진 분량의 문제를 신속하게 풀 수 있는 실력은 따라오게 되어 있습니다.

그렇다면 정확한 독해 학습은 어떤 과정으로 해야 할까요? 간략히 정리해보면 다음과 같습니다.

1. 지문을 읽고 해석하기
2. 답을 선택하고 채점하기
3. 우리말 해설지를 보고 한 문장씩 다시 해석하고 확인하기

4. 전 단계에서 모르는 어휘 체크하기. 어휘를 다 아는데 해석이 틀렸을 경우는 이유를 파악하기(구문 확인)

5. 내용 이해를 바탕으로 정답 확인하기

6. 전체 내용의 주제를 파악해서 영어 또는 우리말로 적어보기(내신 및 수능 문제 유형 중에 주제 파악과 관련된 대의*^{大意} 파악 문제 유형이 가장 많음)

7. 체크한 어휘와 구문 어법 암기하기

위와 같은 방법으로 하나의 독해 지문 학습을 끝내는 시간은 최소 30분 이상이 소요됩니다. 이러한 학습 과정을 거치면서 어휘, 구문 어법 등이 내재화되면 지문 학습 시간은 점차 줄어들 것입니다. 해석의 정확성을 위한 연습이 어느 정도 된 상태에서 내신 문항 유형별, 수능 문항 유형별(주제 추론, 빈칸 추론, 어휘, 어법, 순서 배열, 문장 삽입 등) 문제 풀이 방법을 학습해 나가면 신속한 독해 문항 해결이 가능해집니다. 각 문항 유형별 풀이 스킬은 독해 교재나 수업에서 배울 수 있습니다. 중요한 것은 각 문항 유형별 풀이 스킬을 문항을 풀 때 적용시키는 연습을 반드시 해야 한다는 것입니다. 이런 연습은 문항 유형별로 정리된 교재를 활용해서 연습하는 것이 중요한데 수능 및 모의고사 기출문제집이 가장 적절합니다.

모의고사 등급별 영어 독해 학습 방법

· 7등급 이하: 어휘 암기
· 5~6등급: 어휘 암기 + 구문 학습

· 3~4등급: 독해 학습 + 구문 학습

> ※ 위 등급 학생의 경우, 매일 수능 및 모의고사 기출문제집을
> 최소 3지문 학습함(유형별 지문). 지문 학습을 하면서 어휘 및 구문을 학습함

· 1~2등급 : 독해 학습

> ※ 1~2등급 학생의 경우, 매일 수능 및 모의고사 기출문제집을
> 최소 5지문 학습함(유형별+모의고사 세트 지문). 지문 학습을 하면서 어휘 및 구문을 학습함

이와 같이 독해 학습의 가장 좋은 교재는 '기출문제집'입니다. 고등학교 1학년은 모의고사 기출문제집, 2, 3학년은 6월 모의고사, 9월 모의고사, 수능 기출문제집이 좋습니다. 아시다시피 모의고사와 수능은 출제진이 엄선하고 또 엄선한 문항들이기 때문에 수능과 가장 가까운 형태의 문제를 실전처럼 경험할 수 있습니다.

학교 수업시간에 배우는 내용과 수능에서 경험하는 문항의 싱크로율이 가장 높은 과목이 영어입니다. 영어는 실제 학교 수업에서 배우는 단락 형태의 영어 지문이 그대로 수능 유형으로 출제됩니다. 따라서 내신 영어와 수능 영어는 같다고 봐도 됩니다. 실제 고등학교 대부분이 내신 시험 문항을 수능과 같은 유형으로 출제하고 있습니다. 단, 내신 영어 시험 문항에는 논술형 문항이라 불리는 주관식이 출제되기 때문에 이를 대비하기 위한 학습이 필요합니다. 그러면 먼저 내신 영어 학습 방법에 대해 살펴보겠습니다.

내신 영어는
철저한 복습이 비결

내신 영어 시험이 학생들이 점수를 얻기에 유리한 점은 시험 범위가 정해져 있다는 것입니다. 시험을 보기 전에 범위를 제시하고, 그 범위 안의 지문에서만 문항을 출제하기 때문에 미리 학습하면 고득점을 얻을 수 있습니다. 따라서 영어 내신 대비는 평소에 꾸준히 하는 것이 가장 좋은 방법입니다. 대체로 1, 2학년은 교과서 지문과 부교재 지문, 교사가 제공한 수업 자료가 시험 범위에 해당되고, 3학년은 수능특강 및 수능완성, 모의고사 지문이 시험 범위가 될 것입니다. 이때 모든 시험 범위의 지문을 수업시간에 다루는 학교도 있고, 특정 범위의 지문은 학생 스스로 학습하도록 할 수도 있습니다.

중요한 것은 시험 범위의 모든 지문을 시험 직전에 한꺼번에 제대로 공부하는 것은 불가능하다는 점입니다. 따라서 가장 중요하고 기본이 될 수 있는 내신 대비 학습 방법은 '철저한 복습'입니다. 고등학교에서 영어 수업은 대개 최소 주당 3시간에서 5시간 정도이고, 매시간 진도를 나가는 지문의 분량은 최소 1개에서 4개입니다. 쌓이면 적지 않은 분량이므로 그날 배운 지문은 그날 복습하는 것이 가장 좋고, 늦어도 그 주 안에는 복습하는 습관을 들여야 합니다.

영어 수업 복습 방법(지문 학습 중심)

1. 수업시간에 학습한 지문의 단어 암기하기
2. 단어 암기 후, 지문을 꼼꼼히 해석해보고 자신의 해석이 맞는지

확인하기

3. 수업시간에 선생님이 필기한 부분을 살펴보고 필기 내용을 암기하기(어휘, 내용 설명 등)

4. 1~3단계를 마친 후, 필기가 없는 깨끗한 지문을 출력하거나 직접 지문을 백지에 쓰기

5. 깨끗한 지문에 문장마다 해석을 써본 후 맞는지 확인하기

6. 암기했던 수업시간의 필기 내용을 기억해서 다시 필기해보고 맞는지 확인하기

7. 해석하고 필기한 것 중에 틀린 부분을 다시 확인하고 암기하기

8. 지문의 각 문장 핵심 어휘 및 어법을 체크하고 암기하기

위와 같은 방식으로 공부하면 그날 배운 지문을 최소 3회 이상 다시 보게 됩니다. 하지만 어휘, 어법 내용을 많이 알면 알수록 학습량은 줄어듭니다. 어휘와 어법의 중요성을 다시 한번 알 수 있는 이유입니다. 위와 같이 복습하는 방법은 주로 수업시간에 다룬 지문에 관한 것이고, 수업시간에 직접 다루지는 않지만 학생들이 자율적으로 학습해야 하는 지문의 경우는 위 방법에서 3, 4단계의 과정을 제외하고 나머지 단계의 방식을 따라 학습하면 됩니다.

내신 시험은 문제를 통해 등급을 산출해야 하므로 상위권을 변별할 수 있는 고난도 문항이 출제됩니다. 이런 문항의 경우는 수업시간에 배운 내용만으로 해결하기는 어렵습니다. 하지만 예를 들어 내신 영어 시험에 나오는 모든 어휘, 특히 문항의 선택지에 쓰이는 어휘들은 수업시간에 다루지는 않았더라도 고등학생이 알아야 할 어휘에서 출제될 수

있습니다. 따라서 내신 시험에서 원하는 점수를 얻는 학생들은 수업시간에 지문 학습을 완벽하게 복습할 뿐만 아니라 꾸준히 영어 학습을 해오고 있는 학생들이라는 점을 기억해야 합니다.

시험 당일 2~3주 전 시기는 시험 범위에서 이미 배웠던 지문과 시험 직전까지 배우는 지문을 같이 학습해야 하는 상황이므로 시간적·물리적으로 힘이 듭니다. 따라서 앞에서 말한 것처럼 복습이 충분히 되어 있는 상황이라면 시험 대비가 훨씬 쉽습니다. 매일 배우는 지문은 복습 방법에 따라 학습하고, 이미 배운 지문은 정리했던 내용을 다시 보면서 틀린 어휘와 해석, 필기 중심으로 재차 확인하고, 선생님이 강조했던 내용을 중심으로 출제될 수 있는 예상 문제를 만들어보는 것이 좋습니다. 특히 어휘나 어법 문제는 학생들이 내신 시험에서 가장 많이 어려워하고 틀리는 유형이므로, 각 지문의 문장마다 핵심 어휘 및 어법을 확인하고 변형 문제를 만들어보면 도움이 됩니다. 스스로 변형 문제를 만들기 어려운 경우 인터넷 영어 관련 카페나 내신 대비 커뮤니티에 들어가면 변형 문제를 쉽게 구할 수 있습니다.

수능 영어는 매일 꾸준한 학습량을 쌓는 것이 핵심

고등학생들은 내신과 수능 학습을 병행해야 하니 매우 힘들어합니다. 하지만 이런 부담감은 내신과 수능을 별개라고 생각하기 때문에 더 심해집니다. 학교의 모든 수업은 수능과 각자의 목표와 다 연결되어 있다고 생각하는 것이 좋습니다. 실제로 입시에서 좋은 성적을 내는 학생들은 내신과 수능을 따로 생각하지 않고 학교생활을 충실히 했던 학생들입니다. 여러 입시 과목과 활동 중에서도 영어는 내신 영어 공부가 곧 수능 영어 공부라고 말할 수 있는 과목입니다. 따라서 우선적으로 내신 영어 공부에 충실해야 합니다. 일반적으로 내신 시험 기간 한 달 전에 내신 위주의 공부를 시작하는데, 이 기간 이외(특히 방학 기간, 비내신 기간)에도 내신 영어 복습과 더불어 어휘, 어법 학습, 수능 기출문제집을 푸는 것이 좋습니다.

고등학교 영어 학습은 매일매일 일정 시간을 공부해야 합니다. 물론 매일 똑같은 시간 동안 공부한다는 것은 학생들에게는 굉장히 어렵고 힘든 일입니다. 매일 학습한다고 해서 자신의 영어 실력이 향상되는 것을 바로 느낄 수 있는 것이 아니므로 더 힘들게 느껴질 수 있습니다. 앞에서 예로 들었듯이 집을 지을 때 기초 공사 과정이 더디게 느껴지는 것처럼, 영어 학습에서도 어휘와 어법을 학습해가는 과정이 지난하게 느껴질 것입니다. 하지만 어느 단계, 어느 시점에 다다랐을 때 이른바 영어 실력의 포텐(잠재성을 뜻하는 '포텐셜Potential'의 줄임말)이 터지게 됩니다. 게다가 일정량의 학습만 꾸준히 하면 그 실력이 유지가 됩니다.

수능 영어가 상대평가일 때, 영어 모의고사가 5등급 이하인 학생들이 3, 4등급으로 향상되는 것보다 3, 4등급이었던 학생들이 1, 2등급으로 향상되는 데 몇 배가 더 힘든 이유는 1, 2등급인 학생들은 고정 멤버로 성적을 유지하기 때문입니다. 하지만 절대평가로 실시하는 지금 상황에서는 1등급을 맞는 것이 이전보다 쉬워졌습니다. 현재 수시 전형에서 상위권 대학이 영어 등급을 2등급, 3등급으로 정해 놓은 상태이고, 정시에서도 영어 등급에 대해 가산점을 부여하고 있는 시스템이므로, 영어는 대입을 위해 기본적으로 열심히 공부해야 하는 필수 조건입니다.

학생들이 영어를 공부하기 싫어하거나 힘들어하는 공통적인 특징은 암기할 것이 많고, 학습량에 비해 결과가 나오는 과정이 너무 길다는 것입니다. 하지만 암기는 모든 과목의 기본입니다. 영어만큼 암기한 내용이 그대로 시험에 나오는 과목도 없습니다. 학습한 만큼 결과가 나오지 않는다는 것은 그만큼 꾸준하고 충분한 학습량이 충족되지 않았다는 뜻입니다. 영어는 그 어떤 과목보다 투자한 노력만큼, 즉 학습량만큼 가장 정직한 결과가 나옵니다. 영어를 공부해도 성적이 나오지 않는다고 말하는 학생들은 자신이 '정말 매일 꾸준히 제대로 공부했는가?'에 대해 스스로 물어보고 진단해볼 필요가 있습니다. 이 질문에 솔직하게 답하고 위에서 설명한 방법대로 꾸준히 제대로 학습한다면, 영어 과목에서 분명 자신이 원하는 좋은 결과를 얻을 수 있을 것입니다.

34

어떻게 공부해야 '수포자'가 되지 않고 수학을 따라갈 수 있을까요?

문제 풀이보다
수학의 개념을 확실히 잡자

전 잠실여고 수학 교사(현 서울시교육청 장학사) 김혜진 작성

"무슨 과목 선생님이세요?"

"수학이요."

"제가 제일 싫어했던 과목이 수학인데, 도대체 수학은 어떻게 공부해야 하나요?"

새로이 만나는 누군가에게 제가 수학 교사라고 밝혔을 때 가장 많이 듣던 말입니다. 학부모든 학생이든 그렇지 않든 똑같은 질문을 얼마나 많이 받았던지, 무슨 과목 선생님이냐고 묻고 나면 으레 다음 질문을 할 줄 알고 수학 공부법에 관한 대답을 준비해야겠다고 생각했던 기억이 납니다.

학생들에게 수학은 호불호가 강한 과목입니다. 수학의 매력에 빠지면

다른 과목에 눈 돌릴 겨를이 없을 정도로 수학을 너무 좋아해서 많은 시간을 할애하는 데 비해, 한번 수학을 놓게 되면, 다시 말해 수학을 놓지 않고 이어가지만 계속되는 고비에 무너져 수학을 포기하게 되면 두 번 다시 돌아보고 싶지 않은 과목이 되고 맙니다. 하지만 수학은 가장 극복하기 어려운 과목이면서도, 쉽게 포기할 수도 없는 중요한 과목입니다.

수학 공부의 비결은 개념 정리에 있다

그렇다면 수학의 매력에 빠지는 것은 차치하더라도, 수학을 포기하지 않고 끝까지 이어나가는 방법이 있을까요? 학생들 대다수는 수학을 공부해서 잘하고 싶은 마음이 강합니다. 하지만 공부한 것에 비해 수학 점수가 따라주지 않고, 그로 인해 좌절과 불안을 겪으며 고민이 깊어집니다. 어떻게 해야 고등수학을 잘 따라갈 수 있을까요? 우선, 수학은 위계가 뚜렷한 학문입니다. 앞의 내용을 모르면 뒤의 내용을 모르고, 그러면 더 이상 어찌할 바를 몰라 포기하게 됩니다. 초등학교 때부터 수학 공부를 꾸준히 해야 하는 이유입니다. 우리가 초등학교 과정 때 배우는 덧셈, 뺄셈처럼 쉽다고 생각되는 부분부터 매 학년이 올라갈수록 수학을 놓치면 안 됩니다. 최소공배수, 최대공약수 등 초등학교 때 배우는 많은 수학 개념들이 기틀이 되어 중·고등학교 때까지 이어집니다.

무엇보다 중요한 것은 무작정 많은 문제를 푸는 것이 아니라, 수학 교과서에 나오는 개념을 반드시 머릿속에 넣고 다음 과정으로 넘어가야 한다는 것입니다. 기계적으로 문제를 많이 푼다고 수학 성적이 향상되는 것도 아닙니다. 문제 풀이만 열심히 한 학생들의 경우 문제가 조금만 변형되면 풀지 못하는 학생들이 많습니다. 즉 수학적 개념이 확실할 때에만 학년이 올라가더라도 수학을 놓지 않을 수 있습니다. 교과서를 토대로 이루어지는 학교 수업시간을 놓치지 말고 충실히 배워야 한다는 뜻입니다.

수많은 학생이 흔히 학원을 다니면서 많은 양의 문제를 풀며 선행을 하고 있다고 착각하여, 수학을 따라갈 수 있고 잘한다고 생각합니다. 물론 문제를 많이 풀면 좀 더 빠르게 문제가 요구하는 것에 다가갈 수 있지만, 가장 중요한 개념 등이 온전히 머릿속에 깊이 새겨져 있을 때 그 효과가 더욱 크게 나타납니다. 복습을 통해 개념을 다지고, 그와 관련된 문제를 풀어나감으로써 하나의 개념을 탄탄히 다져나가야 한다는 뜻입니다.

내 것으로 만드는 것이
진짜 공부다

학생들 대부분이 경험해보았겠지만 처음 수학의 한 개념 원리를 배울 당시는 완벽히 내 것이 되지 않습니다. 그러나 70%든 60%든 어느 정도 받아들일 수 있다면, 시간이 지나고 계속 복습하는 과정에서 90%, 100% 자신의 지식으로 흡수되는 시간이 옵니다.

처음에 희미했던 개념이 온전히 확실하게 이해될 때의 쾌감은 느껴본 사람만 알 수 있습니다. 이런 쾌감을 기억한 학생이라면 처음에 잘 이해되지 않는 것에 대한 불안함보다는 반복 학습을 통해, 또 시간의 흐름을 통해 이해될 수 있을 것이라는 기대감으로 지치지 않을 수 있습니다.

무리해서 수학 진도를 나가기보다는 탄탄히 개념을 이해하고 다음 과정으로 나감으로써 다양한 방법으로 문제를 해결하는 능력을 키우고, 자신만의 수학적 내용을 만들어야 합니다. 처음 접한 수학 개념이 어렵고 이해되지 않는다고 해서 쉽게 포기하고 뒤로 물러서지 말고, 끝까지 몇 번이고 반복해서 개념을 정리하는 것이 좋습니다. 또 그 과정에서 교사의 도움을 받아 부족한 부분을 채워나가며 자신감을 가지고 차근차근히 학습해야 합니다. 그러다 보면 어느 순간 개념이 들어오고, 그에 관련한 다양한 문제를 해결하게 됨으로써 수학적 희열을 맛볼 수 있을 것입니다.

문제를 푸는 과정에서도 의지가 필요합니다. 단순한 계산 문제는 누구나 잘 풀지만, 문제가 변형되어 쉽게 접근하기 어려운 상황에서는 많은 학생들이 그냥 포기하고 넘어가는 경우가 있습니다. 또는 먼저 답을 보고 쉽게 문제에 접근하는 학생들도 많습니다. 하지만 어려운 문제라도 할 수 있다는 생각을 가지고 먼저 답을 보기보다는 여러 번 생각해보는 힘을 키우는 것이 좋습니다. 그렇게 해서도 문제가 풀리지 않으면 해답을 보되 어느 부분에서 생각이 막혔는지를 판단해서 나중에 비슷한 문제를 만났을 때 잘 해결할 수 있는 능력을 키우는 것이 중요합니다. 이런 습관이 학습되면 자신의 취약점을 깨닫고 극복함으로써 문제를 푸는 속도가 점점 빨라집니다. 한마디 덧붙이자면 무엇인가 배우고 원리를 이해하고 몰두하고 조금씩 꾸준히 성취하는 훈련은 앞으로 학생들이 삶을 헤쳐 나가는 데에도 도움이 됩니다.

수능의 어려운 문제처럼 어느 지점에서부터 손대야 할지 도무지 알 수 없는 문제들 또한 다년간의 기출문제를 분석하고, 어떤 식으로 출제 되는지를 파악하여 내 것이 되도록 노력해야 합니다. 그런 과정에서 자 신만의 감을 잡는 것이 중요합니다. 노력 없이 쉽게 점수를 얻으려는 욕 심은 버려야 합니다. 내가 어렵다고 생각되면 다른 사람도 마찬가지입 니다. 다른 친구들이 수학을 잘하는 모습을 보면서 부러워만 하기보다 는 저렇게 잘하기까지 얼마나 노력했을까를 생각하며, 나 또한 할 수 있 다는 생각을 하는 것이 중요합니다.

꾸준히 계속하다 보면, 분명 어느 순간 수학의 기쁨을 맛보게 되는 날 이 올 것입니다. 그 기쁨이 다시 꾸준히 수학을 학습할 수 있는 동력이 되고, 그 동력이 쌓여 수학적 아름다움을 느낄 수 있는 경험까지 마주하 기를 바랍니다. 수학을 통해 논리적인 사고력을 키우고, 규칙 속에 발견 되는 수학적 아름다움을 느껴보길 간절히 기대합니다.

35

어떤 사회탐구 과목을 선택해서 어떻게 공부해야 할까요?

사회는 개념 이해와
문제 유형 파악이 비결이다

위례한빛고등학교 교사 문주혜 작성

초기 수학능력시험의 경우 사회 교과는 한 달 특강만 들어도 문제를 다 맞힐 수 있는 이른바 효자 과목이었습니다. 고등학교 시절 저도 사회탐구 과목을 수능 한 달 전 학교 방과 후 수업과 학원 특강을 듣고 다 맞혔던 경험이 있습니다. 그러면 지금은 어떨까요? 사회탐구 과목에서 만점을 맞는다는 것은 언어 능력과 문제 이해 능력이 뛰어난 소수의 학생을 제외하고는 거의 불가능에 가까운 이야기입니다. 왜냐하면 사회탐구 과목의 출제 영역이 방대해졌고, 과목이 세분되면서 그 깊이도 매우 심화되고 있기 때문입니다.

학생의 진로와 적성을
파악하는 것이 먼저다

　　　　　　　그렇다면 어떤 사회탐구 과목을 선택해서 어떻게 공부해야 등급과 표준점수에서 고득점을 받을 수 있을까요? 고민은 그뿐만이 아닙니다. 학교에서는 학생 중심 교육과정이라는 명목 아래 학생들을 선택과목의 늪에 빠뜨렸습니다. 즉 2, 3학년 때 학교에서 어떤 과목을 선택해야 할지, 그리고 어떤 과목을 선택해야 수시 모집과 정시에서 유리할지는 전국 모든 고등학생의 공통된 고민일 것입니다. 사실, 이에 대한 명백한 해답은 없습니다. 다만 '2015 개정 교육과정'의 의도를 파악하고 이에 맞춰 적응하고, 선배들의 진학 성공 사례를 통해 미래를 예측해보면서 계획을 세우는 것이 가장 해답에 가까운 방법이 아닐까 생각해봅니다. 그렇기에 2015 개정 교육과정을 설명한 뒤, 학교에서의 과목 선택과 수능에서의 과목 선택을 어떻게 정해야 할지 함께 살펴보고자 합니다.

✦ 2015 개정 교육과정에 따른 탐구 과목 영역

교과 영역	교과(군)	공통과목	선택 과목	
			일반 선택	진로 선택
기초	한국사			
탐구	사회	통합사회	한국지리, 세계지리, 세계사, 동아시아사, 경제, 정치와 법, 사회·문화, 생활과 윤리, 윤리와 사상	여행지리, 사회문제 탐구, 고전과 윤리
	과학	통합과학 과학탐구 실험	물리학Ⅰ, 화학Ⅰ, 생명과학Ⅰ, 지구과학Ⅰ	물리학Ⅱ, 화학Ⅱ, 생명과학Ⅱ, 지구과학Ⅱ, 과학사, 생활과 과학, 융합과학

고등학교에서의 사회 교과는 기초 영역의 '한국사', 탐구 영역의 공통 과목인 '통합사회', 일반 선택과목인 '한국지리, 세계지리, 세계사, 동아시아사, 경제, 정치와 법, 사회 문화, 생활과 윤리, 윤리와 사상' 과목과 진로 선택과목인 '여행지리, 사회문제 탐구, 고전과 윤리' 과목으로 구성되어 있습니다. 1학년 때 배우는 한국사와 통합사회(과학에서는 통합과학, 과학탐구실험)를 제외하고는, 원칙적으로 2, 3학년에는 사회, 과학의 일반 선택과목과 진로 선택과목을 학생들이 자유롭게 선택하여 자신만의 교육과정을 만들어갈 수 있는 것입니다.

　　그런데 이 많은 선택과목 중에서 학생들은 어떤 과목을 선택해야 할까요? 앞에서 언급했듯이, 정답은 없지만 이와 같은 개정 교육과정의 목적을 이해하면 과목 선택에 도움을 받을 수 있습니다. 2015 개정 교육과정에서 이처럼 선택과목이 다양하게 개설된 이유는, 학생들을 단순히 문과와 이과로 구분하는 것이 아니라 학생 개개인이 자신의 진로와 적성에 따라 다양한 과목을 선택하고, 이를 통해 미래를 준비하는 인재로 자라기를 바라는 교육부의 큰 그림이 담겨 있습니다.

　　따라서 중학교에서 고등학교로 진학하기 전에 학생은 자신의 진로를 보다 명확하게 생각해보고, 해당 진로와 연관된 교육과정의 로드맵을 미리 정해야 할 필요성이 과거보다 매우 커졌습니다. 진로를 미리 정하면 나의 진로와 관련된 과목이 개설된 고등학교를 선택하여 진학할 수 있어서 좋고, 해당 과목을 들으며 진로는 물론 내신과 수능이라는 두 마리 토끼를 잡을 수 있습니다. 그뿐만 아니라 자신의 진로 희망과 교과목 활동을 잘 녹여내어 충실히 기록된 생활기록부(특히 교과세특)를 기대할 수 있습니다.

실제 수시 전형에서 명문대나 원하는 학과에 진학하는 학생들을 살펴보면 아주 명확한 특징이 있는 것을 알 수 있습니다. 3년 내내 진로 희망이 거의 일치하고, 진로 희망과 연관된 선택과목을 선정했으며, 그 과목의 교과세특에 진로에 관한 관심이 매우 잘 나타나 있다는 것입니다. 그뿐만 아니라 다른 과목의 교과세특, 독서활동, 자율활동, 동아리활동, 진로활동 등에도 진로 희망이 명확하게 드러납니다. 즉 전공을 향해 학생이 3년간 어떤 노력을 기울였는지가 생활기록부에 잘 나타나면 입시에 성공할 수 있다는 것입니다.

결론적으로 '명확한 진로 설정'이 학교에서의 선택과목 선정과 수능 선택과목 선정, 입시에서의 성공에 대한 공통적인 해답이라고 말할 수 있습니다. 참고로, 교육부에서 발간한 아래 '2015 개정 교육과정 안내 브로슈어(고등학교)'의 과목 선택 요령을 살펴보면 이해하기 쉬울 것입니다.

의학 또는 생명과학 계열을 희망하는 학생의 경우에는 과학 교과군의 모든 'Ⅱ'과목을 선택할 필요는 없지만, 인간을 대상으로 하는 학문인 만큼 생명에 관계되는 현상을 공부할 수 있는 '생명과학Ⅱ', 의학과 바이오 산업 발전 등에 따라 대두되는 생명윤리의 중요성과 인간에 대한 철학적 이해를 위한 '생활과 윤리', '철학' 등의 공부를 통해 윤리적인 소양을 함양할 수 있다.

작가가 되고자 하는 학생의 경우는 인간에 대한 이해를 바탕으로 하는 활동인 만큼 인문학적 소양을 함양하기 위해 '여행지리', '사회·문화', '세계사' 등의 과목뿐만 아니라, '생명과학', '과학사' 등의 과목을 선택하여 과학기술 발전에 대한 식견을 넓히고, 문화적 소양을 함양하기 위해 '미술(음악) 감상과 비평' 등의 진로 선택과목을 이수할 수 있다.

대다수 고등학교에서는 4가지 사회 과목 영역(윤리, 지리, 역사, 일반사회)을 2, 3학년에 고르게 분포해놓습니다. 한 고등학교의 교육과정 편제표를 예로 들면 사회 선택과목에서는 2학년에 세계사, 정치와 법, 세계지리, 경제, 윤리와 사상이 개설되어 있고, 3학년에는 생활과 윤리, 동아시아사, 사회·문화, 한국지리, 고전과 윤리, 사회문제탐구, 여행지리가 개설되어 있습니다. 이를 살펴보면 학생들이 사회과목의 4가지 영역을 연계하여 선택할 수 있도록 배려한 것을 확인할 수 있습니다. 사회학과로 진학하기를 원하는 학생을 예로 들면, 2학년 때는 '정치와 법'을, 3학년 때는 '사회·문화'를 선택할 수 있는 것입니다.

따라서 미리 고등학교를 선택하기 전에 이와 같은 내용을 관련 홈페이지나 설명회 자료 등을 참고하여 자신이 다닐 학교가 희망하는 대학 전공과 연계성이 깊은 과목들이 개설되어 있는지 확인하면 선택의 고민을 덜 수 있을 것입니다.

수능에서 사회탐구 과목 선택과 관련하여 학생들은 '3학년 때 배우는 두 과목을 선택하는 것이 좋을까?' 아니면 '2학년에 배우는 과목을 선택하는 것이 좋을까?'를 가장 궁금해합니다. 수능이 어려워짐에 따라 3학년 때 두 과목을 새롭게 배워 수능에서 고득점을 올리는 것은 매우 어렵습니다. 따라서 선생님들 대부분은 2학년에 배우는 과목 한 가지와 3학년에 배우는 과목 한 가지를 수능에서 선택하는 것을 가장 추천합니다. 한 과목은 완벽하게 공부하며 복습하고, 또 한 과목은 내신과 수능을 함께 준비할 수 있기 때문입니다. 한마디로 자신에게 가장 맞는 선택 조합을 찾아 교육과정 선택과 함께 수능 선택과목도 빠르게 정하는 편이 유리합니다.

또 수능 선택과 관련하여 학생들은 선택자 수가 많은 과목을 선택하는 것이 유리한가에 대한 질문을 자주 하곤 합니다. 다음 자료는 사회탐구 영역의 선택 순위를 집계한 표인데, 수년째 순위에 변동이 거의 나타나지 않고 있기도 합니다.

✦ 2021학년도 수학능력시험 사회탐구 영역 선택 순위

선택 순위	과목명	인원(명)
1	생활과 윤리	129,937
2	사회 · 문화	124,711
3	한국지리	44,832
4	세계지리	35,186
5	윤리와 사상	29,063
6	동아시아사	24,423
7	정치와 법	23,382
8	세계사	19,055
9	경제	5,076

– 출처: 한국교육과정평가원, '2021학년도 대학수학능력시험 채점결과 보도자료', 2020.12.22

일반적으로 수시 전형에서는 등급이 중요하고, 정시 전형에서는 표준점수가 중요합니다. 그래서 학생들이 전년도 응시자 수, 1등급 수, 표준점수 등의 자료를 바탕으로 자신의 전공 분야나 관심도와 관계없이 사회탐구 과목을 선택하기도 합니다. 그런데 이런 전략은 전년도나 과거의 통계 자료(인원수, 표준점수 등)를 바탕으로 선택하기에, 매년 상이한 과목별 난이도를 예측하기가 어려워 모험이 따릅니다. 따라서 희망 전

공 분야와 고등학교에서의 교육과정을 고려하여, 자신이 쉽고 재미있게 공부할 수 있는 과목을 선택하는 것이 바람직합니다.

사회탐구 영역은 평가 방향을 파악하는 것이 중요하다

진로를 명확하게 탐색하여 선택과목을 정했다면, 그다음에는 어떻게 공부해야 할까요? 이 역시 사회 과목의 목표와 성격을 이해하여 접근한다면 좀 더 쉽게 공부할 수 있습니다. 사회 교과는 학생들이 사회생활에 필요한 지식과 기능을 익혀 이를 토대로 사회 현상을 올바르게 인식할 수 있도록 돕는 취지의 과목입니다. 또한 민주 사회 구성원에게 요구되는 가치와 태도를 지님으로써 민주 시민으로서의 자질을 갖추도록 하는 교과입니다. 교육부에서 이와 같은 목표를 제시하고 있기에, 학교 교육과정과 수능 역시 이런 요소들을 학생이 잘 습득했는지를 물을 것이라고 예측할 수 있습니다.

'생활과 윤리, 윤리와 사상, 한국지리, 세계지리, 동아시아사, 세계사, 경제, 정치와 법, 사회·문화' 과목들로 구성된 수능에서는 인문학적·사회학적 접근 방법을 사용하여 대학 교육을 받는 데 필요한 사회과학적 탐구 능력과 사회문제 해결을 위한 창의적 사고력을 측정합니다. 수능에서 출제되는 이 과목들의 영역별 학습 방법은 다음과 같습니다. 다음의 내용은 수능을 출제하는 한국교육과정평가원의 내용을 참고한 것으로, 출제자의 의도를 파악하기 위해 이 내용을 참고한다면 사회 과목의 공부 방향을 잡는 데 큰 도움이 될 것입니다.

윤리 과목

- 교과서의 핵심 개념 및 원리들 이해하고, 이를 실제 상황에 적용해보기
- 다양한 심화 읽기 자료를 통해 교과서의 관련 개념이나 원리를 도출해보기
- 현실의 다양한 이슈들을 윤리 이론의 관점에서 파악하기
- 교과서에 제시된 윤리 사상을 이해하고, 이러한 사상이 우리에게 주는 시사점을 파악하기
- 여러 차원에서 제기되는 다양한 윤리 문제를 진단하고, 이에 적절히 대처하는 방안을 찾아보기
- 교과 지식을 적용하여 실생활의 가치 갈등 사례를 이해해보는 훈련을 위해 신문 등의 보도 자료를 분석하고 평가하기

지리 과목

- 여러 현상을 지리학의 기본 개념이나 법칙에 근거해 이해하기
- 지리 정보를 담은 지도나 도표를 분석해 변화된 내용 파악하기
- 인간 생활의 모습을 자연·인문환경과의 관계 속에서 이해하기
- 시사성을 띤 문제나 관심이 집중된 지역을 확인하고 그 내용을 학습하기
- 한국 지리는 국토의 다양한 지리적 현상에 대해 종합적으로 이해하고, 특히 경제·사회 발전에 따라 변화하는 지역 및 공간 구조를

자연환경, 산업, 인구 등 다양한 관점에서 파악하기

- 세계 지리는 세계의 다양한 자연환경과 인문환경을 종합적으로 이해하고, 세계 여러 지역의 특성에 적합한 주제를 탐색하며, 지역 간 상호 공존 및 갈등 해결의 다양한 방안을 학습하기

역사 과목

- 동아시아 과목은 교과서를 중심으로 정치, 경제, 사회, 문화 분야의 핵심적인 사건이나 제도의 시행 배경, 내용, 영향 등을 정치·사회 세력의 동향에 유의하면서 전후 시대와 관련지어 주제별로 정리하기
- 세계사는 지역별로 전개되는 중요한 사실을 고르게 이해하면서, 대표적인 역사적 자료와 관련지어 정리하고 지도나 도표화해서 해석해보기

일반 사회 과목

- 기본 개념이나 원리를 이해한 후 다양한 소재나 문제 상황에서 이를 분석하기
- 신문기사, 논설 자료, 통계 자료 등을 이용하여 시사 문제에 대한 쟁점을 파악하고 그 대안을 찾아보기
- 경제 과목에서는 기본적인 경제학적 개념과 원리, 이론 등을 체계적으로 이해하고, 이를 응용하여 기사, 도표, 그래프 등 각종 자료를 분석하기
- 정치와 법에서는 교과서의 핵심 내용을 이해하고, 판례 해석이나

법·정치 관련 사례, 시사 문제 등을 분석하기

- 사회·문화 과목에서는 사회·문화 현상의 기본 개념과 원리를 이해하고, 사회·문화 현상과 관련하여 각종 기사나 도표, 그래프 등을 분석하기

이와 같은 내용을 통해 알 수 있는 것은, 사회탐구 영역 각 과목의 시험은 '개념·원리의 이해, 문제 파악 및 인식, 탐구 설계 및 수행, 자료 분석 및 해석, 결론 도출 및 평가, 가치 판단 및 의사결정' 등의 평가 요소를 고르게 측정한다는 것입니다. 따라서 시험을 준비하는 학생은 이 평가 유형을 고려하여 전략적으로 계획하고 시험에 대비하여 학습할 필요가 있습니다.

수능 대비를 위한
사회탐구 학습 전략

교과서 읽기를 바탕으로 개념을 완벽하게 이해한다

교과서에 제시된 개념과 원리를 꼼꼼하게 읽고 이를 완전하게 이해할 수 있어야 합니다. 이때 주의할 점은 문제집과 같이 요약본이 아닌 '교과서 읽기'를 최우선으로 해야 한다는 것입니다. 교과서 한 단원의 내용을 먼저 쭉 읽은 뒤, 주요한 개념에 밑줄을 긋고 정독하는 훈련을 꼭 해야 합니다. 그다음에는 '대단원-중단원-소단원-단락'의 주제들을 살펴보

면서 밑줄 그은 내용을 중심으로 개념 연결고리를 파악하며 다시 읽어 봐야 합니다.

현재 사회탐구 영역의 교과서들은 국정교과서가 아닌 검인정교과서 (교육부가 심사하여 적합한 것으로 판정한 교과서)이므로 교과서마다 개념의 서술 방법과 탐구 활동이 차이가 있습니다. 그렇지만 이런 문제는 EBS 연계 교재를 사용하여 극복할 수 있습니다. EBS 연계 교재는 가장 일반적인 개념의 연결고리와 대표적인 탐구 활동 내용을 담은 교재이므로, 교과서를 정독한 뒤 EBS 연계 교재를 활용하여 머릿속에 개념을 체계적으로 정리하는 방법을 권합니다.

이와 같은 방법으로 교과서를 3~4회 읽고 난 뒤, 교과서를 참고하며 개념지도mind map를 만들어보고 이를 반복 학습하여 머릿속에 각인시킬 수 있도록 합니다. 교과서를 읽으며 관련 개념을 더 공고하게 해주는 교과서의 탐구 활동과 EBS 연계 교재의 탐구 활동, 개념어 해설 등을 꼼꼼하게 보며 개념지도에 메모해두면 학습에 효과적입니다. 시험 기간이 가까워지면 백지에 개념지도를 그려보고, 자신이 작성할 수 없는 가지에 해당하는 개념은 위의 과정을 반복하며 개념을 완전하게 이해하면 어떤 시험이건 간에 충분히 대비할 수 있습니다.

요약하자면 '교과서 읽기→교과서 정독(1~2회)→EBS 연계 교재를 보며 개념 위계를 정리하고 탐구 활동 파악하기→교과서를 보며 개념지도 그리기→백지에 개념지도 그리기'의 과정을 수행하며 개념·원리를 완벽하게 이해할 수 있도록 학습합니다. 이렇게 공부해두면 개념·원리를 묻는 문항은 물론 다음에 제시한 다양한 문제들도 쉽게 접근할 수 있습니다. 즉 모든 문제의 바탕에는 교과서에서 다루는 개념·원리가 있다는 것을 간과하지 말아야 합니다.

사회문제나 현상을 파악하는 유형이 자주 출제된다

사회탐구 영역의 시험 중에 자료나 지표에 나타난 사회문제나 논쟁점, 그리고 사회현상을 바라보는 관점을 파악하는 문제 유형이 자주 출제됩니다. 이런 유형 역시 개념을 완벽하게 학습했다면 해당 문제의 핵심이 무엇이고 어떤 개념과 연결되어 있는지 쉽게 찾아낼 수 있을 것입니다. 지문을 읽으면서 그 안에 다루고 있는 개념과 요지가 어떤 것인지 파악하고, 관련 내용을 떠올리며 문제를 풀면 훨씬 빠른 속도로 문제를 풀 수 있습니다.

자료를 분석하여 결론을 도출하는 유형이 가장 많이 출제된다

사회탐구 영역에서 가장 많이 출제되는 유형은 자료에 나타난 정보를 분석하는 능력을 측정하기 위해 만든 문제입니다. 윤리 과목은 사상가들의 생각과 입장, 현실의 다양한 이슈와 관련된 보도 자료가 출제되고, 지리 과목은 지리적 정보를 담은 지도나 도표, 시사성을 띤 문제나 관심이 집중된 지역, 국토 및 세계의 다양한 지리적 현상에 대한 종합적 이해를 묻는 문제 유형이 출제됩니다. 역사 과목은 역사적 자료, 일반사회 과목은 시사적 문제에 대한 쟁점과 기본적인 경제·정치·사회·문화에 관련된 기사, 도표, 그래프 등 자료를 분석하는 유형이 출제됩니다. 이러한 자료 분석 문제의 경우 출제 경향이 매년 비슷하므로 유사한 기출 문제를 풀어보고, 특히 무엇에 중점을 두고 자료를 파악해야 하는지를 생각하며 학습해야 합니다.

의사결정 과정을 파악하는 유형이 출제된다

제기되는 문제의 쟁점에 담긴 가치를 파악하고, 각 주장과 근거를 파악하는 문항이 출제됩니다. 교과서의 탐구 활동에 제시된 의사결정 과정의 예시를 통해 쟁점을 이해하고, 또 문제 해결을 위해 어떻게 문제를 인식하는지 사회과학적 탐구 능력을 측정하는 유형이 출제됩니다.

EBS 연계 교재 활용 문항

사회탐구 영역의 경우 어떤 교재보다 EBS 수능 연계 교재를 풀며 실력을 다져야 합니다. 즉 EBS와 간접 연계된 방식으로 출제 비율이 높은 편이므로, EBS 교재의 문제를 꼼꼼하게 풀어봐야 합니다. 문제에 제시된 개념·원리를 이해하고, 제시된 자료와 지문을 해석하고, 새롭게 제시되거나 변형된 문제 유형에 대한 반복 학습이 중요합니다.

기출문제 문항을 반복 학습한다

수능 기출문제와 6월과 9월 모의고사는 가장 중요한 예시 문항입니다. 이 문제들의 유형을 익히고, 자주 출제되는 개념과 유형은 반드시 내 것이 되도록 반복 학습해야 합니다.

자주 출제되는 서술형 문항 유형과
교과세특을 위한 팁!

대부분의 고등학교에서 '내신' 시험은 수능에

준하여 출제됩니다. 위의 문항 유형의 분석을 바탕으로 제시한 학습 방법으로 내신도 준비하면, 수능과 내신 두 마리 토끼를 함께 잡을 수 있습니다. 요즘 일부 고등학교에서는 수행평가에서 서술형 및 논술형 형태로 평가를 진행하기 때문에 1, 2차 지필고사에서는 선택형 문항으로만 출제되는 경우도 있습니다. 그러나 아직 많은 학교에서 1, 2차 지필고사를 시행할 때 서술형 문항을 20~40% 정도 출제하므로 이에 대한 철저한 대비가 필요합니다. 내신 선택형 문항은 위 수능 대비를 위한 사회탐구 학습 방법 6가지를 참고하여 학습하면 되므로, 여기서는 서술형 문항에 대한 학습 방법에 대해서만 간략히 설명하도록 하겠습니다.

사회탐구 영역의 '서술형' 문항으로 자주 출제되는 유형은 크게 다음과 같이 3가지로 꼽을 수 있습니다.

· 자료에 나타난 개념·원리를 쓰고 설명하기
· 자료를 분석하여 알 수 있는 점을 작성하기
· 사회현상에 대한 긍정적, 부정적 영향을 작성하기

따라서 위 서술형 문항 유형별로 교과서와 수업시간에 선생님이 나누어준 자료들을 참고하여 문제를 스스로 만들어보고, 이에 대한 답안을 작성하며 연습하는 것이 좋습니다. 그리고 실제 내신 시험에서 서술형 문제를 풀 때 제시된 '조건(단서)'을 놓치지 말고 이와 관련된 내용을 꼼꼼하게 작성해야 한다는 점을 유의해야 합니다.

참고로, 사회탐구 과목 '교과세특'을 위한 팁을 설명하며 글을 마무리 짓고자 합니다. 사회 과목은 수행평가에서 각종 보고서 및 글쓰기를 수업시간에 가장 많이 작성하는 교과 중 하나입니다. 그렇기에 수행평가 주제를 자신의 진로나 관심 분야와 관련하여 작성하고 발표한다면 생활기록부 관리에 도움이 됩니다. 담당 선생님이 학생의 진로를 명확하게 파악할 수 있을 것이고, 이를 바탕으로 충실한 내용의 생활기록부가 작성될 수 있기 때문입니다. 또 보고서를 작성하며 참고한 책이 과목별 독서활동에 기록되어 관심 분야에 대해 학생 본인이 기울인 노력을 평가자들에게 보여줄 수 있을 것입니다.

36

과학 과목은 어떻게 선택하고 공부해야 입시에 유리할까요?

이해·분석·반복하며
체계적으로 공부하자

위례한빛고등학교 교사 구봉순 작성

과학탐구 영역의 경우 학생들이 가장 많이 고민하고 질문하는 것은 '어느 과목을 선택하는 것이 유리한가'입니다. 공부법을 설명하기에 앞서 학부모들과 학생들이 가장 궁금해하는 과목 선택의 요령을 간략하게 정리해보고자 합니다.

과학탐구 과목
제대로 선택하는 법

과학탐구 과목 선택을 위해 가장 쉬운 접근

법은 고등학교 1학년에서 배우는 '통합과학'을 떠올리면 됩니다. 학생 자신이 해당 과목을 공부하면서 쉬웠던 부분과 어려웠던 부분을 나누어볼 수 있을 것입니다. 누구든 스스로 재미있다고 생각하는 것을 공부하면 더욱 열심히 할 수 있습니다. 따라서 응시자 수나 난이도 등으로 과목을 선택하는 것은 변수가 많아 권하고 싶지 않습니다. 올해 이렇게 출제되었다고 내년에도 그렇게 출제된다는 보장이 없기 때문입니다. 입시 상황은 변수가 많기 때문에 학습자 자신이 꾸준히 공부하기 위해서는 어느 정도 흥미가 있는 과목을 선택하는 것이 좋습니다. 아울러 자신의 흥미를 전제로 과목 간 연속성을 고려하는 것이 효과적입니다. 예를 들어 '물리'를 선택하는 학생들이 '지구과학'을 함께 택하는 것처럼 말입니다.

이번에는 심화 과목에 해당하는 '과학탐구Ⅱ' 과목 선택과 관련해서 조언하고자 합니다. 과학탐구Ⅱ 과목은 난이도가 높아서 수학 성적이 정말 탄탄한 학생들이 선택하는 것이 좋습니다. 입시 준비를 위한 한정된 상황에서 Ⅱ 과목은 수학에 시간과 노력을 쏟아부어야 성적이 나오는 과목이기 때문입니다. 따라서 저는 심화 과목 응시를 요구하는 서울대 자연계열 지원 희망자가 아니라면 굳이 Ⅱ 과목 선택을 권하지 않습니다. 과학 심화 과목에 쏟을 시간과 노력을 차라리 수학이나 다른 교과에 할애하는 것이 입시에서는 더 유리할 수 있기 때문입니다. 최상위권 자연계열 대학에 진학하고자 하는 학생이나, 정말 진심으로 과학 공부에 흥미를 느껴 깊이 있는 탐구를 원하는 학생들일 경우에만 Ⅱ 과목을 선택하기를 조언합니다.

과탐, 더 이상 고민하지 말고
이렇게 공부하자

과학탐구 과목마다 특성이 달라 효율적으로 공부하는 방법은 약간씩 다르지만, 큰 틀에서는 비슷한 성격을 갖고 있습니다. 즉 다음과 같은 방법과 과정으로 학습하면 내신과 수능 시험을 대비하는 데 큰 도움이 될 것입니다.

개념과 원리를 정리한다

모든 과목이 그러하듯이 과학탐구 영역도 가장 기본은 개념을 명확히 알고, 그와 관련된 원리를 정리하여 구조화가 이루어져야 합니다. 학생들에게 가장 먼저 관련 개념을 '정확히' 정리하라고 하면 단순히 암기만 하는 경우가 있습니다. 물론 개념을 암기하는 것도 필요하지만 관련 개념이 무엇을 의미하는지, 원리가 어떻게 정리되는지에 대하여 체계적으로 자신만의 구조화가 이루어져야 합니다. 그래야 암기 후 실제 문항에서 다양한 표현으로 문제가 제시되어도 당황하지 않고 풀 수 있습니다.

자료를 해석 및 분석한다

과학탐구 과목은 같은 내용을 다양한 방법으로 자료를 제시하여 묻는 경우가 많습니다. 학생들은 이미 알고 있는 내용임에도 그처럼 변형되어 새롭게 접하는 자료에 당황해서 어떻게 해석해야 하는지 모르겠다고 하소연하곤 합니다. 그렇다고 수업에서 가능한 자료를 모두 제시하는 것은 한계가 있습니다. 따라서 제시되는 자료가 무엇을 나타내고 있는지 분석하는 것이 무엇보다 중요합니다. 수치가 주어진다면 눈에 띄게 변화되는 값이나 다른 수치들과 다른 경향성을 보이는 것을 눈여겨봐야 합니다. 그래프의 경우 각 좌표가 무엇을 나타내고 경향성이 어떻게 되는지, 단위가 어떻게 되는지 꼼꼼하게 살피는 연습을 해야 합니다. 학생들이 종종 단위를 무시하여 낭패를 보는 사례가 있는데, 수학과 과학의 경우 단위가 없으면 무의미한 수에 지나지 않으므로 반드시 '단위'를 잘 챙겨야 합니다. 또한 과학 과목별로 중요하게 다루는 사진과 그림도 꼭 챙겨서 보기를 당부합니다.

문제 풀이를 하며 틀린 문항은 보충 학습한다

과학 공부를 할 때는 조바심을 내려놓고 수준에 맞는 문항부터 차근차근 풀어가야 합니다. 학생 자신이 정확히 알고 있는 것과 아직 정확하지 않은 개념을 구분해서 보강해야 합니다. 또한 같은 내용을 어떤 형식으로 질문하고 있는지, 제시되는 자료와 그래프는 어떤 것들이 있는지도 눈여겨봐야 합니다. 만약 시간적 여유가 있다면 문제집 한 권을 마지막 페이지까지 다 풀고, 다시 첫 페이지부터 풀어보길 권합니다. 참고로 이렇게 공부하기 위해서는 처음 풀 때 흔적을 남기지 않아야 더욱 도움이 됩니다. 문제집을 두 번째 풀면서 첫 번째와 같은 문항을 틀린다면, 그 문항은 표시하여 더 꼼꼼하게 보충 학습을 해야 합니다.

종종 과학 성적이 잘 나오게 하려면 어떻게 해야 하느냐고 묻는 학생에게 농담처럼 서로 다른 출판사 문제집을 세 권 이상 풀면 된다고 답하기도 합니다. 사실, 이렇게 공부하면 단순히 많은 문제를 풀기만 하는 것이 아니라, 하나의 개념과 원리를 어떻게 질문하는지, 제시되는 자료와 그래프, 사진 등이 무엇인지를 자연스럽게 알 수 있습니다. 또 많은 문항을 분석하면서 같은 개념에 다르게 접근하는 방법도 스스로 구상하게 됩니다. 나아가 직접 문항을 만들면서 개념을 문제화하는 학생들도 있는데 이런 방식도 좋은 학습법이라고 생각합니다.

나만의 노트를 '단권화'하여 만들어본다

모든 과목이 그러하듯이 과학탐구 과목도 방대한 내용을 다루고 있어 각 과목에 대한 자신만의 노트를 완성하는 것이 도움이 됩니다. 이 노트에 자신이 모든 것을 직접 필기하여 정리할 수도 있고, 기본 개념서에 추가 내용을 삽입하는 방법도 있습니다. 내용이 어느 정도 구조화되면 자신이 명확하게 정리가 되지 않는 내용과 계속 눈여겨봐야 하는 내용, 자주 틀리는 문항 등을 하나의 노트나 책에 모두 정리하여 이것저것 찾아 뒤적이는 시간을 줄이자는 것입니다. 이런 정리법을 '단권화 전략'이라고도 합니다.

실제로 성적을 잘 받는 최상위권 학생 중에서 《EBS 수능특강》 문제집에 추가적인 내용을 포스트잇으로 붙여 자신만의 과목 노트로 활용하는 모습을 종종 보았습니다. 모의고사 후에 자신이 틀린 문항을 분석하고 관련된 부분에 내용을 추가하고, 수능 전까지 항상 열어보며 확인하는 등 마지막까지 유용하게 활용하는 모습이 인상 깊었습니다. 물론 학생마다 자신만의 노트 정리 노하우가 있을 것입니다. 자신에게 맞는 방법으로 한 과목에 대한 단일 노트를 만들어 활용하면 내신과 수능 시험을 좀 더 효과적으로 준비할 수 있을 것입니다.

선배들의 이야기:
공부가 지식을 확장하는 길이 된다면

서울대학교 사회과학대학 인류학과 ○○○

교실에서 저의 모습을 한 단어로 표현하자면 '집착'입니다. 항상 배우려는 의지를 가지고 수업에 임하며 끊임없이 질문하곤 했습니다. 한 수업마다 평균적으로 5개 이상의 질문은 항상 했던 것 같습니다. 바삐 흘러가는 고등학교 수업에서 질문은 방해만 된다고 말하는 사람들도 있지만, 질문은 배움의 질을 높여주고 지식을 비판적으로 수용하게 해줍니다. 또한 질문을 통해 다른 학생들도 몰랐던 것을 같이 알아갈 수 있고, 삭막한 고등학교 수업 분위기를 전환시킬 수도 있습니다. 새로운 것을 쉽게 받아들이지 않으려는 태도가 주입식 교육의 여러 문제로부터 저를 벗어나게 해주었습니다. 이렇듯 매 수업마다 열정을 쏟아부으면 유연한 사고방식을 가지게 될 뿐만 아니라 실용적인 암기에도 상당히 도움이 됩니다.

배운 내용을 내면화하기 위해서는 여러 가지 방법이 있습니다. 교과서를 다시 읽어볼 수도 있고, 문제를 풀어볼 수도 있습니다. 다만 저는 문제를 푸는 것은 배움의 연장선이 아니라 단순히 시험 보는 법을 연습하는 것이라고 생각하여 선호하지 않았습니다. 제가 선호한 방법은 말로 설명하는 것이었습니다. 자신만의 언어를 사용하여 배운 내용을 친구에게 설명하거나, 스스로에게 되풀이했습니다. 역사 과목을 예로 들자면, 사건의 '배경-전개-결과'를 설명하는 중에 빈약한 부분이 있으면 친구와 함께 그 부분을 보완하며 구체적인 내용 이해를 도왔습니다. 수학의 경우에도 온갖 법칙, 정리들을 먼저 증명하고, 이후 증명하는 과정을 스스로에게 다시 설명하는 방식으로 공부했습니다. 상당히 번거롭고 시간 소모가 많은 방법이라고 생각될 수도 있지만, 제게는 아주 효율적이면서도 배운 내용을 자연스럽게 상기할 수 있는 방법이었습니다.

마지막으로 공부 방법 자체가 그렇게 중요한 것은 아니라고 말씀드리고 싶습니다. 누군가에게는 효과적이었던 방법이 누군가에게는 아닐 수도 있기 때문입니다. 자기 자신에게 잘 맞는 방법이야말로 아마도 최고의 공부법일 것입니다. 그럼에도 누구에게나 공통적으로 필요한 것이 있습니다. 바로 '배우려는 자세'입니다. 공부하는 것을 스트레스가 아니라 자신의 지식을 확장하는 길로 인식하기 시작한다면, 각자만의 공부법과 배움의 즐거움을 찾을 수 있을 것입니다.

- 출처: 서울대학교 입학본부, '2022 서울대학교 학생부종합전형 안내', 2021, p.42

엄마와 아이가 반드시 알아야 할

슬기로운 고등생활

참고문헌

- 건국대학교 외, '학생부종합전형 공통 평가요소 및 평가항목', 2018
- 교육부, '2020학년도 학교생활기록부 기재요령', 2020
- 꿈진집필위원단, '꿈진', 제 221호, 경기도교육청, 2021
- 꿈진집필위원단, '꿈진', 제 224호, 경기도교육청, 2021
- 경기도교육청, '중등 학교생활부 기재와 내실화 방안', 2020
- 교육부, '2015 개정 교육과정 안내 브로슈어(고등학교)', http://ncic.re.kr
- 교육부 · 한국교육과정평가원, '고교학점제 연구학교 운영 매뉴얼', 2018
- 서울대학교 입학본부, '2022학년도 서울대학교 학생부종합전형 안내', 2021
- 서울특별시교육청교육연구정보원, '2021학년도 대입 전형의 이해와 대비', 2020
- 세종특별자치시교육청 교육정책국 교육과정과, '학생부 기재사례 분석 · 보완집', 2017
- 위(Wee) 프로젝트, 우리가 희망이다. http://www.wee.go.kr
- 이도경, "유은혜 '초5 대입 볼 땐 수시 · 정시 아닐 것'… 대폭 개편되나", 국민일보, 2020.11.19.
- 장명구, "경기도교육청 고교학점제, 선도학교 숫자 자랑 말고 기반 조성부터 제대로 하라", 뉴스Q, 2021.4.19.
- 한국교육과정평가원, '2021학년도 대학수학능력시험 채점결과 보도자료', 2020
- 한국교육과정평가원, '2021학년도 대학수학능력시험 학습 방법 안내', 2020
- 한국교육과정평가원, '지능 정보사회 대응을 위한 중 · 장기 고교 교육과정 방향 탐색 연구', 2017
- 한국교육과정평가원, '학생 선택형 교육과정 운영을 위한 과목 안내서', 2018
- 한국대학교육협의회, '2022학년도 대입정보 119', 2020
- "[입시톡톡] 사회 교과 특징과 과목 선택 방법", 한국대학신문, 2020.8.28.
- 학교생활기록부 송합지원포털, https://star.moe.go.kr
- 김수현, "현 초6, 고1 되는 2025년부터 고교생도 원하는 과목 골라 듣는다", 연합뉴스, 2021.2.17.
- 김수진, "3월 학력평가 성적표, 오늘 배부… '이 성적, 수능까지 갈까요?'", 에듀동아, 2019.3.25.

엄마와 아이가 반드시 알아야 할
슬기로운 고등생활

2021년 10월 13일 초판 1쇄

지은이 · 김지영
펴낸이 · 박영미
펴낸곳 · 포르체

편   집 · 박준혜, 류다경, 원지연
마케팅 · 문서희

출판신고 · 2020년 7월 20일 제2020-000103호
전화 · 02-6083-0128 | 팩스 · 02-6008-0126
이메일 · porchetogo@gmail.com

ⓒ 김지영(저작권자와 맺은 특약에 따라 검인을 생략합니다.)
ISBN 979-11-91393-38-5 (03370)

여러분의 소중한 원고를 보내주세요.
porchetogo@gmail.com